十四五

冶金工业出版社

普通高等教育“十四五”规划教材

工业生产计划与控制

（第2版）

余建国　冯梅琳　主编

扫一扫看视频

北　京
冶　金　工　业　出　版　社
2025

内 容 提 要

本书按照工业企业生产计划与控制中的计划决策递阶层次来组织编写，介绍了企业各个层次生产计划编制方法、精益生产管理、生产计划与控制信息化技术和精益生产系统设计与优化等内容，主要包括生产管理绪论、企业制造战略、需求预测方法、综合生产计划 APP、主生产计划 MPS、物料需求计划 MRP、生产作业计划、精益生产管理、生产计划与控制信息化技术、生产计划与控制新发展和精益生产系统设计与优化改善案例。

本书可作为高等院校智能制造工程、工业工程等专业教材，也可供企业工业工程师和生产管理人员阅读。

图书在版编目（CIP）数据

工业生产计划与控制 / 余建国，冯梅琳主编 . 2 版 . -- 北京 : 冶金工业出版社，2025. 7. --（普通高等教育“十四五”规划教材）. -- ISBN 978-7-5240-0252-9

Ⅰ. F402. 1

中国国家版本馆 CIP 数据核字第 2025AK9531 号

工业生产计划与控制（第 2 版）

出版发行 冶金工业出版社　**电　话**（010）64027926
地　址 北京市东城区嵩祝院北巷 39 号　**邮　编** 100009
网　址 www. mip1953. com　**电子信箱** service@ mip1953. com

责任编辑 杨盈园　美术编辑 彭子赫　版式设计 郑小利
责任校对 王永欣　责任印制 范天娇
北京印刷集团有限责任公司印刷
2020 年 9 月第 1 版，2025 年 7 月第 2 版，2025 年 7 月第 1 次印刷
787mm×1092mm 1/16；16. 5 印张；393 千字；247 页
定价 49. 00 元

投稿电话（010）64027932　投稿信箱 tougao@ cnmip. com. cn
营销中心电话（010）64044283
冶金工业出版社天猫旗舰店 yjgycbs. tmall. com
（本书如有印装质量问题，本社营销中心负责退换）

第 2 版前言

“工业生产计划与控制”是智能制造工程、工业工程等专业的核心主干课程。工业工程师和制造企业管理者必须掌握生产计划与控制方面的基本知识与能力。本书主要内容包括生产管理绪论、企业制造战略、需求预测方法、综合生产计划 APP、主生产计划 MPS、物料需求计划 MRP、生产作业计划、精益生产管理、生产计划与控制信息化技术、生产计划与控制新发展和精益生产系统设计与优化改善综合案例等。

本书在第 1 版基础上，结合近年来生产计划与控制技术的发展进行了修订，可以加深对工业企业生产计划与控制基本知识的理解，熟悉生产计划与控制的基本内涵，掌握企业战略制定的基本方法；熟悉需求预测的内涵，掌握需求预测的定性和定量方法；熟悉企业各个层次生产计划的基本含义，掌握综合生产计划、主生产计划、物料需求计划和车间作业计划的编制原理和控制方法，各层生产计划相应的能力需求计划制订方法；掌握精益生产的基本原理和生产计划与控制的发展趋势；能运用相关生产计划与控制知识分析解决企业计划与控制实际问题，掌握精益生产系统设计与优化改善方法，具备较好的系统设计与开发能力。

本书提供了配套的电子教案、视频教学资源可参考。本书可作为智能制造工程、工业工程等专业的教材，也可供企业工业工程师和生产管理人员阅读参考。

本书在编写过程中，参考了其他学者专家相关资料，均列入参考文献，在此向作者表示感谢！同时本书得到江西理工大学本科教学质量与教学改革工程建设项目（XZG-23-05-07 工业生产计划与控制教材建设）的资助，在此表示衷心的感谢！

由于作者水平所限，书中不妥之处，欢迎读者批评指正。

作　者

2025 年 1 月

第1版前言

“工业生产计划与控制”是工业工程专业的核心主干课程，工业工程师和制造企业管理者必须掌握生产计划与控制方面的基本知识与能力。本教材主要内容包括生产管理绪论、企业制造战略、需求预测方法、综合生产计划、主生产计划、物料需求计划、生产作业计划、精益生产管理、生产计划系统开发和生产计划控制新发展等。

本教材将加深读者对工业企业生产计划与控制基本知识的理解，熟悉生产计划与控制的基本内涵，掌握企业战略制定的基本方法；熟悉需求预测的内涵，掌握需求预测的定性和定量方法；熟悉企业各个层次计划的基本含义，掌握年度综合生产计划、主生产计划、物料需求计划和车间作业计划的编制原理和控制方法，各层计划相应的能力需求计划制定方法；掌握精益生产的基本原理和生产计划与控制的发展趋势；能运用相关计划与控制知识分析解决企业计划与控制实际问题，具备较好的系统设计与开发能力。

本教材在超星学银在线平台提供了配套的电子教案、多媒体课件、试卷库、MOOC资源、系统开发资源和课程习题集。本书可作为工业工程专业本科生和硕士研究生教材，也可供企业工业工程师和生产管理人员阅读参考。

本教材在编写过程中，参考了诸多他人的研究成果及相关教材、著作，均列于参考文献，在此向文献作者表示感谢！同时本教材得到江西理工大学本科教学工程项目（XZG-16-04-48生产计划与控制教材建设）的资助，作者表示衷心的感谢！

鉴于作者能力水平限制，本教材中的不妥之处欢迎批评指正。对本书中的任何疑问，敬请邮件联系作者：18078081@ qq. com。

作　者

2020年5月

目　　录

1 绪 论

1.1 生产和生产系统

1.1.1 生产的概念

从形成生产的过程来看，凡是将投入的生产要素转化为有效用的产品或服务的活动便可称为生产。这里转化有三种含义：（1）对被转化物形态的转化；（2）功效的转化；（3）价值的转化。

1.1.2 投入

（1）直接投入。直接投入指在生产过程中被全部消耗掉的资源。包括材料成本（原材料、毛坯、零部件、辅助材料水电气等）、人工成本（直接劳动力）、设备折旧费用等。

（2）间接投入。间接投入包括间接参与产品形成的人工（如技术及管理的投入），构成产品管理费用。

直接投入和间接投入是企业能够主动控制的内部投入，而技术经济发展信息和用户需求信息是企业无法控制的外部投入。

1.1.3 产出

（1）产出形式：有形（主要是实物）和无形（主要是服务）两种。

（2）产品效用：形体转换、位置转换和信息转换。

1.1.4 生产系统

（1）生产系统模型。生产系统是一个为了实现预定目标而组成的有关生产元素的集合体，由输入、转化、输出和反馈控制 4 个部分构成，它们按一定的程序有规律地运行。最终要使生产的产品能够满足市场的需要，能够为企业带来盈利。典型的生产系统模型，如图 1-1 所示。

（2）生产转换系统。生产转换系统是生产系统的核心，汇集了企业绝大部分的人力、物力和财力。它不仅接受各种输入，要根据预定的目标进行转化——加工、装配和运营，将各种生产要素有机地结合在一起；同时它还要接受反馈机制的调整和控制，以保证输出的有效性和转化的经济性。

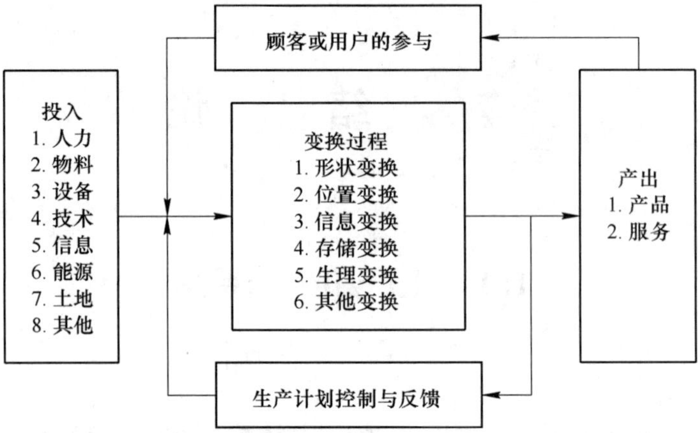

图 1-1 生产系统模型

1.2 生产管理发展历程

1.2.1 早期的放任管理阶段

这一阶段起始于 18 世纪后半期到 19 世纪末，大约经历了一个多世纪的时间。当时的工业生产由个体生产逐步发展到手工作坊，并开始使用机器，形成了工厂，随之就有了管理。1771 年亚当·斯密的“劳动价值论”与“分工”理论指出价值产生于劳动，只有分工才能有更高的生产效率，产生更多价值。这个时期的管理理论主要内容是分工协作、计件工资、靠经验进行管理，生产无操作标准，工作随意性很大，技术传递采取师傅带徒弟的方法，管理是极其落后的。

1.2.2 科学管理阶段

20 世纪初泰勒提出操作合理化和时间-动作研究等提高劳动率的科学管理方法，使生产管理正式由经验管理阶段转化到科学管理阶段。福特的同步管理是针对大量生产的要求，以标准化（Standardization）、简单化（Simplification）、专业化（Specialization），即“3S”为目标；运用流水生产线，力求实现劳动机械化，通过流水作业方式促进劳动分工、生产专业化，提高生产率，降低生产成本。

1.2.3 现代化管理阶段

这个阶段自 20 世纪 40 年代开始至今。第二次世界大战前后，特别是 20 世纪 50—70 年代，世界经济、政治都发生了巨大变化，科技迅猛发展，企业规模不断扩大，加速了企业经营国际化，竞争日益激烈。由于科学技术的发展，生产过程机械化、自动化程度的提高及管理工作的细化，要求企业在生产管理领域运用更先进的管理手段与方法。加之第三产业的迅速发展，也提出了以“运作”为特征的生产管理的新课题，因而产生现代化管理。这一阶段的管理特征是为适应市场竞争，实现了产销一体化；为满足生产日益社会化、全球化的要求，有效地协调各种复杂关系，实现了管理组织系统化；加强科学管理与决策，大量采用数理方法，实行管理方法定量化；计算机技术的发展，信息工作的加强，使管理手段自动化。随着社会物质的丰富，为了满足人们多样化的需要，生产已进入多品种小批量和多品种变批量为主流的时代。多品种小批量生产是指在规定的生产期间内生产物品的种类（规格、形状、尺寸、色彩以及生产过程等）多，而每种物品生产的数量少。因此，采取单件或批量生产方式，物流是错综复杂的。从而使生产和管理方式发生了根本性变革，生产管理不再局限于控制单个生产设备和生产线，而是通过生产管理信息系统动态地、及时地制订生产计划，实施生产并进行生产控制。

从 21 世纪开始，知识经济的到来对各行各业都产生了深远的影响，其中对制造业的影响更加深刻。一方面对产品的品种、质量、成本以及服务提出了更高的要求；另一方面也为企业实现知识的生产，满足顾客化需求提供了支撑技术。知识经济时代对企业的产品、市场、技术与管理等创新体系产生了巨大的影响。在这个时代里，国际市场进一步发展，逐步成为全球化生产和全球化市场，一个企业的竞争力已十分有限，必须与其他企业共同组成动态联盟来参与市场竞争。因此，知识经济的出现既为企业带来了难得的发展机遇，又使企业面临着极大的挑战。

随着现代相关技术如计算机集成制造、并行工程、企业资源计划、产品数据管理、企业流程再造、敏捷制造等新理论与新技术日趋成熟，传统企业通过改造成为适应时代要求、具有竞争力的敏捷型企业已十分重要。

1.3 工业企业生产系统构成

1.3.1 层次结构和功能结构

为了保证实现生产系统的运行，必须对系统的运行过程实施有效管理，即对生产进行计划、实施和控制，这个管理系统就是生产管理系统。它是一个含有各种不同功能，进行各种不同管理工作的复杂系统。为此可按管理的层次结构和功能结构的不同，把一个复杂系统划分为几个子系统。一般分为 3 个层次。

（1）经营决策层。编制与整个系统和环境有关的总体规划，进行战略性决策。其内容有建立企业的经营原则，制定管理政策，确定管理目标，明确管理策略，进行长期和中期的经营规划等，是指导生产管理的上层管理。

（2）管理层。根据经营计划所作的战略决策，编制具体的战术计划和管理。其内容有针对管理目标确定功能控制对象，分配资源，协调各部门关系，评价生产效果等。

（3）作业层（日常管理层）。根据管理层的战术计划，决定执行日常的作业活动。其内容有按规定方案进行生产作业；例行处理各种日常业务；生产情况的报告，尤其是生产的异常情况报告等。

从构成企业管理活动的主要功能角度来看，可分为 4 个功能。

（1）生产（或运作）功能。通过运用各种生产要素，合理地组织生产，保质、保量、按时地生产和运作社会上需要的物美价廉的产品和服务，是企业管理系统中的最基本的管理。

（2）销售功能。通过市场调查、广告宣传、制订销售计划，开展销售活动、售后服务等，为企业直接创造经济效益。

（3）劳资功能。人力组织、调配、使用和培训以及工资、奖励和职工福利等。

（4）财务功能。为企业筹措资金，合理使用资金和对企业进行成本、利润的核算与控制。

1.3.2 生产过程规划层次

（1）生产计划分类。生产计划可以按计划内容、计划时间和计划性质划分为不同的类别，如图 1-2 所示。

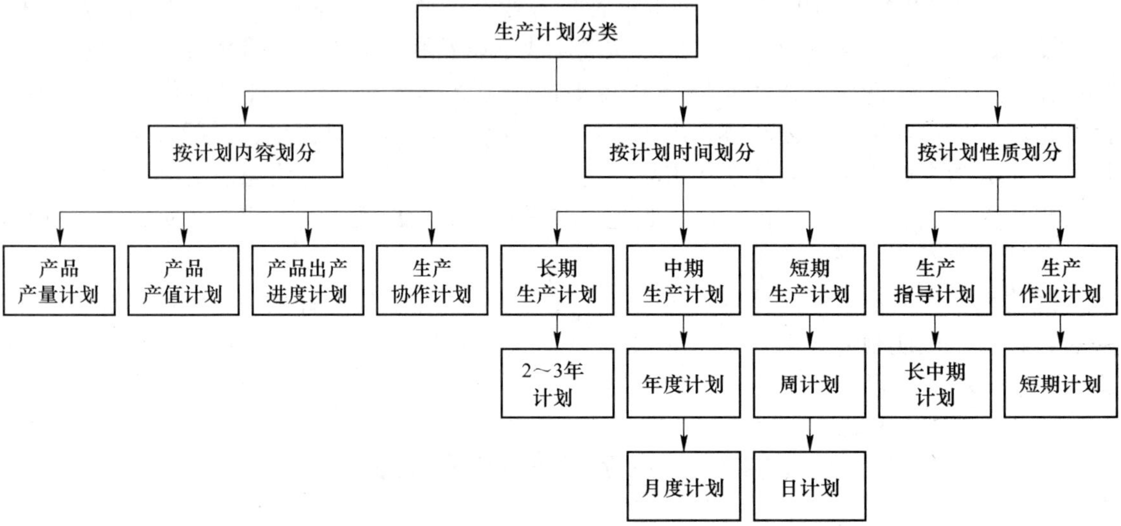

图 1-2 生产计划不同类型划分

（2）计划层次。计划层次是企业在计划期内应完成的产品生产任务和进度的计划，它具体规定了企业在计划期（年、季、月）内应当完成的产品品种、质量、产量、产值、出产期限等一系列生产指标，并为实现这些指标进行能力、资源方面的协调、平衡。

1）长期计划。主要针对市场的长期变化趋势、企业产品系列的变化、企业生产性资源的配置及企业规模的变化等战略性问题编制的长期计划，时间跨度通常在 3 年以上。

2）中期计划。通常称为年度生产计划。对工业企业来说，主要包括年度生产计划大纲和产品出产进度计划。

3）短期计划。根据年度生产计划规定在计划期内应完成的计划指标，针对某一品种，编制该品种具体作业计划，并按生产类型确立作业期内的期量标准，具体包括主生产计划、物料需求计划和车间作业计划等类型。

企业生产计划层次整体构成，如图 1-3 所示。

1.3.3 生产计划与控制内容

生产计划的编制与控制涉及计划期、计划时段、计划内容和编制依据等具体内容，各层计划的具体内容见表 1-1。

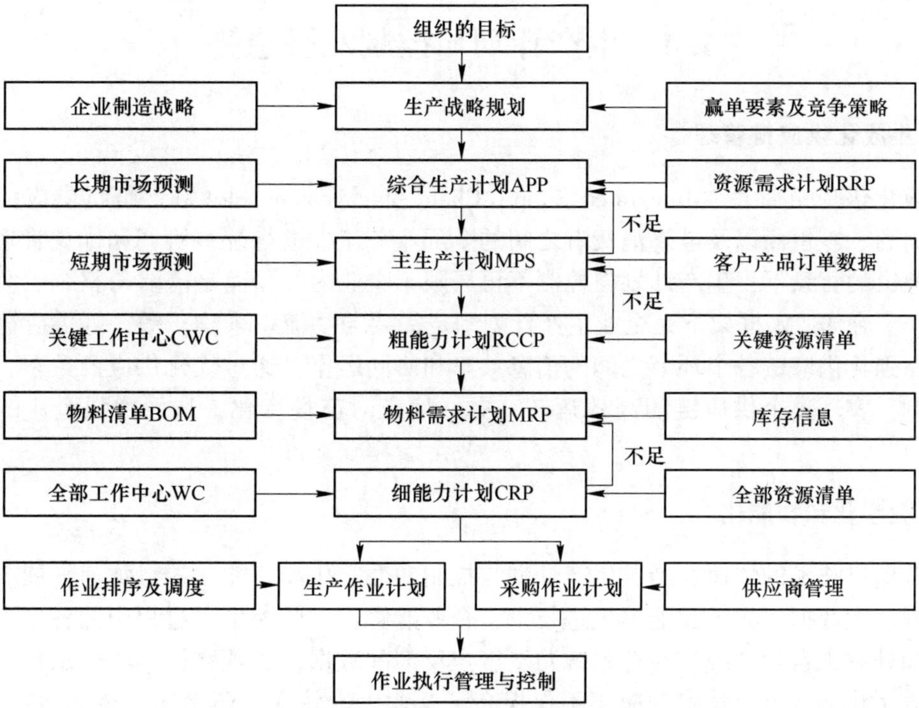

图 1-3 企业生产计划层次整体构成

表 1-1 生产计划具体内容

计划层次	计划期	计划时段	复核间隔期	主要计划内容	主要编制依据	能力计划
经营规划	3~7 年	年	年	产品开发、市场占有率；销售收入、利润；经营方针策略；基建技改措施	市场分析；市场预测；技术发展	企业资源
综合生产计划	1~3 年	月	月~季	产品系列；平衡月产量；控制库存量或拖欠量	经营规划；销售预测	资源需求计划；提出增添能力方案
主生产计划	3~18 周	近期（周、日），远期（月、季）	周~季	最终成品；独立需求型物料计划	生产规划；合同；预测；今后服务	粗能力计划（关键工作中心）；落实主生产计划
物料需求计划	3~18 周	周、日	日~周	产品分解零部件；相关需求型物料计划；确定订单优先级	主生产计划；物料清单；工艺路线；提前期；库存信息	细能力计划（工作中心能力）；落实物料需求计划
生产/采购作业计划	1 周	日	小时~日	执行计划；确定工序优先级；调度；结算	物料需求计划；能力需求计划	投入/产出控制

1.4 生产计划与控制发展趋势

1.4.1 集成化供应链管理

集成化供应链管理（Integrated Supply Chain Management，ISCM）是将供应商、制造商、分销商、零售商以及最终消费者之间的全部业务流程进行统一协调和优化管理。在全球化供应链的背景下，生产计划与控制不再局限于企业内部，而是需要与整个供应链进行紧密协作。在 ISCM 框架下，企业生产计划制定需要与物流、采购、销售等供应链环节紧密结合，强化供应链各个环节之间的信息共享和协同运作，通过优化供应商关系、物流与库存控制，实现整个供应链的高效运转，更好地应对市场变化，从而增强企业的核心竞争力。

1.4.2 数字化和智能化

随着信息技术的快速发展，生产计划与控制向数字化和智能化趋势加速发展。通过引入物联网、大数据、人工智能等先进技术，企业能够实时监控生产过程中的各项参数，实时收集和处理来自生产线、库存系统乃至客户反馈的数据，实现数据的实时采集、分析和处理。数字化和智能化技术的应用不仅提高了企业生产效率，还增强了企业的决策能力，使得生产计划更加精准、灵活；同时，智能化技术还可以帮助企业预测市场需求变化、制订更加灵活高效的生产计划、优化库存管理、减少浪费、提升整体运营效率。数字化技术已全面渗透到产品设计、制造和销售的各个环节，推动传统制造业向智能制造的转型。在设计阶段，计算机辅助设计（Computer-Aided Design，CAD）和计算机辅助工程（Computer-Aided Engineering，CAE）软件使得设计师能够创建三维模型，并通过仿真测试来验证设计方案的可行性，从而缩短产品开发周期；进入制造环节，物联网设备与传感器采集实时数据，这些数据可用于监控设备状态、预测维护需求，并通过数据分析优化生产流程；在销售端，企业资源规划（Enterprise Resource Planning，ERP）系统整合了财务、库存和订单管理等功能，提高了生产计划的效率。

1.4.3 个性化与定制化

消费者对于个性化产品和服务的需求不断增长，传统的批量生产模式逐渐向更加灵活、智能、客户导向的生产模式转变。企业需要建立灵活的生产计划和控制系统，来快速调整生产计划，满足不同客户的个性化需求。首先，在生产计划方面，企业越来越多地采用模块化设计、灵活的生产流程和先进的生产计划软件来适应个性化需求；其次，在生产控制环节，柔性制造系统（Flexible Manufacturing System，FMS）的应用日益广泛，可以有效支持生产线快速换型和灵活调整，使得工厂能够在短时间内切换生产不同型号的产品；再次，随着客户导向的生产方式模式的兴起，企业通过众包、在线社区、用户论坛等方式收集用户的意见和建议，用户积极参与产品开发和设计环节，从而生产出更加符合市场需求的产品；最后，基于大数据和人工智能技术，对历史销售数据、市场趋势、社交媒体反馈等多种来源的数据进行分析，企业能够更准确地预测未来需求和制订出更为合理的生产计划。

1.4.4　绿色生产计划

随着全球对环境保护意识的不断提升以及各国对碳排放限制政策的加强，绿色生产已成为企业不可或缺的战略选择。在生产计划与控制中，企业需要注重节能减排、资源循环利用和环境保护，通过采用先进的生产工艺和技术，减少能源消耗和废弃物排放。在产品设计阶段，从源头上考虑产品的环境友好性，通过选择可再生材料、简化包装设计、提高产品的耐用性和可回收性等方式，减少产品生命周期中的环境负担；在产品制造阶段，根据客户的实际订单量来安排生产计划和进度，建立柔性生产线，可以快速调整生产计划，适应不同产品的需求；在产品售后阶段，建立完善的回收网络，采用环保的废弃物处理技术，加强废旧产品的回收和再利用，推动循环经济的发展。

1.4.5　全球化与本地化融合

在全球化背景下，企业越来越倾向于多源采购和分散生产，通过在多个国家和地区设立生产基地，企业需要在生产计划与控制中平衡全球资源优化和本地市场适应性。首先，采用动态生产计划和调度系统，根据全球市场和本地市场的需求变化，实时调整和优化生产计划。通过灵活的生产调度，提高资源利用率和生产效率。其次，建立多层次的库存管理系统，包括全球中心仓库、区域分仓和本地库存。通过智能库存管理，确保库存水平与市场需求相匹配，减少库存积压和缺货风险。最后，建立快速响应机制，及时处理生产中的突发事件和市场变化。通过应急计划和备用方案，确保生产计划的顺利执行。

习　题

1-1　产品价值体现的几种形式是什么？
1-2　什么是生产系统，它包括哪些主要组成部分？
1-3　简述现代生产与运作管理的新特征。
1-4　合理组织生产过程有哪些基本要求？
1-5　简述大规模定制生产的主要特征。
1-6　生产计划的作用是什么？
1-7　生产计划主要分为哪几个层次？
1-8　长期生产规划对企业有哪些重要意义？
1-9　短期生产计划的主要作用是什么？
1-10　简述生产计划与控制的发展趋势。
1-11　比较传统和现代生产计划方法的主要区别。
1-12　简述信息技术在生产计划数字化中的重要作用。
1-13　数字化和智能化如何影响生产计划？
1-14　集成化供应链管理的主要目标是什么？
1-15　什么是大规模定制，它如何结合了标准化和个性化？
1-16　柔性制造系统在支持个性化与定制化生产中的作用是什么？
1-17　绿色生产发展趋势对企业生产计划与控制有何影响？
1-18　全球化与本地化融合趋势对企业生产计划与控制有何影响？

2 企业制造战略

2.1 制造战略内涵

2.1.1 战略定义

“战略”一词有两个来源：一个是军事术语；另一个是生物学来源。军事术语更多强调的是主体的主动设计过程；生物学来源则更多强调的是主体被动地适应过程，即生物体在适应环境过程中所自发形成的生存技能及其演进模式。“战略”一词后来被人们广泛应用于军事和生物学以外的领域，各种杂志报纸常常用到战略一词。由此，它也被赋予了更为广泛的内涵。《辞海》中说，战略泛指重大的、带有全局性或决定全局的谋划。将战略思考运用于企业活动及其管理之中，就产生了企业战略概念。

2.1.2 制造战略定义

制造战略是指在商品经济条件下，企业根据经营环境的变化、发展趋势，为求得生存、发展和实现企业的经营发展目标，对企业经营作出的全局性、方向性和长远性的谋划和决策。在这里有四个关键词，即长远、生存和发展、全局性、谋划。其中，长远、全局性两个关键词比较好理解，而对于企业来说，生存和发展、谋划意味着什么，就是把握企业战略及其问题的关键。

企业生存和发展的基础是什么，从根本上说是利润，只有利润，特别是可持续利润才能为企业提供生存与发展的空间。这里的利润应该是经济利润而非会计利润，因为会计利润是自己的投入产出的差额，而经济利润则是考虑机会成本之后的差额，其中包含了“比较”的含义，而正是这种“比较”体现了战略的内涵。“谋划”一定要有对象，也就是“谋划什么”，它必须针对企业所面对的问题。战略的起点事关抉择：不存在人人都满意的企业战略。战略的一部分不可或缺的内容是你必须抛弃一些东西。有得必有失，集中优势兵力是企业制胜的关键所在。在很多情况下，“不做什么”与“要做什么”同样重要。企业面对的问题主要有两类：

（1）企业从何处去获取赖以生存和发展的超额利润，也即企业经营方向和业务定位问题；

（2）企业如何创造超额利润问题，即经营组织、业务开展问题。

前者早期被称为“经营方针”或“经营政策”问题，后来被称为战略问题；后者则是组织管理问题。

2.2 制造战略制定方法

2.2.1 企业战略体系

企业战略是一个体系，它由企业的总体战略和各方面的细分战略构成。

2.2.1.1 企业总体战略及其分类

企业总体战略是对企业的总体发展及其相应的目标与对策进行谋划，是属于支配地位的战略，决定企业的兴衰成败。企业总体战略可以按照不同的标准进行分类。

（1）依据企业在市场竞争中所处的地位与态势可以划分为以下几种。

1）攻势战略，又称进攻型战略或发展型战略，它的特点是不断开发新市场，扩大投资规模，掌握市场竞争的主动权，在现有基础水平上向更高的目标发展。它包括技术发展、产品发展、市场发展、生产发展等方面的战略。这种战略要求有雄厚的资源及优良的素质为后盾。

2）守势战略，又称稳定型战略或维持型战略，它的特点是维持已有的经济效益，安全经营，不冒风险。

3）撤退战略，又称退却型战略或紧缩型战略，它是从企业现有的基础水平往后撤退，它常在经济不景气、财政紧缩、市场疲软等情况采用。采取这种战略，可以局部撤退，适度降低经济指标，并进行适当的内部调整或技术改造，保存实力，待机而起；或者当企业在产品销售、质量、成本等方面遇到竞争对手的巨大挑战，很难维持时，可以大规模减产，甚至改变经营领域，退出某些市场。

（2）按照企业产品参与市场竞争的幅度可以划分为以下几种。

1）单一产品战略，发展单一产品，努力提高增长速度，增加销售收入，提高市场占有率。

2）主导产品战略，以某种产品为主导，兼营多种产品。

3）多种经营战略，企业向市场提供不同的多种产品和服务。

2.2.1.2 企业细分战略

企业细分战略是在企业总体战略的指导下，对企业的某一方面（按照职能、事业、地区等）的发展及其相应的目标与对策进行谋划而制定的战略。细分战略应该在发展方向、目标水平及主要对策等方面与总体战略相互协调一致，并保证总体战略的实现。按照企业职能制定的细分战略主要有以下几种。

（1）市场战略。它包括两类战略：

1）市场选择战略，它又包括退出、维持与发展三种战略；

2）市场发展战略，它又包括市场渗透型、市场开拓型、产品开发型和混合型等四种类型。

（2）产品战略。产品战略与市场战略密切相关，每个企业必须依靠价廉物美的产品去持续占领市场，不断提高市场占有率，从而提高企业经济效益。产品战略包括产品选择战略、产品开发战略等类型。

（3）技术发展战略。企业要向科技进步要效益，制定正确的技术发展战略；强化技术开发和推广，加速科技成果商品化、产业化进程；坚持自主研究开发和引进国外先进技术相结合，努力解决企业生产发展的重大与关键问题，积极应用高新技术。

（4）人才战略。人才是企业最重要的资源，也是决定企业兴衰胜败的重要因素。人才战略包括人才开发、人才培训和人才使用等方面的内容。

（5）投资战略。它决定企业资金的合理分配和有效利用，具体规定企业资金投入的方向、方面及其数额。

（6）竞争战略。企业竞争战略就是在研究市场环境尤其是竞争对手行动的基础上，制定的企业参与市场竞争的谋划。它直接关系企业的生存和在竞争中的命运。企业竞争战略包括以下几种类型：

1）低成本战略，努力维持低成本，以廉价商品供应市场，确保市场占有率，取得竞争优势；

2）产品差异战略，生产出该行业中其他企业没有的独特产品，形成独家经营的市场；

3）重点攻关战略，将经营重点集中在市场的某一部分，在那里建立和保持企业产品的竞争优势。

（7）企业文化战略。企业文化主要是指企业的指导思想、经营哲学和管理风貌。企业文化战略是为了在企业加强社会主义精神文明建设，培育有理想、有道德、有文化、有纪律的职工队伍；创造能够充分调动职工的积极性、创造性的宽松和谐环境，培育职工的主人翁意识，建立共同的价值观，建设企业精神，塑造企业形象，增强企业的凝聚力和长远发展的精神动力。

2.2.2 制造战略制定依据

（1）外部环境分析。深入细致分析企业的外部环境是正确制定战略的重要基础，为此，要及时收集和准确把握企业的各种各样的外部环境信息，譬如，国家经济发展战略，国民经济和社会发展的长远规划和年度计划，产业发展与调整政策，国家科技发展政策，宏观调控政策，本部门、本行业和本地区的经济发展战略，顾客的情况，竞争对手的情况，供应厂家的情况，协作单位的情况，潜在竞争者的情况等。

（2）内部条件分析。分析本企业的人员素质、技术素质和管理素质，产、供、销、人、财、物的现状以及在同行业中的地位等内部条件，明确本企业的优势和薄弱环节。

2.2.3 制造战略制定方法

牛津大学 Terry Hill 教授首创了赢单要素和达标要素，指出赢取订单是制定制造战略的关键准则。制造战略的主要内容如下。

（1）过程选择决策。技术类型、工厂规模和能力配置、生产线设计等“硬件”方面的决策。

（2）基础设施决策。质量保证、组织结构、人员素质及信息技术等“软件”方面的支持。

制造战略的制定主要分为以下 5 个步骤。

（1）确定公司目标。公司目标主要包括持续增长、存活、利润、投资回收等目标。

（2）确定符合公司目标的营销策略。符合公司目标的营销策略主要包括产品市场细分、产品组合、标准化或定制化、创新程度、领先或跟随等策略。

(3) 确定产品赢取市场订单的方式。赢单要素是企业的竞争优势重点所在，反映该企业所提供产品和服务的差异性。产品价格低、质量高、性能可靠、更新快、送货及时等均可构成赢单要素。达标要素是谋求竞争优势的约束条件。常见赢单要素有价格、产品设计能力、产品质量与可靠性、交货时间、需求响应能力、技术关联、交货可靠性、产品多样化等。赢单要素和达标要素不是固定不变的，在一定条件下可能互换。

(4) 过程选择。决策有两种出发点：一种是从技术规范出发，这也是一般企业习以为常的做法，只关心做出什么样的产品，按设计要求加工出一定外形和精度的零件；另一种是从经营出发，选用最好的途径来完成产品制造，这就要联系到产量和赢单要素及其他经营规范。满足技术规范是制造的基础，而满足经营要求是公司成功的关键。

(5) 基础设施选择。它包括生产计划与控制、质量保证与控制、制造系统工程、检验系统、薪酬系统、工作岗位结构、组织结构选择等内容。

2.3 制造过程选择

2.3.1 制造过程选择指标

制造过程选择指标主要包含以下4类。

(1) 制造过程特征类。它包括过程装备的功能、过程柔性、产量、厂房利用率、生产能力、制造中的关键任务等。

(2) 投资及成本类。它是指制造过程特征类指标派生出一系列制造过程的财务支出指标。企业投资决策和成本控制是衡量制造过程可行性和合理性的重要内容。具体指标包括基本投资水平、库存水平、制成品库存、成本份额等。

(3) 基础设施类。它选择与“硬件”投入相适应的管理方式，包括组织结构、管理行为模式、专家的参与度。

(4) 产品和市场类。它并非制造过程选择的本体内容，是作出选择的前提条件。

2.3.2 生产过程决策

2.3.2.1 生产过程结构类型

生产过程结构按生产的稳定性和重复性可以分为以下几类。

(1) 连续生产。它是指根据需求而长年无间歇性地生产产品，从原料投入到产品产出全过程自动化，如炼铜、化工、炼钢等行业。

(2) 大量生产。产品品种与连续生产比较起来要多一些，但产品数量很大。由于生产对象基本固定，因此产品设计和工艺过程的标准化程度高，工序划分和分工很细，操作工人可以重复进行相同的作业，典型的大量生产行业有汽车工业、电子工业等。

(3) 批量生产。每批产品的品种较多，而每个品种的产量较少。一般为定型产品，有相同或类似的工艺路线，通常采用配以专用工艺装备的通用设备，从一批产品生产转到另一批产品生产要花费调整时间，故又称间歇性生产。典型的批量生产如机床制造、轻工业机械制造行业等。

（4）单件生产。产品的品种多而每一品种的产品数量很少。产品生产重复性差，各自有单独的工艺路线，生产技术准备工作的时间长。设备和工艺装备通用，产品生产周期长，产品成本高。如重型机械制造等行业属于单件生产类型。

（5）项目生产。产品的体积庞大，难以搬运甚至固定不动，如船舶、飞机、桥梁和高速公路的构建。这类产品投资庞大、制造时间长，应作为一个工程项目来组织生产。

2.3.2.2 生产过程的特征指标

（1）项目生产特征。产品品种多、产量小，主要靠设计能力、质量以及交货速度和可靠性来赢得订单，价格通常作为达标要素而非赢单要素。生产过程的柔性程度高，工厂和过程的基本投资并不大，但需要一些贵重设备；在制品量大，制成品量小。各功能管理部门要对客户需求作出迅速反应，组织结构分散化而非阶层式。

（2）单件小批量生产特征。制造中的关键任务是符合技术规格，按期交付产品。价格一般是达标要素并非是赢单要素，赢单要素大多是交货时间或售后服务等其他要素。其制造过程的柔性程度高，能快速响应市场的要求。

（3）大量生产特征。销售标准产品，靠价格竞争取得客户订单，产量高、柔性差，产出一旦变化，生产能力就很难适应。制造过程投资额大，原材料和零配件可按计划采购，要求有一定的安全储备以应付供应的不确定性，在制品储备低，直接劳动消耗在成本中所占比重不大。基础设施方面大量生产要求集中化组织。

（4）批量生产特征。处于单件和大量生产之间，覆盖大部分生产过程。在接近低产量端，制造过程的产品品种多，新产品投入多，竞争力主要靠生产能力；在高产量端，产品趋于标准化，品种稳定，订单扩大，相应的价格因素显得重要。

2.3.3 基础设施决策

公司的组织结构、组织行为方式和工作过程组织等统称为基础设施。制造战略的主要作用在于避免企业各个功能管理部门只按照本部门的效率或效益行事，各种方案的筛选和评价都有一个和企业总体利益相吻合的准则，然而，一项好的制造战略并不能自然生效，在实施过程中，各个部门能否自觉地按此战略行事，基础设施就起到重要作用，其中首要的是员工的积极性和责任心以及部门之间的协调和沟通状况。

习 题

2-1 什么是制造战略，它在企业中扮演什么角色？

2-2 如何定义企业的核心竞争力，如何通过制造战略来加强企业核心竞争力？

2-3 缩短交货期对提高企业竞争能力有何意义？

2-4 何为赢单要素和达标要素，两者之间有何联系？

2-5 制造战略有何作用？

2-6 如何制定制造战略？

2-7 简要分析基于成本的战略含义。

2-8 简要分析基于质量的战略含义。

2-9　如何在生产运作管理中体现速度领先战略？

2-10　生产过程结构的基本分类有哪些？

2-11　如何根据市场需求选择合适的生产过程结构？

2-12　分析大规模定制生产模式对传统生产线的影响。

2-13　分析生产过程结构如何适应多品种小批量生产需求。

3 需求预测方法

3.1 需求预测及内涵

3.1.1 需求预测概念

需求预测指根据有关调查资料对拟建项目的产品未来市场需求变化进行细致的分析研究，掌握需求的内在规律，对其发展趋势做出正确的估计和判断，以确保拟建项目投产后产品对路，品种符合市场需要，具有较强的竞争能力。需求预测的依据是市场调查资料，需根据拟建项目产品的复杂程度和项目特点确定市场调查的内容。目的在于通过充分利用现在和过去的历史数据，考虑未来各种影响因素，结合本企业的实际情况，采用合适的科学分析方法，提出切合实际的需求目标，从而制定订购需求计划，指导原材料或商品订货、优化库存控制、相关必要设施的配合，促进企业工作的有效开展。

3.1.2 需求预测作用

需求预测对企业的日常运营至关重要，是企业实现精细化管理和持续增长的关键工具之一。尽管任何预测都存在不确定性，但通过不断改进预测方法和技术，结合历史数据、市场调研及专家意见，企业能够显著提高其预测的准确性，进而帮助企业抓住机遇、应对挑战和改善经营绩效。需求预测的常见作用如下。

（1）库存管理优化。通过准确的需求预测，企业可以优化库存水平，减少因过度库存造成的仓储成本和潜在损失。同时避免缺货情况，确保产品或服务能够及时满足顾客需求，提升客户满意度。

（2）生产计划与资源分配。根据预测结果合理安排生产活动，避免产能过剩或不足的情况发生。提高生产线利用率，减少停工时间和加班成本，从而提高整体生产效率。

（3）供应链协调。有助于供应商提前做好准备，保证原材料和其他必需品的供应稳定。促进供应链上下游之间的沟通与协作，降低物流成本，并提高整个供应链的响应速度。

（4）财务预算与风险管理。准确的需求预测为企业财务部门提供了可靠的收入预测数据，支持更精准的成本控制和利润预测。此外，它还能识别市场波动等潜在风险因素，帮助企业更好地控制现金流，为未来的投资决策提供支持。

（5）市场营销与销售策略。指导产品定价、促销活动以及新产品的推出时机，使营销策略更加贴近市场需求。通过对不同市场细分的需求分析，制定更有针对性的营销方案。

（6）人力资源配置。根据业务量的变化来调整人员编制，合理分配工作时间，避免人力浪费。在高峰时段增加人手，在低谷期则相应减少，保持团队运作的灵活性。

（7）长期战略规划。支持企业的长远发展规划，包括新产品开发、市场扩展及资本投资决策等，帮助企业在竞争激烈的市场环境中保持前瞻性和竞争优势。

（8）客户服务与体验提升。通过更好的需求理解，企业可以提供更加个性化的服务，增强顾客忠诚度。减少由于库存短缺导致的服务中断，确保持续的服务质量。

（9）可持续发展。通过减少不必要的生产和库存积压，有助于降低能源消耗和环境影响，符合可持续发展的原则。

3.1.3 需求预测原理

需求预测的原理很多，预测者只要掌握和运用这些原理或规则，就能够有效地认识市场、分析市场和预测市场，就能够不断提高市场预测的准确性和可靠性，最大限度地降低预测误差。

（1）可知性原理。全部预测活动是建立在可知性原理基础上，人们能否预测事物未来发展趋向，全依赖于能否找出预测目标的演变规律。尽管市场变化多端，只要我们敢于探索，善于分析，在预测中是可以逐步揭示它的变化规律的，从而提高预测的准确性。

（2）连续性原理。客观事物的发展具有合乎规律的连续性，事物未来的发展趋向同过去、现在的发展趋向必然具有一定的联系。依照这个原理预测事物的未来，必须建立在了解事物的过去和现状的基础上，从大量历史的和现实的信息中，找出发展变化的规律性，才能据此推断未来。

（3）相似性原理。客观事物之间存在着某种类似的结构和发展模式，人们可以根据已知事物的某种类似的结构和发展模式，就可类推某个预测目标未来的结构和发展模式。

（4）系统性原理。市场预测应把预测对象看作一个由多种要素构成的系统，应注意分析系统内外各种要素的变化，从而作出预测推断。

（5）因果性原理。在市场预测中，必须重视对影响预测目标的因果关系的分析，可以把握影响预测目标诸因素的不同作用，由因推果预测出市场的必然趋势和偶然因素可能产生的干扰。

（6）可控制性原理。人们对所预测的客观社会经济事件的未来发展趋向和进程，在一定程度上是可以控制的。在市场预测中应尽可能利用可以控制的因素，即利用不确定性较小的经济变量，来推测所要预测的市场变量。

（7）必然性原理。任何事物的发展变化都有一定的必然性和偶然性，偶然性中隐藏着必然性，必然性是通过对偶然性的大量观察而揭示出来的。在市场预测中，应注意运用大量观察对大量数据进行对比研究，先揭示现象发展变化的必然性，然后进行预测推断。

（8）质量互变原理。事物的发展变化是从量变开始的，当量变积累到一定的程度后，必然会发生质的根本改变，而质的变化又会带来新的量变。在预测市场时预测者应根据事物的数量变化探寻事物质的变化，分析现象不同发展阶段有何本质区别，未来的发展与现在相比是否会发生质的改变，而不能简单利用预测模型进行外推预测，否则就会得出错误的预测结果。

3.1.4 影响需求的因素

经济学中的需求是在一定的时期，在一既定的价格水平下，消费者愿意并且能够购买的商品数量。常见的影响需求的主要因素如下。

(1) 商品本身价格。一般而言，商品的价格与需求量呈反方向变动，即价格越高，需求越少。

(2) 替代品的价格。替代品是指使用价值相近，可以互相替代满足人们同一需要的商品，比如煤气和电力等。一般来说，相互替代商品之间某一种商品的价格提高，消费者就会把其需求转向可以替代的商品上，从而使替代品的需求增加，被替代品的需求减少；反之亦然。

(3) 互补品的价格。互补品是指使用价值上必须互相补充才能满足人们某种需要的商品，比如汽车和汽油、家用电器和电等。在互补商品之间，其中一种商品的价格上升，需求量降低，会引起另一种商品的需求随之降低。

(4) 消费者的收入水平。当消费者的收入提高时，会增加商品的需求量。

(5) 消费者的偏好。当消费者对某种商品的偏好程度增强时，该商品的需求量就会增加；相反，偏好程度减弱，需求量就会减少。

(6) 消费者的预期。当消费者预期某种商品的价格即将上升时，社会增加对该商品的现期需求量，因为理性的人会在价格上升以前购买产品；反之，就会减少对该商品的预期需求量。同样的，当消费者预期未来的收入将上升时，将增加对商品的现期需求；反之则会减少对该商品的现期需求。

(7) 消费者规模。当消费者的数量增加时，需求随之增加；反之则减少。

3.1.5 需求预测程序

需求预测程序主要包含以下 5 个步骤。

(1) 明确预测的对象和周期。

(2) 需求信息资料的搜集和分析。

(3) 选择需求预测方法。

(4) 建立需求预测模型。

(5) 需求结果分析与修正。

3.2 预测误差

从量的角度来说预测误差是指预测值与实际值的误差。预测误差是一个衡量预测精确度的指标，预测误差的大小与预测的准确程度呈反比。定量预测的误差一般用绝对数表示，也可以用相对数表示：

$$e = y - \hat{y} \tag{3-1}$$

$$E = \frac{y - \hat{y}}{y} \times 100\% = \frac{e}{y} \times 100\% \tag{3-2}$$

式中 e——预测误差；

y——预测目标的实际值；

$\hat{y}$——预测目标的预测值或理论估计值；

E——预测误差的相对值，即相对误差。

（1）平均绝对误差（Mean Absolute Error，MAE）。各期误差绝对值的算术平均数，用以表明各期实际观察值与各期预测值的平均误差水平。

$$\mathrm{MAE} = \frac{1}{n}\sum_{i=1}^{n}|e_i| = \frac{\sum|y-\hat{y}|}{n} \tag{3-3}$$

（2）均方误差（Mean Squared Error，MSE）。均方误差是指各期预测值与各期实际观察值之差平方的期望值，MSE 可以评价数据的变化程度。

$$\mathrm{MSE} = \frac{1}{n}\sum_{i=1}^{n}e_i^2 = \frac{1}{n}\sum_{i=1}^{n}(y-\hat{y})^2 \tag{3-4}$$

（3）标准预测或估计误差（Root Mean Squared Error，RMSE）。用以表明各期实际观察值与各期预测值的平均误差水平。

$$\mathrm{RMSE} = \sqrt{\frac{1}{n}\sum_{i=1}^{n}e_i^2} = \sqrt{\frac{1}{n}\sum_{i=1}^{n}(y-\hat{y})^2} \tag{3-5}$$

（4）综合相对误差。综合相对误差是均方根误差与各期实际观察值的平均数 $\bar{y}$ 对比而计算的比率值，综合相对误差越小，预测的精确度越高。

$$综合相对误差 = \frac{\mathrm{RMSE}}{\bar{y}} \times 100\% = \frac{\sqrt{\frac{1}{n}\sum_{i=1}^{n}(y-\hat{y})^2}}{\bar{y}} \tag{3-6}$$

3.3 预测方法分类

鉴于应用场景及数据特征的不同，预测方法可以根据多个标准进行分类，包括但不限于数据性质、时间维度、预测对象层级、预测技术基础、预测工具与技术的复杂度以及参与者互动程度等。在实际预测过程中，需要根据具体的业务场景、可用资源以及预测的目的综合运用多种预测方法来对比分析和优化。预测方法通常可以分为以下几类。

（1）定性预测方法。定性预测方法主要依赖于人类的判断、经验和直觉，捕捉到定量数据中难以体现的因素，适用于缺乏历史数据或需要考虑非量化因素的情况，但存在一定的局限性，如主观偏见、意见分歧以及难以量化结果等。常见的定性预测方法有德尔菲法、头脑风暴法、主观概率法、销售人员意见调查法、市场调研法和专家预测法等多种。

（2）趋势模型预测方法。趋势模型预测方法是基于时间序列数据中观察到的趋势进行未来值预测的一种统计方法，这类方法假设未来的模式会遵循历史数据展示的趋势。常见的趋势模型预测方法有移动平均法、指数平滑法、霍尔特线性趋势模型、霍尔特-温特斯季节性模型、自回归累积移动平均模型和 Prophet 模型等多种。

（3）因果关系预测模型。在需求预测中，因果关系预测模型是一种重要的方法，它通过识别和量化影响需求的各种因素来提高预测的准确性。该方法不仅考虑了历史数据中的时间序列模式，还结合了外部变量（如价格、促销活动、经济指标等）对需求的影响。常见的因果关系预测模型有线性回归模型、多项式回归、逻辑回归模型、对数线性模型等多种。

（4）仿真预测模型。仿真预测模型是一种通过构建虚拟环境来模拟现实世界复杂系统并对未来情况进行预测的方法。仿真预测模型能够处理复杂的非线性关系和随机事件，能够提供详细的动态行为描述，能够帮助决策者更好地理解系统行为并制定有效的策略。常见的仿真预测模型有系统动力学模型、蒙特卡罗模拟、马尔科夫链模型、代理基础建模、离散事件仿真、连续仿真模型和混合仿真等多种。

（5）机器学习预测模型。机器学习预测模型是利用历史数据训练模型并得到识别模式而对新数据进行预测的一种技术。机器学习预测技术能够处理复杂的非线性关系和高维度数据，提供强大的预测能力，具备较高的准确性和鲁棒性。随着计算资源的发展，机器学习预测模型在图像、文本和语音等领域展现了卓越的性能，为解决实际问题提供了强大的工具。常见的机器学习预测模型有监督学习模型、无监督学习模型、半监督学习模型、强化学习模型、集成学习模型等多种。

（6）组合预测方法。组合预测方法是在各种预测方法求出预测结果的基础上，再经过等权组合或者不等权组合求出最终预测结果，是一种通过结合多个单一预测模型的结果来提高整体预测准确性的技术。

3.4 预测方法原理与应用

3.4.1 定性预测方法原理与应用

3.4.1.1 德尔菲法

德尔菲（Delphi）是古希腊地名，该方法最早产生于20世纪50年代末，该方法最初主要用于一些预测场合，后来广泛用来进行预测、决策分析和编制规划工作。德尔菲法本质上是一种反馈匿名函询法。其大致流程是：在对所要预测的问题征得专家的意见之后，进行整理、归纳、统计，再匿名反馈给各专家；再次征求意见，再集中，再反馈，直至得到稳定的意见。由此可见，德尔菲法是一种利用函询形式的集体匿名思想交流过程，具备匿名性、多次反馈、小组的统计回答等显著特点。

（1）匿名性。匿名是德尔菲法极其重要的特点，从事预测的专家彼此互不知道其他有哪些人参加预测，他们是在完全匿名的情况下交流思想的。

（2）多次有控制的反馈。小组成员的交流是通过回答组织者的问题实现的。它一般要经过若干轮反馈才能完成预测。

（3）小组的统计回答。最典型的小组预测结果是反映多数人的观点，少数派的观点至多概括地提及一下。但是这并没有表示出小组的不同意见的状况。而统计回答却不是这样，它报告一个中位数和两个四分点，其中一半落在两个四分点内，一半落在两个四分点之外。这样，每种观点都包括在这样的统计中，避免了专家会议法只反映多数人观点的缺点。

3.4.1.2 头脑风暴法

头脑风暴法（Brain Storming）由美国BBDO广告公司的奥斯本首创，该方法主要由价值工程工作小组人员在正常融洽和不受任何限制的气氛中以会议形式进行讨论、座谈，打破常规，积极思考，畅所欲言，充分发表看法，无限制地自由联想和讨论，其目的在于产生新观念或激发创新设想。

3.4.1.3 主观概率法

主观概率法又称为空想预测法，它是预测者对所预测的事件的发生概率（即可能性大小）作出主观估计，或者说对事件变化动态的一种心理评价，然后计算出它的平均值，以此作为预测事件的结论的一种定性预测方法。主观概率是一种心理评价，判断中具有明显的主观性。

3.4.1.4 销售人员意见调查法

销售人员意见调查法是向销售人员进行调查，征询他们对产销情况、市场动态及他们对自己负责的销售区、商店、柜台未来销售量（额）的估计，并通过汇总整理，对市场销售前景做出综合判断。该方法一般适用于短期和近期预测，预测结论比较接近实际。预测结果产生于销售人员的自我认识，易于发挥销售人员的积极性和创造精神。该方法为了容易达到目标，导致估计结果偏于保守，判断结果有一定的局限性。

3.4.1.5 市场调研法

市场调研法是为了了解市场状况、消费者行为、竞争对手动态以及行业发展趋势而采用的预测方法，其目的是为企业提供决策支持信息，以便更好地满足市场需求、提高竞争力和实现商业目标。常见的市场调研方法有问卷调查、面对面或电话访谈、焦点小组、观察法和二手数据分析等，可以根据预测目的、预算限制、时间框架以及所需的样本类型等因素来选择对应方法，也可以结合多种方法预测来弥补单一方法预测的不足。

3.4.1.6 专家预测法

专家预测法是以专家为索取信息的对象，组织各领域专家运用专业方面的经验和知识，通过对过去和现在发生的问题进行直观综合分析，从中找出规律，对发展远景作出判断。专家是相对的，选取依据预测对象而定，人数一般 10～50 人，重大问题 100 人左右。专家预测法优点：在缺乏足够统计数据和原始资料的情况下，可以作出定量估计，得到文献上未反映的信息。简便直观，只依赖于专家判断，无须建立烦琐的预测模型。适应范围：重大的战略性问题，缺乏足够的历史数据，没有足够的历史事件可以借鉴。

3.4.2 趋势模型预测法原理与应用

3.4.2.1 移动平均法

当时间序列的数值由于受周期变动和不规则变动的影响，起伏较大且不易显示出发展趋势时，可用移动平均法消除这些因素的影响，分析预测序列的长期趋势。移动平均法有简单移动平均法，加权移动平均法和趋势移动平均法等。

A 简单移动平均法

设时间序列为 y_1，y_2，…，y_t，…，简单移动平均法公式为：

$$M_t = \frac{y_t + y_{t-1} + y_{t-2} + y_{t-3} + \cdots + y_{t-n+1}}{n} \quad (t \geqslant n) \tag{3-7}$$

式中 M_t——t 期移动平均数；

n——移动平均数的项数。

式（3-7）表明当 t 向前移动一个时期，就增加一个新近数据，去掉一个远期数据，得到一个新的平均数，逐期向前移动，所以称为移动平均法。

例 3-1　某电机销售公司，在某年 1—12 月的电机销量见表 3-1。试用简单移动平均法预测下年 1 月的电机销售量。

表 3-1　某电机公司电机销售量　（台）

月份	1	2	3	4	5	6	7	8	9	10	11	12
实际销售量	423	358	434	445	527	429	426	502	480	384	427	446

解：分别取 $n=3$ 和 $n=5$，计算 3 个月和 5 个月移动平均预测值，计算结果见表 3-2。

表 3-2　某电机公司电机销售预测　（台）

月份	实际销售量 y_t	3 个月移动平均预测值 y_t	5 个月移动平均预测值 y_t
1	423		
2	358		
3	434		
4	445	405	
5	527	412	
6	429	469	437
7	426	467	439
8	502	461	452
9	480	452	466
10	384	469	473
11	427	456	444
12	446	430	444
下年 1 月		419	448

当 $n=3$ 和 $n=5$ 时，相应的下年 1 月的销售量分别为 419 台和 448 台。从计算数据来看，实际销售量的随机波动比较大，经过移动平均法计算以后，随即波动显著减小，即消除了随机干扰；而且求取平均值所用的月数越多，即 n 越大，修匀的程度也越大，波动也越小；但是，在这种情况下，对实际销售量真实的变化趋势反应也越迟钝。反之，n 取的越小，对销售量真实变化趋势反应越灵敏，但修匀性越差，可以反映出随机干扰趋势。

因此，n 的选择非常重要，n 应取多大应根据具体情况作出抉择，当 n 等于周期变动的周期时，则可消除周期变动影响。在实际应用中，可以取几个 n 值进行试算，比较它们的平均预测误差，从中选择最优的。在本例中当 $n=3$ 时均方误差 MSE = 3210. 33，当 $n=5$ 时均方误差 MSE = 1591. 86，故选 $n=5$ 相应的预测误差小一些。

B　加权移动平均法

在简单移动平均法公式中，每期数据在平均中的作用是等同的，由于每期数据所包含的信息量并不一样，近期数据包含着更多关于未来情况的信息，因此，把各期数据等同看待是不尽合理的，应考虑各期数据的重要性差异，对近期数据给予较大的权数，这就是加权平均法的基本思想。设时间序列为 y_1，y_2，…，y_t，…，加权移动平均公式为：

$$M_{tw}=\frac{w_1y_t+w_2y_{t-1}+\cdots+w_ny_{t-n+1}}{w_1+w_2+\cdots+w_n}\quad(t\geqslant n)\tag{3-8}$$

式中 M_{tw}——t 期加权移动平均数；

w_n——数据 y_{t-n+1} 期的权数，它体现了相应的 y 在加权平均数中的重要性。

C 趋势移动平均法

简单移动平均法和加权移动平均法在时间序列没有明显的趋势变动时，能准确地反映实际情况；但当时间序列出现直线增加或减少变动趋势时用简单移动平均法和加权移动平均法来预测就会出现滞后误差。因此，需要进行修正，修正的方法是：作二次移动平均，利用移动平均滞后误差的规律来建立直线趋势的预测模型。一次移动平均数为：

$$M_t^{[1]}=\frac{y_t+y_{t-1}+y_{t-2}+y_{t-3}+\cdots+y_{t-n+1}}{n}\quad(t\geqslant n)\tag{3-9}$$

在一次移动平均的基础上，再进行一次移动平均，就是二次移动平均，其计算公式为：

$$M_t^{[2]}=\frac{M_t^{[1]}+M_{t-1}^{[1]}+M_{t-2}^{[1]}+M_{t-3}^{[1]}+\cdots+M_{t-n+1}^{[1]}}{n}\quad(t\geqslant n)\tag{3-10}$$

进一步可以推出公式：

$$M_t^{[2]}=M_{t-1}^{[2]}+\frac{M_t^{[1]}-M_{t-n}^{[1]}}{n}\quad(t\geqslant n)\tag{3-11}$$

设时间序列 $\{y_t\}$ 从某时期开始具有直线趋势，且认为未来时期也按此直线趋势变化，则可设此直线趋势预测模型为：

$$y_{t+T}=a_t+b_tT\quad(T=1,2,\cdots)\tag{3-12}$$

式中 t——当前时期数；

T——由 t 至预测期的时期数；

y_{t+T}——第 $t+T$ 期预测值；

a_t——截距；

b_t——斜率。

根据模型可知：

当 $T=0$ 时，$y_t=a_t$；

当 $T=-1$ 时，$y_{t-1}=a_t-b_t$；

当 $T=-n+1$ 时，$y_{t-n+1}=a_t-(n-1)b_t$；

$$y_t-M_t^{[1]}=a_t-\frac{y_t+y_{t-1}+y_{t-2}+y_{t-3}+\cdots+y_{t-n+1}}{n}=\frac{n-1}{2}b_t$$

$$M_t^{[1]}-M_t^{[2]}=M_t^{[1]}-\frac{M_t^{[1]}+M_{t-1}^{[1]}+M_{t-2}^{[1]}+M_{t-3}^{[1]}+\cdots+M_{t-n+1}^{[1]}}{n}=\frac{n-1}{2}b_t$$

综合上述方程得到预测方程的截距 a_t 和斜率 b_t 分别为：

$$\begin{cases}a_t=2M_t^{[1]}-M_t^{[2]}\\ b_t=\dfrac{2(M_t^{[1]}-M_t^{[2]})}{n-1}\end{cases}\tag{3-13}$$

趋势移动平均法对于同时存在直线趋势与周期波动的序列，是一种既能反映趋势变化，又可以有效分离出周期变动的需求预测方法。

例 3-2 某企业 2009—2019 年历年 YZP 电机的销售统计数据见表 3-3，取移动数据期数 $n=4$，用趋势移动平均法建立线性预测模型，并预测 2020 年和 2022 年该企业 YZP 电机的销售量。

表 3-3 某企业 YZP 电机的销售统计数据 （台）

年份	2009	2010	2011	2012	2013	2014	2015	2016	2017	2018	2019
销售量	200	300	400	600	750	890	1000	1200	1380	1500	1700

解：根据该企业 YZP 电机的销售统计数据，作出散点图，如图 3-1 所示，从图中趋势线可以看出，2009—2019 年数据符合线性变化趋势，可以采用趋势移动平均法进行销售预测，计算结果见表 3-4。

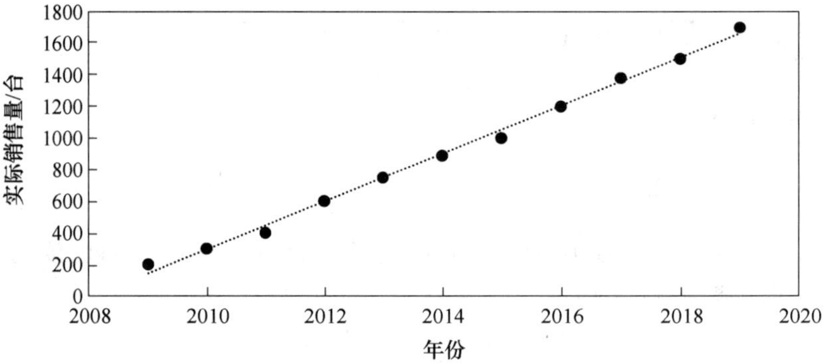

图 3-1 YZP 电机销售量趋势

表 3-4 某电机企业电机销售预测 （台）

年份	序号 t	实际销售量 y_t	一次移动平均数 $M_t^{[1]}$	二次移动平均数 $M_t^{[2]}$
2009	1	200		
2010	2	300		
2011	3	400		
2012	4	600	375	
2013	5	750	512.5	
2014	6	890	660	
2015	7	1000	810	589.375
2016	8	1200	960	735.625
2017	9	1380	1117.5	886.875
2018	10	1500	1270	1039.375
2019	11	1700	1445	1198.125

$$a_{11} = 2M_{11}^{[1]} - M_{11}^{[2]} = 2 \times 1445 - 1198.125 = 1691.875$$

$$b_{11} = \frac{2(M_{11}^{[1]} - M_{11}^{[2]})}{4-1} = 2 \times \frac{1445 - 1198.125}{3} = 164.583$$

对应趋势移动预测方程为：

$$y_{11+T} = a_{11} + b_{11}T \quad (T = 1, 2, \cdots)$$

2020 年和 2022 年该企业 YZP 电机的销售量预测数据为：

$$y_{2020} = y_{11+1} = a_{11} + b_{11} = 1856(\text{台})$$

$$y_{2022} = y_{11+3} = a_{11} + 3b_{11} = 2186(\text{台})$$

3.4.2.2 指数平滑法

指数平滑法由布朗提出，他认为时间序列的态势具有稳定性或规则性，所以时间序列可被合理地顺势推延；按当前的趋势，很可能会在接下来的一段时间内继续存在，所以将较大的权数放在最近的资料。指数平滑法是移动平均法的一种，其特点在于给过去的观测值不一样的权重，即较近期观测值的权数比较远期观测值的权数要大。根据平滑次数不同，指数平滑法分为一次指数平滑法、二次指数平滑法和三次指数平滑法等。

A 一次指数平滑法

当时间数列无明显的趋势变化，可用一次指数平滑法预测。其原理为：任一期的指数平滑值都是本期实际观察值与前一期指数平滑值的加权平均。其预测公式为：

$$S_t^{[1]} = \alpha y_t + (1 - \alpha) S_{t-1}^{[1]} \tag{3-14}$$

式中 t——当前时期数；

y_t——当前时期 t 的实际值；

$S_t^{[1]}$——时间 t 的一次指数平滑值；

$S_{t-1}^{[1]}$——时间 t-1 的一次指数平滑值；

α——平滑系数，取值范围为（0，1）。

一次指数平滑法的初始值 $S_0^{[1]}$ 不能由公式计算得出，一般可以采用下面两种方法确定：（1）在数据较多时，以 y_1 代替 $S_0^{[1]}$，即选择第一期的实际值作为其预测值；（2）以前几期原始数据的平均值作为初始值。

例 3-3 已知某种产品最近 12 个月的销售量（见表 3-5），用一次指数平滑法预测下个月的销售量。

表 3-5 某产品最近 12 个月的销售量 （万台）

月份 t	1	2	3	4	5	6	7	8	9	10	11	12
销售量 y_t	10	15	8	20	10	16	18	20	22	24	20	26

解：分别取 $\alpha=0.1$，$\alpha=0.3$，$\alpha=0.5$ 计算一次指数平滑值，并设初始值为最早的 3 个数据的平均值（为 11），计算结果见表 3-6。

表 3-6 一次指数平滑预测表 （万台）

月份 t	1	2	3	4	5	6	7	8	9	10	11	12
销售量 y_t	10	15	8	20	10	16	18	20	22	24	20	26

续表 3-6

月份 t	1	2	3	4	5	6	7	8	9	10	11	12
$S_t^{[1]}$ ($\alpha=0.1$)	10.9	11.3	11	11.9	11.7	12.1	12.7	13.4	14.3	15.3	15.8	16.8
$S_t^{[1]}$ ($\alpha=0.3$)	10.7	12	10.8	13.6	12.5	13.5	14.9	16.4	18.1	19.9	19.9	21.7
$S_t^{[1]}$ ($\alpha=0.5$)	10.5	12.8	10.4	15.2	12.6	14.3	16.2	18.1	20.1	22	21	23.5

由表 3-6 可得，12 月对应的 16.8、21.7、23.5 可以预测第 13 个月的销售量。指数平滑法对实际序列具有平滑作用，平滑系数越小，平滑作用越强，但对实际数据的变动反应较迟缓。在实际序列的线性变动部分，指数平滑值序列出现滞后偏差的程度随着平滑系数的增大而减少。

B 二次指数平滑法

为了避免利用一次指数平滑法预测有趋势的数据时产生系统误差，发展了线性二次指数平滑法。即在对实际值进行一次指数平滑的基础上，再进行一次指数平滑，建立预测数学模型，然后运用数学模型确定预测值。在一次指数平滑的基础上得到二次指数平滑的计算公式为：

$$S_t^{[2]} = \alpha S_t^{[1]} + (1-\alpha) S_{t-1}^{[2]} \tag{3-15}$$

式中 $S_t^{[2]}$——第 t 周期的二次指数平滑值；

$S_{t-1}^{[2]}$——第 $t-1$ 周期的二次指数平滑值；

$S_t^{[1]}$——第 t 周期的一次指数平滑值；

α——平滑系数，取值范围为（0，1）。

可设线性二次指数平滑法预测模型为：

$$y_{t+T} = a_t + b_t T \quad (T = 1,\ 2,\ \cdots) \tag{3-16}$$

式中 t——当前时期数；

T——由 t 至预测期的时期数；

y_{t+T}——第 $t+T$ 期预测值；

a_t——截距；

b_t——斜率。

参照趋势移动平均法推理过程，根据模型可知：

$$a_t = 2S_t^{[1]} - S_t^{[2]},\ b_t = \frac{\alpha}{1-\alpha}(S_t^{[1]} - S_t^{[2]}) \tag{3-17}$$

在指数平滑法中，预测成功的关键是 α 的选择。一般来说，若原始数据波动较大，则 α 值应取大些，以增加近期数据对预测结果的影响；若数据波动平稳，则 α 取小些。通常有以下两种方法可确定 α 值。

（1）经验判断法。当原始数据呈现较稳定的水平趋势时，应选较小的值，可在 0.05~0.2 取值；当序列有波动但长期趋势不明显时，可选稍大值，一般可在 0.1~0.4 取值；当时间序列波动很大，长期趋势变化幅度较大时，呈明显且迅速的上升或下降趋势时，可在 0.6~0.8 取值。

（2）试算法。根据具体时间序列情况，参照经验判断法，大致确定 α 的取值范围，再选取几个值进行试算，比较不同值下的平均绝对误差，选取平均绝对误差最小的 α。

例 3-4 已知某厂 2009—2019 年高压电机的年销售量见表 3-7，平滑系数 α 取 0.3，初始值 $S_0^{[1]}$ 取第 1 期数据实际值，试用指数平滑法预测该厂 2020 年高压电机的销售量。

表 3-7 某厂高压电机的年销售量统计 （台）

年份	2009	2010	2011	2012	2013	2014	2015	2016	2017	2018	2019
销售量	200	300	400	600	750	890	1000	1200	1380	1500	1700

解：平滑系数 α 取 0.3，指数平滑法计算结果见表 3-8。

表 3-8 某厂高压电机指数平滑法计算表 （台）

年份	序号 t	实际销售量 y_t	一次指数平滑值 $S_t^{[1]}$	二次指数平滑值 $S_t^{[2]}$
2009	1	200	200.00	200.00
2010	2	300	230.00	209.00
2011	3	400	281.00	230.60
2012	4	600	376.70	274.43
2013	5	750	488.69	338.71
2014	6	890	609.08	419.82
2015	7	1000	726.36	511.78
2016	8	1200	868.45	618.78
2017	9	1380	1021.92	739.72
2018	10	1500	1165.34	867.41
2019	11	1700	1325.74	1004.91

$$a_{11} = 2S_{11}^{[1]} - S_{11}^{[2]} = 2 \times 1325.74 - 1004.91 = 1646.57$$

$$b_{11} = \frac{0.3}{1 - 0.3}(1325.74 - 1004.91) = 137.5$$

对应指数平滑预测方程和 2020 年高压电机的销售量预测值分别为：

$$y_{t+T} = a_t + b_t T = 1646.57 + 137.5T$$

$$y_{2020} = y_{11+1} = a_{11} + b_{11} \times 1 = 1646.57 + 137.5 = 1784（台）$$

C 三次指数平滑法

若时间序列的变动呈现出非线性二次曲线趋势，则可以用三次指数平滑法进行预测。三次指数平滑是在二次指数平滑法的基础上再进行一次平滑，其计算公式为：

$$S_t^{[3]} = \alpha S_t^{[2]} + (1 - \alpha) S_{t-1}^{[3]} \tag{3-18}$$

三次指数平滑法的预测模型为：

$$y_{t+T} = a_t + b_t T + c_t T^2 \quad (T = 1, 2, \cdots) \tag{3-19}$$

$$a_t = 3S_t^{[1]} - 3S_t^{[2]} + S_t^{[3]} \tag{3-20}$$

$$b_t = \frac{\alpha}{2(1 - \alpha)^2}[(6 - 5\alpha)S_t^{[1]} - 2(5 - 4\alpha)S_t^{[2]} + (4 - 3\alpha)S_t^{[3]}] \tag{3-21}$$

$$c_t = \frac{\alpha^2}{2(1-\alpha)^2}(S_t^{[1]} - 2S_t^{[2]} + S_t^{[3]}) \tag{3-22}$$

3.4.2.3 霍特（Holt）法

指数平滑法假定数据没有趋势，但一般来说，趋势经常存在。霍特进一步将趋势性优化到指数平滑模型中去。霍特法主要考虑了随时间变化的局部线性趋势，即水平值和趋势斜率系数都会随时间改变，一般只适用于短期预测且数据没有季节性趋势。用于霍特法的3个公式如下。

（1）现时水平估算值：

$$L_t = \alpha y_t + (1-\alpha)(L_{t-1} + T_{t-1}) \tag{3-23}$$

（2）趋势估算值：

$$T_t = \beta(L_t - L_{t-1}) + (1-\beta)T_{t-1} \tag{3-24}$$

（3）未来 p 期的预测值：

$$\hat{y}_{t+p} = L_t + pT_t \tag{3-25}$$

式中 L_t——t 时期基本水平值；

T_t——t 时期趋势值；

y_t——从目前时期获得的 t 时期基本水平值（已知）；

α——水平的平滑系数；

β——趋势估算值的平滑系数。

两个平滑系数 α 和 β 的取值既可以通过主观选择，也可以通过软件最小化预测误差自动选择，初始值的设定有两种方法。

（1）水平的初始值 $L_0=y_1$ 或等于初始月份（第0期）的观测值，$T_0=0$ 或设定为以前年份的平均月度增长。

（2）将前几期的观测值作为因变量，时间 t 作为自变量进行回归，回归结果中常数项的估计值作为 L_0，斜率系数作为趋势的初始值 T_0。

例 3-5 某企业2年内各个月份的高压电机销售量数据见表3-9。假定高压电机前年最后一个月的销售量为42台，前年销售量的平均月增长幅度为2.93台，水平的平滑系数 α 和趋势估算值的平滑系数 β 取值都为0.3，试对该企业未来的高压电机销售量进行预测。

表 3-9 某企业各个月份的高压电机销售量 （台）

月度	1	2	3	4	5	6	7	8	9	10	11	12
销量	44	48	51	52	58	55	57	67	72	68	72	69
月度	13	14	15	16	17	18	19	20	21	22	23	24
销量	79	82	80	85	94	89	96	100	100	105	110	111

解：根据表3-9中的销售量数据资料，应用霍特法列表计算，结果见表3-10。

表 3-10 霍特法加法趋势预测计算列表

月度	时期 t	销售量 y_t/台	L_t/台	T_t/台	预测值 $\hat{y}_t$/台	误差 e_t
0	0	42	42	2.93	—	—

续表 3-10

月度	时期 t	销售量 y_t/台	L_t/台	T_t/台	预测值 $\hat{y}_t$/台	误差 e_t
1	1	44	44.65	2.85	44.93	−0.93
2	2	48	47.65	2.89	47.50	0.50
3	3	51	50.68	2.93	50.54	0.46
4	4	52	53.13	2.79	53.61	−1.61
5	5	58	56.54	2.98	55.92	2.08
6	6	55	58.16	2.57	59.52	−4.52
7	7	57	59.61	2.23	60.73	−3.73
8	8	67	63.39	2.70	61.84	5.16
9	9	72	67.86	3.23	66.09	5.91
10	10	68	70.16	2.95	71.09	−3.09
11	11	72	72.78	2.85	73.12	−1.12
12	12	69	73.64	2.25	75.63	−6.63
13	13	79	76.83	2.53	75.90	3.10
14	14	82	80.15	2.77	79.36	2.64
15	15	80	82.05	2.51	82.92	−2.92
16	16	85	84.69	2.55	84.55	0.45
17	17	94	89.27	3.16	87.24	6.76
18	18	89	91.40	2.85	92.42	−3.42
19	19	96	94.77	3.01	94.24	1.76
20	20	100	98.44	3.21	97.78	2.22
21	21	100	101.16	3.06	101.65	−1.65
22	22	105	104.45	3.13	104.21	0.79
23	23	110	108.31	3.35	107.58	2.42
24	24	111	111.46	3.29	111.65	−0.65
25	25	—	—	预测取整	115	—

3.4.2.4 温特（Winters）法

温特法是20世纪初由温特研究制定出来的一种较高级形式的指数平滑方法，该方法可以同时修正时间序列数据的季节性和倾向性，因此，它能对既有倾向性变动趋势又有季节性变动的时间序列进行预测。温特三参数线性和季节性指数平滑法是对霍特法的扩展，温特法采用一个附加公式来估算季节性。温特法一般适用于短期预测，如果外推的期数过多，则会有过高估计的危险。温特法的4个基本公式如下。

（1）现时水平估算值：

$$L_t = \alpha \frac{y_t}{S_{t-s}} + (1 - \alpha)(L_{t-1} + T_{t-1}) \tag{3-26}$$

（2）趋势估算值：

$$T_t = \beta(L_t - L_{t-1}) + (1 - \beta) T_{t-1} \tag{3-27}$$

（3）季节性估算值：

$$S_t = \gamma \frac{y_t}{L_t} + (1 - \gamma) S_{t-s} \tag{3-28}$$

（4）未来 p 期的预测值：

$$\hat{y}_{t+p} = (L_t + pT_t) S_{t-s+p} \tag{3-29}$$

式中 L_t——t 时期基本水平值；

T_t——t 时期趋势值；

y_t——从目前时期获得的 t 时期基本水平值（已知）；

α——水平的平滑系数；

β——趋势估算值的平滑系数；

γ——季节性估算值的平滑系数；

S_t——季节性修正系数；

s——季节的长度。

3 个平滑系数 α、β 和 γ 既可以通过主观选择，也可以通过软件最小化预测误差自动选择，初始值的设定有两种方法：

（1）水平的初始值 $L_0 = y_1$，$T_0 = 0$，各季节性指数初始值 = 1；

（2）将前几期的观测值作为因变量，时间 t 作为自变量进行回归，回归结果中常数项的估计值作为 L_0，斜率系数作为趋势的初始值 T_0；将前几期的观测值对季节虚拟变量进行回归，回归系数除以 y 的平均值得到相应季节性指数的初始值。

例 3-6 某电机企业近年来发展迅速，年销售额 y 逐年升高，2014—2019 年近 6 年的销售统计数据见表 3-11。水平的平滑系数 $\alpha = 0.45$，趋势估算值的平滑系数 $\beta = 0.05$，季节性估算值的平滑系数 $\gamma = 0.1$，水平的初始值 $L_0 = 362$，$T_0 = 0$，各季节性指数初始值 $S_0 = 0.90$，$S_{-1} = 1.14$，$S_{-2} = 1.01$，$S_{-3} = 0.95$，试对该企业未来的高压电机销售额进行预测。

表 3-11 某电机企业各季度销售数据统计表 （万元）

年份	2014				2015				2016			
季度编号	1	2	3	4	5	6	7	8	9	10	11	12
销售额	362	385	432	341	382	409	498	387	473	513	582	474
年份	2017				2018				2019			
季度编号	13	14	15	16	17	18	19	20	21	22	23	24
销售额	544	582	681	557	628	707	773	592	627	725	854	661

解： 数据的时序，如图 3-2 所示，由图 3-2 可以看出该序列呈明显递增趋势，同时由于此企业销售的产品具有季节性，所以销售额数据还具有明显的季节性波动的特点。本题中季节的长度 $s = 4$，温特法列表计算结果见表 3-12。

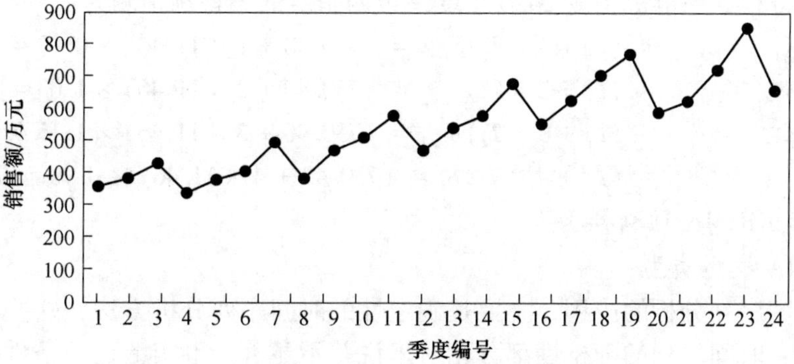

图 3-2 某电机企业各季度销售数据时序

表 3-12 温特法加法趋势预测计算列表 （万元）

季度编号	时期 t	销售额 y_t	L_t	T_t	S_t	预测值 $\hat{y}_t$	误差 e_t
0	0	—	362	0	$S_0=0.90$	—	—
1	1	362	370.57	0.43	0.95	343.90	18.10
2	2	385	375.59	0.66	1.01	374.71	10.29
3	3	432	377.46	0.72	1.14	428.92	3.08
4	4	341	378.50	0.73	0.90	340.36	0.64
5	5	382	389.02	1.22	0.96	361.29	20.71
6	6	409	396.59	1.54	1.01	394.73	14.27
7	7	498	415.47	2.41	1.15	454.05	43.95
8	8	387	423.31	2.68	0.90	376.13	10.87
9	9	473	457.03	4.23	0.96	407.09	65.91
10	10	513	481.47	5.24	1.02	467.49	45.51
11	11	582	496.17	5.72	1.15	557.91	24.09
12	12	474	512.64	6.25	0.90	452.46	21.54
13	13	544	539.45	7.28	0.97	499.98	44.02
14	14	582	557.80	7.83	1.02	556.95	25.05
15	15	681	577.82	8.44	1.15	649.88	31.12
16	16	557	599.77	9.12	0.91	529.88	27.12
17	17	628	626.82	10.02	0.97	589.43	38.57
18	18	707	661.82	11.26	1.03	650.31	56.69
19	19	773	672.18	11.22	1.15	775.33	−2.33
20	20	592	669.81	10.54	0.90	619.36	−27.36
21	21	627	664.64	9.75	0.97	660.90	−33.90
22	22	725	688.94	10.48	1.03	691.84	33.16
23	23	854	718.36	11.43	1.16	805.53	48.47
24	24	661	730.40	11.46	0.90	659.77	1.23

根据预测方程，该电机企业2020年度一至四季度的销售额预测为：

第一季度 $\hat{y}_{t+p} = \hat{y}_{t+1} = (L_t + 1 \times T_t)S_{t-3} = (730.40 + 1 \times 11.46) \times 0.97 = 718.58$(万元)

第二季度 $\hat{y}_{t+p} = \hat{y}_{t+2} = (L_t + 2 \times T_t)S_{t-2} = (730.40 + 2 \times 11.46) \times 1.03 = 774.80$(万元)

第三季度 $\hat{y}_{t+p} = \hat{y}_{t+3} = (L_t + 3 \times T_t)S_{t-1} = (730.40 + 3 \times 11.46) \times 1.15 = 883.64$(万元)

第四季度 $\hat{y}_{t+p} = \hat{y}_{t+4} = (L_t + 4 \times T_t)S_t = (730.40 + 4 \times 11.46) \times 0.90 = 701.84$(万元)

3.4.2.5 ARIMA 预测模型

A ARIMA 模型类型

传统的时间序列分析的应用，主要是确定性的时间序列分析方法，这些方法的应用有一个前提条件：时间序列的随机性部分相对来说并不显著。事实上这一条件在大多数情况下都是不成立的。自回归累积移动平均（Auto Regressive Integrated Moving Average，ARIMA）模型是由统计学家博克斯（G. Box）和詹金斯（G. Jenkins）提出的一种以随机理论为基础的针对平稳时间序列预测的一种模型，又称为博克斯-詹金斯模型。ARIMA 模型使时间序列分析理论上升到一个新的高度，预测的精确度大大提高。ARIMA 模型的一般形式如下：

$$\text{ARIMA}(p, d, q)$$

式中 p——自回归部分的阶数；

q——移动平均部分的阶数；

d——时间序列转化成平稳时所做的差分次数，$d=0$ 表示原时间序列是平稳的，$d>0$ 表示原时间序列是非平稳的。

ARIMA 模型根据原序列是否平稳以及回归中所含部分的不同，包括自回归模型（AR）即 ARIMA（p，0，0）、移动平均模型（MA）即 ARIMA（0，0，q）、自回归移动平均模型（ARMA）即 ARIMA（p，0，q）、自回归移动平均混合模型 ARIMA（p，d，q）等几种形式。

（1）自回归 AR 模型：ARIMA（p，0，0）。

$$y_t = \varphi_0 + \varphi_1 y_{t-1} + \varphi_2 y_{t-2} + \cdots + \varphi_p y_{t-p} + \varepsilon_t \tag{3-30}$$

式中 p——自回归模型阶数或项数；

y_t——t 时刻观察值；

ε_t——随机误差或偏差；

φ_p——滞后 p 期的自相关系数；

φ_0——常数项且为系列 y 的均值。

（2）移动平均 MA 模型：ARIMA（0，0，q）。

$$y_t = \mu + \varepsilon_t + \theta_1 \varepsilon_{t-1} + \theta_2 \varepsilon_{t-2} + \cdots + \theta_q \varepsilon_{t-q} \tag{3-31}$$

式中 q——移动平均阶数或项数；

y_t——t 时刻观察值；

ε_t——时间系列模型在 t 时刻的随机误差或偏差；

θ_q——滞后 q 期的移动平均系数；

μ——常数项且为系列 y 的均值。

（3）自回归移动平均 ARMA 模型：ARIMA（p，0，q）。将自回归模型和移动平均模型组合，便构成自回归移动平均 ARMA 模型。

$$y_t = c + \varphi_1 y_{t-1} + \cdots + \varphi_p y_{t-p} + \varepsilon_t + \theta_1 \varepsilon_{t-1} + \cdots + \theta_q \varepsilon_{t-q} \tag{3-32}$$

式中 c——常数项且为系列 y 的均值；

其他参数含义同上。

(4) 自回归移动平均混合模型：ARIMA (p，d，q)。对于具有一定趋势的非平稳时间系列，不能直接建立 ARMA 模型，只能对经过平稳化处理后的新的平稳时间系列建立 ARIMA (p，0，q) 模型。平稳化处理可以采用差分处理、对数变换和先对数变换后差分处理等方法。ARIMA (p，d，q) 模型中的 d 是对原时间系列进行逐期差分的阶数，差分的目的是让某些非平稳系列（具有一定趋势的）变为平稳的，通常来讲，d 的取值为 0，1，2。

(5) 自回归移动平均混合改进模型：ARIMA (p，d，q) (P，D，Q)^s。当序列中同时存在趋势性和季节性的周期和趋势时，序列中存在着以季节周期的整数倍为长度的相关性，需经过某些阶数的逐期差分和季节差分才能使序列平稳化。ARIMA (p，d，q) (P，D，Q)^s 模型中，D 即为季节差分的阶数，P 表示季节性自回归阶数，Q 表示季节性移动平均阶数，s 为季节周期的长度（一般若时间系列为月度数据则 $s=12$，时间系列为季度数据，则 $s=4$）。

B　ARIMA 模型识别

模型识别的本质是根据时间序列确定 ARIMA (p，d，q) (P，D，Q)^s 模型中 p、d、q 以及 P、D、Q 与 s 的取值。借助自相关函数（Auto-Correlation Function，ACF）、自相关分析图、偏自相关函数（Partial Auto-Correlation Function，PACF）、偏自相关分析图等综合识别时间序列特征，进一步确定 p、q 和 P、Q 的取值，构建相对最优预测模型。

(1) 自相关函数 ACF。自相关是时间系列 y_1，y_2，y_3，…，y_t 各项之间的简单关系，其含义与相关分析中变量之间的简单相关一样，只不过它涉及的是同一系列自身，因而称作自相关。自相关程度的大小用自相关系数 γ_k 来度量。

$$\gamma_k = \frac{\sum_{t=1}^{n-k}(y_t - \bar{y})(y_{t+k} - \bar{y})}{\sum_{t=1}^{n}(y_t - \bar{y})^2} \tag{3-33}$$

式中 n——样本数据的个数；

k——滞后期数；

$\bar{y}$——样本数据平均值。

自相关系数 γ_k 可以看成是自变量 k 的函数，即自相关函数，它表示时间系列滞后 k 个时间段的两项之间的相关程度。随机系列自相关系数的抽样分布近似于以 0 为均值，以 $1/\sqrt{n}$ 为标准差 σ 的正态分布。

(2) 自相关分析图。自相关系数 γ_k 的 95%置信区间为 (-1.96σ，1.96σ)，如果一个时间系列的自相关系数全部落入这个区间，则认为该系列是纯随机系列。将时间系列的自相关系数绘制成图，并标出一定的置信区间（通常采用±2 倍的标准差作为置信区间的两个端点），即获得自相关分析图。

(3) 偏自相关函数 PACF。偏自相关函数是时间系列 y_t，在给定了 y_{t-1}，y_{t-2}，y_{t-3}，…，y_{t-k+1} 的条件下，y_t 与 y_{t-k} 之间的条件相关。由于它需要考虑排除其他滞后期的效应，因而被称为偏自相关，偏自相关程度的大小用偏自相关系数 φ_{kk} 来度量。

$$\varphi_{kk}=\begin{cases} r_1 & (k=1) \\ \dfrac{r_k-\sum_{j=1}^{k-1}\varphi_{k-1,j}\cdot r_{k-j}}{1-\sum_{j=1}^{k-1}\varphi_{k-1,j}\cdot r_{k-j}} & (k=2,3,\cdots) \end{cases} \tag{3-34}$$

偏自相关系数 φ_{kk} 可以看成是自变量 k 的函数即偏自相关函数，$-1\leqslant\varphi_{kk}\leqslant 1$，它用以测量当剔除其他滞后期（$t=1, 2, 3, \cdots, k-1$）的干扰后，$y_t$ 与 y_{t-k} 之间的相关程度。

（4）偏自相关分析图。将时间系列的偏自相关系数绘制成图，即为偏自相关分析图。

（5）自相关函数与偏自相关函数特征。函数特征分析中，截尾是指时间序列的 ACF 图谱或 PACF 图谱在某阶后均为 0 的性质，在大于某个常数 k 后快速趋于 0 就称为 k 阶截尾。拖尾是 ACF 或 PACF 图谱并不在某阶后均为 0 的性质，始终有非零取值，不会在 k 大于某个常数后就恒等于零或在 0 附近随机波动。不同 ARIMA 模型相关函数的图谱特征见表 3-13，可以用自相关函数和偏自相关函数图谱作为模型识别的重要方法。

表 3-13 自相关函数与偏自相关函数图谱特征

模型类型	ARIMA（p，0，0）	ARIMA（0，0，q）	ARIMA（p，0，q）
自相关函数 ACF	拖尾	在 q 阶截尾	拖尾
偏相关函数 PACF	在 p 阶截尾	拖尾	拖尾

C ARIMA 方法预测步骤

（1）模型的识别。利用自相关分析和偏相关分析等方法，分析时间序列的随机性、平稳性及季节性，并选定一个特定的模型以拟合所分析的时间序列。

（2）模型中参数的估计和模型的检验。用时间序列的数据估计模型的参数，并进行检验，以判定该模型是否恰当。

（3）预测应用。用选定的模型对将来某个时刻的数值作出预测，对于 ARIMA 模型，只需将平稳序列 ARMA 过程的预测结果进行反向 d 次（差分次数）求和，就可以得到原序列的预测值。

例 3-7 某城市农村居民年度收入数据可见表 3-14，建立 ARIMA 模型，预测 2020 年的农村居民年度收入情况。

表 3-14 某城市农村居民 1984—2019 年度收入数据 （元）

年份	收入	年份	收入	年份	收入
1984	261.00	1996	792.18	2008	4027.03
1985	274.00	1997	938.45	2009	4465.99
1986	291.00	1998	1312.24	2010	4845.35
1987	312.00	1999	1655.00	2011	5623.24
1988	344.00	2000	1989.57	2012	6627.26
1989	362.00	2001	2218.89	2013	6627.00
1990	382.00	2002	2199.38	2014	7182.53
1991	421.00	2003	2840.10	2015	9104.00
1992	504.00	2004	2941.80	2016	8864.85
1993	557.00	2005	2981.78	2017	10013.03
1994	659.00	2006	3048.55	2018	11547.00
1995	685.71	2007	3208.84	2019	12736.00

解：利用SPSS统计分析软件，绘制收入时序图，如图3-3所示。进行数据的自相关ACF和偏自相关PACF分析，结果如图3-4所示。

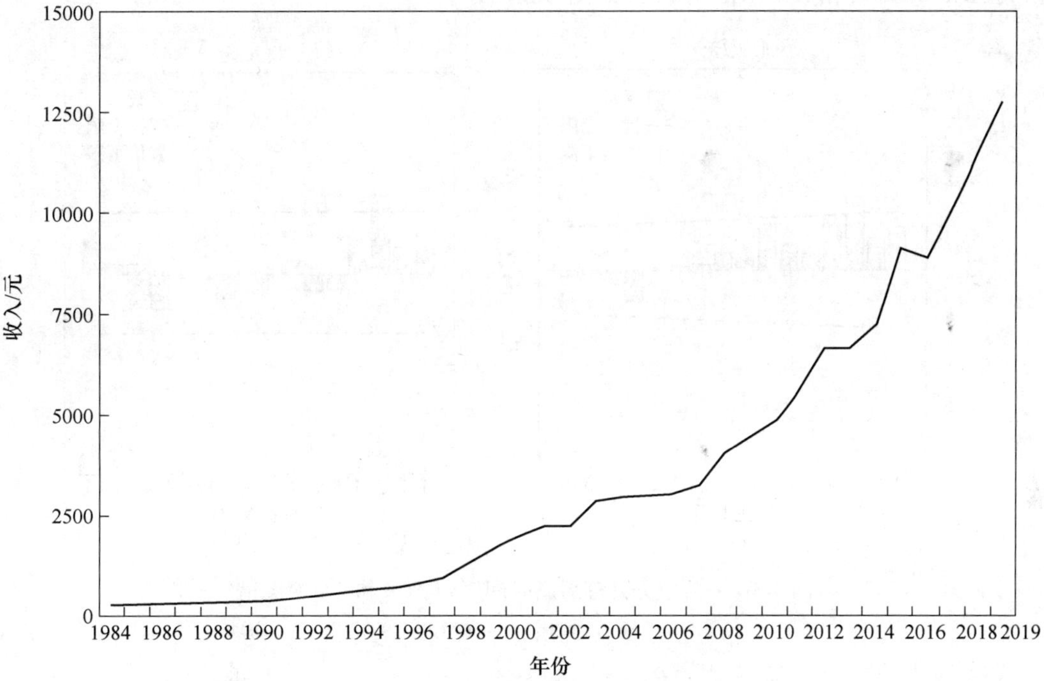

图3-3　某城市农村居民收入时序图

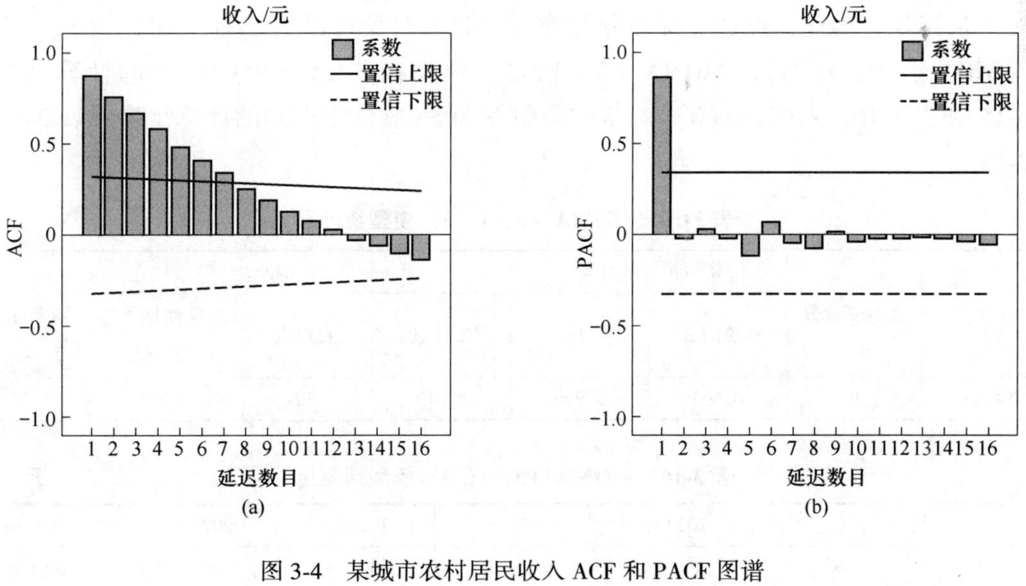

图3-4　某城市农村居民收入ACF和PACF图谱

（a）ACF；（b）PACF

可以看出该时间序列数据有明显上升趋势，自相关ACF图中随着延迟数目的增加，系数并没有显著地趋于0，且许多数值较大的系数落到了置信区间以外，说明该时间序列是非平稳的，需要进行差分平稳化处理。利用 SPSS 软件一阶差分处理后，新时间序列的自相关 ACF 和偏自相关 PACF 分析，如图 3-5 所示。

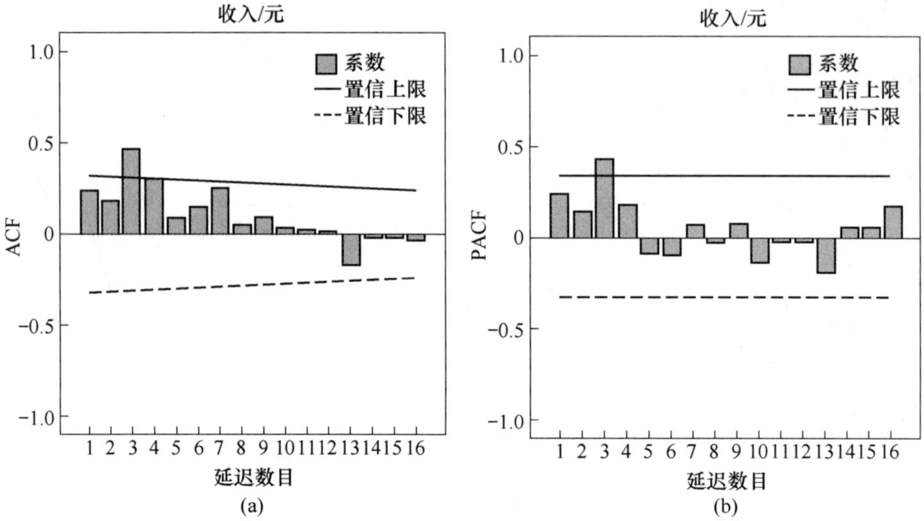

图 3-5 一阶差分处理后新时间序列 ACF 和 PACF 图谱

(a) ACF；(b) PACF

从图 3-5（a）中可以看出，在滞后期 $k=3$ 以后，自相关函数衰减并且都在置信区间范围内，因此可以认为该系列平稳了。图 3-5（b）中，$\varphi_{33}=0.437$ 较大，其他并没有趋近于0，可以认为在 $k=3$ 后拖尾。而 ACF 图中，可以看作 $k=3$ 后截尾，也可以看作 $k=3$ 后拖尾。因此，经过一阶差分变换后的收入模型可以选定为 ARIMA（3，1，3）或者 ARIMA（0，1，3）。ARIMA（3，1，3）模型在 SPSS 软件中得到的计算结果见表 3-15 和表 3-16。ARIMA（0，1，3）模型在 SPSS 软件中得到的计算结果见表 3-17 和表 3-18。

表 3-15 ARIMA（3，1，3）模型统计量

模型	预测变量数	模型拟合统计量		Ljung-Box$Q$（$LBQ=18$）			离群值数
		平稳的 R^2	R^2	统计量	自由度	差异性显著的检验值	
收入_1	0	0.493	0.990	8.619	12	0.735	0

表 3-16 ARIMA（3，1，3）模型预测量 （元）

模型		2020 年	2021 年	2022 年	2023 年	2024 年
收入_1	预测	13387.90	14788.52	16131.25	16917.77	17934.30
	UCL	14157.77	15818.30	17462.34	18828.41	20398.32
	LCL	12618.03	13758.74	14800.15	15007.13	15470.29

表 3-17 ARIMA（0，1，3）模型统计量

模型	预测变量数	模型拟合统计量		Ljung-BoxQ（$LBQ=18$）			离群值数
		平稳的 R^2	R^2	统计量	自由度	差异性显著的检验值	
收入_1	0	0.365	0.988	15.424	15	0.421	0

表 3-18 ARIMA（0，1，3）模型预测量 （元）

模型		2020 年	2021 年	2022 年	2023 年	2024 年
收入_1	预测	13509.03	14097.57	15128.34	15512.27	15896.19
	UCL	14329.37	15194.48	16475.42	17455.92	18292.17
	LCL	12688.68	13000.66	13781.27	13568.62	13500.21

对比两个模型的统计量分析，ARIMA（3，1，3）模型 3 个统计量中 R^2 为 0.990，平稳的 R^2 为 0.493，差异性显著的检验值为 0.735，均比 ARIMA（0，1，3）模型相应的统计值要大，说明 ARIMA（3，1，3）模型的拟合效果相对较好，故 2020 年的农村居民年度收入预测结果为 13387.90 元。

3.4.2.6 Prophet 预测模型

A Prophet 模型简介

Prophet 模型是由 Facebook（现 Meta）公司开发的一种开源的时间序列预测工具，它特别适合处理具有季节性、节假日效应等复杂模式的时间序列数据。Prophet 模型简单易用，能够快速、准确地预测未来趋势，在数据存在缺失值、异常值或非线性趋势时也能保持良好的预测效果。由于 Prophet 模型具备强大的处理季节性变化、节假日效应和趋势变化的能力，它适用于许多领域的时间序列预测问题。无论是在金融市场、零售行业、交通管理，还是在医疗领域，Prophet 都能够提供高效的预测解决方案。

B Prophet 模型结构

Prophet 模型的核心是一个加法回归模型，时间序列 $y(t)$ 可以表示为：

$$y(t) = g(t) + s(t) + h(t) + \varepsilon_t \tag{3-35}$$

式中 $g(t)$ ——趋势项，表示时间序列的长期增长或下降趋势；
$s(t)$ ——季节性项，用于捕捉数据中的周期性波动；
$h(t)$ ——节假日项，考虑特定假期或事件对数据的影响；
ε_t——噪声项，代表无法被前面几项解释的随机波动。

C Prophet 预测模型应用步骤

Prophet 预测模型应用主要包含以下 5 个步骤。

（1）安装 Prophet 库。通过 Python 的 pip 或者 R 的 CRAN 进行安装。

（2）数据准备。确保数据格式正确，通常需要两列：日期（ds）和数值（y）。

（3）创建并拟合模型。初始化 Prophet 对象，并用数据拟合模型。

（4）生成未来时间点。构建一个包含未来日期的数据框。

（5）执行预测。利用训练好的模型对未来时间点进行预测。

例 3-8 某企业 2023 年 6 月至 2024 年 7 月的备件平均日消耗量数据见表 3-19，请使用

Prophet 预测模型预测该企业 2024 年 8 月份的备件平均日消耗量。

表 3-19 某电机企业备件平均日消耗量数据

日期	消耗量 y/件	日期	消耗量 y/件	日期	消耗量 y/件	日期	消耗量 y/件
2023-06-01	5.31	2023-07-05	4.38	2023-08-08	5.23	2023-09-11	5.90
2023-06-02	5.78	2023-07-06	4.36	2023-08-09	5.72	2023-09-12	5.23
2023-06-03	6.63	2023-07-07	5.78	2023-08-10	4.33	2023-09-13	6.78
2023-06-04	4.85	2023-07-08	9.01	2023-08-11	3.62	2023-09-14	6.30
2023-06-05	3.91	2023-07-09	8.90	2023-08-12	5.91	2023-09-15	5.05
2023-06-06	3.75	2023-07-10	7.45	2023-08-13	6.70	2023-09-16	5.63
2023-06-07	6.44	2023-07-11	5.11	2023-08-14	6.90	2023-09-17	5.00
2023-06-08	7.27	2023-07-12	5.85	2023-08-15	5.29	2023-09-18	5.21
2023-06-09	6.87	2023-07-13	6.46	2023-08-16	5.27	2023-09-19	4.71
2023-06-10	7.51	2023-07-14	7.30	2023-08-17	4.63	2023-09-20	5.50
2023-06-11	6.45	2023-07-15	9.02	2023-08-18	5.22	2023-09-21	4.43
2023-06-12	6.41	2023-07-16	7.60	2023-08-19	8.15	2023-09-22	3.84
2023-06-13	6.24	2023-07-17	6.03	2023-08-20	8.40	2023-09-23	6.29
2023-06-14	7.69	2023-07-18	4.60	2023-08-21	7.56	2023-09-24	7.64
2023-06-15	6.87	2023-07-19	6.20	2023-08-22	5.65	2023-09-25	8.66
2023-06-16	5.64	2023-07-20	6.63	2023-08-23	6.70	2023-09-26	7.48
2023-06-17	6.71	2023-07-21	6.34	2023-08-24	7.86	2023-09-27	7.01
2023-06-18	6.66	2023-07-22	7.07	2023-08-25	9.62	2023-09-28	5.21
2023-06-19	7.01	2023-07-23	5.91	2023-08-26	12.22	2023-09-29	6.15
2023-06-20	6.08	2023-07-24	5.84	2023-08-27	10.99	2023-09-30	7.76
2023-06-21	6.32	2023-07-25	6.02	2023-08-28	8.68	2023-10-01	5.88
2023-06-22	4.12	2023-07-26	8.09	2023-08-29	6.19	2023-10-02	5.93
2023-06-23	7.99	2023-07-27	7.55	2023-08-30	7.37	2023-10-03	3.77
2023-06-24	7.72	2023-07-28	5.72	2023-08-31	8.48	2023-10-04	0.24
2023-06-25	8.90	2023-07-29	5.53	2023-09-01	9.37	2023-10-05	1.21
2023-06-26	9.03	2023-07-30	4.44	2023-09-02	10.61	2023-10-06	3.21
2023-06-27	6.79	2023-07-31	4.77	2023-09-03	8.56	2023-10-07	9.82
2023-06-28	5.76	2023-08-01	4.79	2023-09-04	6.63	2023-10-08	10.31
2023-06-29	4.21	2023-08-02	5.96	2023-09-05	5.34	2023-10-09	9.28
2023-06-30	4.42	2023-08-03	4.55	2023-09-06	7.42	2023-10-10	6.70
2023-07-01	7.56	2023-08-04	2.85	2023-09-07	8.34	2023-10-11	6.72
2023-07-02	8.22	2023-08-05	3.93	2023-09-08	8.23	2023-10-12	6.72
2023-07-03	7.36	2023-08-06	4.42	2023-09-09	8.70	2023-10-13	7.49
2023-07-04	4.66	2023-08-07	5.53	2023-09-10	6.87	2023-10-14	9.57

续表 3-19

日期	消耗量 y/件	日期	消耗量 y/件	日期	消耗量 y/件	日期	消耗量 y/件
2023-10-15	8.39	2023-11-20	8.17	2023-12-26	7.59	2024-01-31	9.79
2023-10-16	6.53	2023-11-21	5.89	2023-12-27	7.52	2024-02-01	9.82
2023-10-17	4.44	2023-11-22	6.04	2023-12-28	5.38	2024-02-02	8.55
2023-10-18	5.56	2023-11-23	6.24	2023-12-29	4.03	2024-02-03	8.60
2023-10-19	6.06	2023-11-24	7.63	2023-12-30	6.08	2024-02-04	7.43
2023-10-20	6.22	2023-11-25	10.60	2023-12-31	7.10	2024-02-05	7.66
2023-10-21	7.26	2023-11-26	9.97	2024-01-01	6.04	2024-02-06	7.85
2023-10-22	5.85	2023-11-27	7.78	2024-01-02	6.12	2024-02-07	9.48
2023-10-23	5.20	2023-11-28	4.68	2024-01-03	5.61	2024-02-08	8.59
2023-10-24	5.11	2023-11-29	4.97	2024-01-04	4.22	2024-02-09	7.09
2023-10-25	7.66	2023-11-30	5.66	2024-01-05	4.42	2024-02-10	4.97
2023-10-26	8.15	2023-12-01	6.95	2024-01-06	7.71	2024-02-11	4.79
2023-10-27	7.19	2023-12-02	9.05	2024-01-07	8.87	2024-02-12	5.14
2023-10-28	7.14	2023-12-03	7.57	2024-01-08	8.73	2024-02-13	7.25
2023-10-29	5.58	2023-12-04	5.49	2024-01-09	6.63	2024-02-14	7.44
2023-10-30	5.50	2023-12-05	3.63	2024-01-10	6.53	2024-02-15	10.82
2023-10-31	5.79	2023-12-06	5.43	2024-01-11	6.25	2024-02-16	3.88
2023-11-01	7.90	2023-12-07	6.80	2024-01-12	7.16	2024-02-17	7.16
2023-11-02	7.45	2023-12-08	7.65	2024-01-13	9.97	2024-02-18	7.64
2023-11-03	6.06	2023-12-09	8.92	2024-01-14	9.70	2024-02-19	7.50
2023-11-04	6.75	2023-12-10	7.27	2024-01-15	8.35	2024-02-20	5.68
2023-11-05	6.68	2023-12-11	5.99	2024-01-16	6.23	2024-02-21	5.71
2023-11-06	7.76	2023-12-12	5.11	2024-01-17	7.15	2024-02-22	5.44
2023-11-07	8.07	2023-12-13	7.00	2024-01-18	7.83	2024-02-23	6.64
2023-11-08	9.31	2023-12-14	7.23	2024-01-19	8.65	2024-02-24	10.13
2023-11-09	8.16	2023-12-15	6.54	2024-01-20	10.40	2024-02-25	10.54
2023-11-10	7.01	2023-12-16	7.08	2024-01-21	9.21	2024-02-26	9.21
2023-11-11	8.60	2023-12-17	5.98	2024-01-22	8.17	2024-02-27	6.20
2023-11-12	9.03	2023-12-18	5.81	2024-01-23	7.58	2024-02-28	5.95
2023-11-13	9.41	2023-12-19	5.42	2024-01-24	10.12	2024-02-29	5.95
2023-11-14	8.09	2023-12-20	6.64	2024-01-25	11.24	2024-03-01	7.58
2023-11-15	7.93	2023-12-21	5.75	2024-01-26	11.06	2024-03-02	10.50
2023-11-16	6.57	2023-12-22	4.71	2024-01-27	11.21	2024-03-03	9.84
2023-11-17	6.27	2023-12-23	6.32	2024-01-28	9.01	2024-03-04	7.95
2023-11-18	8.68	2023-12-24	7.07	2024-01-29	7.91	2024-03-05	5.56
2023-11-19	8.92	2023-12-25	8.17	2024-01-30	7.58	2024-03-06	6.71

续表 3-19

日期	消耗量 y/件	日期	消耗量 y/件	日期	消耗量 y/件	日期	消耗量 y/件
2024-03-07	7.96	2024-04-12	5.08	2024-05-18	5.99	2024-06-23	6.37
2024-03-08	9.35	2024-04-13	7.80	2024-05-19	6.12	2024-06-24	6.98
2024-03-09	11.36	2024-04-14	7.90	2024-05-20	6.14	2024-06-25	7.31
2024-03-10	9.97	2024-04-15	6.81	2024-05-21	4.57	2024-06-26	8.84
2024-03-11	8.31	2024-04-16	4.43	2024-05-22	4.40	2024-06-27	7.60
2024-03-12	6.84	2024-04-17	4.72	2024-05-23	3.39	2024-06-28	5.61
2024-03-13	8.53	2024-04-18	4.94	2024-05-24	3.79	2024-06-29	6.06
2024-03-14	9.13	2024-04-19	5.88	2024-05-25	7.05	2024-06-30	5.94
2024-03-15	8.96	2024-04-20	8.12	2024-05-26	7.96	2024-07-01	6.84
2024-03-16	9.64	2024-04-21	7.26	2024-05-27	7.33	2024-07-02	6.66
2024-03-17	8.12	2024-04-22	6.00	2024-05-28	4.53	2024-07-03	7.22
2024-03-18	7.40	2024-04-23	4.84	2024-05-29	3.73	2024-07-04	5.53
2024-03-19	6.84	2024-04-24	7.11	2024-05-30	3.05	2024-07-05	4.28
2024-03-20	8.40	2024-04-25	8.70	2024-05-31	4.09	2024-07-06	6.26
2024-03-21	7.94	2024-04-26	9.51	2024-06-01	7.39	2024-07-07	7.35
2024-03-22	6.87	2024-04-27	10.49	2024-06-02	7.55	2024-07-08	8.34
2024-03-23	7.90	2024-04-28	8.38	2024-06-03	6.15	2024-07-09	7.38
2024-03-24	7.97	2024-04-29	6.75	2024-06-04	3.53	2024-07-10	7.33
2024-03-25	8.95	2024-04-30	5.93	2024-06-05	3.99	2024-07-11	5.99
2024-03-26	8.94	2024-05-01	11.10	2024-06-06	4.83	2024-07-12	5.75
2024-03-27	9.60	2024-05-02	6.13	2024-06-07	6.54	2024-07-13	8.35
2024-03-28	7.67	2024-05-03	3.17	2024-06-08	9.35	2024-07-14	8.84
2024-03-29	5.72	2024-05-04	9.13	2024-06-09	8.62	2024-07-15	8.29
2024-03-30	6.82	2024-05-05	7.49	2024-06-10	6.02	2024-07-16	6.01
2024-03-31	7.30	2024-05-06	7.11	2024-06-11	5.06	2024-07-17	5.82
2024-04-01	8.09	2024-05-07	7.21	2024-06-12	6.41	2024-07-18	5.38
2024-04-02	7.12	2024-05-08	9.42	2024-06-13	7.22	2024-07-19	5.99
2024-04-03	6.84	2024-05-09	9.25	2024-06-14	7.68	2024-07-20	8.39
2024-04-04	9.95	2024-05-10	8.00	2024-06-15	8.83	2024-07-21	7.74
2024-04-05	6.97	2024-05-11	8.38	2024-06-16	7.25	2024-07-22	6.21
2024-04-06	6.69	2024-05-12	7.54	2024-06-17	6.05	2024-07-23	4.19
2024-04-07	7.80	2024-05-13	7.60	2024-06-18	5.14	2024-07-24	5.50
2024-04-08	8.12	2024-05-14	6.98	2024-06-19	6.88	2024-07-25	6.67
2024-04-09	6.31	2024-05-15	7.56	2024-06-20	6.93	2024-07-26	7.76
2024-04-10	5.89	2024-05-16	6.03	2024-06-21	6.18	2024-07-27	9.21
2024-04-11	4.82	2024-05-17	4.65	2024-06-22	6.94	2024-07-28	7.05

续表 3-19

日期	消耗量 y/件	日期	消耗量 y/件	日期	消耗量 y/件	日期	消耗量 y/件
2024-07-29	4.61	2024-08-07	—	2024-08-16	—	2024-08-25	—
2024-07-30	2.67	2024-08-08	—	2024-08-17	—	2024-08-26	—
2024-07-31	4.41	2024-08-09	—	2024-08-18	—	2024-08-27	—
2024-08-01	—	2024-08-10	—	2024-08-19	—	2024-08-28	—
2024-08-02	—	2024-08-11	—	2024-08-20	—	2024-08-29	—
2024-08-03	—	2024-08-12	—	2024-08-21	—	2024-08-30	—
2024-08-04	—	2024-08-13	—	2024-08-22	—	2024-08-31	—
2024-08-05	—	2024-08-14	—	2024-08-23	—		
2024-08-06	—	2024-08-15	—	2024-08-24	—		

解：（1）环境配置。首先确保已经安装了 Prophet 库，如果没有安装请使用 pip install prophet 或者 conda install prophet 进行安装。

（2）导入 Prophet 模型。定义 pandas，numpy，matplotlib 等基础的函数语言，使程序可以读取准备好的数据。此步骤具体代码如下：

```
import numpy as np
import pandas as pd
from prophet import Prophet
import matplotlib. pyplot as plt
```

（3）创建数据集。原始输入数据可以存放在 csv 文件或 excel 文件中以便读取。读取数据后还需重命名列名以满足 prophet 的格式要求（prophet 所需要的两列名称是“ds”和“y”，其中，“ds”表示时间戳，“y”表示时间序列的值）。

（4）设置模型参数并拟合模型。prophet 模型包含 growth、changepoints、yearly_seasonality、weekly_seasonality、daily_seasonality、holidays 等参数，如果不进行设置则会使用 prophet 的默认参数。以“天”为时间单位，采用逻辑回归模型，并结合中国节假日影响，对部分模型参数进行了单独设置。此步骤具体代码如下：

```
model=Prophet（
changepoint_prior_scale=0.2，#设置变点值为 0.2
daily_seasonality=False,
yearly_seasonality=True，#模型中以年周期性趋势呈现
weekly_seasonality=True，#模型中以周周期性趋势呈现
growth=logistic，#增长函数选择逻辑回归函数
）
model. add_seasonality（name='monthly'，period=30.5，fourier_order=5，prior_scale=0.1）#增加并设置 prophet 缺失的月周期性趋势参数
model. add_country_holidays（country_name='CN'）#在模型中加入中国所有的节假日影响因素
df['cap'] = df['y']. max（）#使用逻辑回归函数的时候，需要设置 cap 值
df['floor'] = df['y']. min（）#设置 floor 值
model. fit（df）#拟合模型
```

（5）创建并执行预测。periods 表示需要预测的点数，freq 表示时间序列的频率，例如“min”表示按分钟来预测的时间序列，“D”表示按天来预测的时间序列。此步骤具体代码如下：

future=model. make_future_dataframe(periods=30，freq='D') #设置为预测未来 30 天的数据

future['cap'] = df ['y']. max () #使用逻辑回归函数的时候，需要设置 cap 值

future['floor']= df['y'].min() #设置 floor 值

forecast=model. predict(future)

（6）预测图绘制。可以把时间序列的预测趋势和时间序列的分量通过图表的形式绘制出来。此外，Prophet 预测的结果通常包含“ds”，“yhat”，“yhat_lower”，“yhat_upper”等多列数据，可以选择所需列，将所需列的数据输出保存。此步骤代码如下：

model. plot (forecast) #绘制预测趋势图

model. plot_components (forecast) #绘制时间序列的分量

plt. show() #展示图表

print(forecast[['ds', 'yhat', 'yhat_lower', 'yhat_upper']]) #展示预测结果的指定列

forecast_selected = forecast[['ds', 'yhat']] #选择所需列

forecast_selected. to_excel ('文件保存路径', index=False) #保存预测数据

根据以上步骤，基于 Prophet 的预测输出结果如图 3-6 和图 3-7 所示，预测结果见表 3-20。

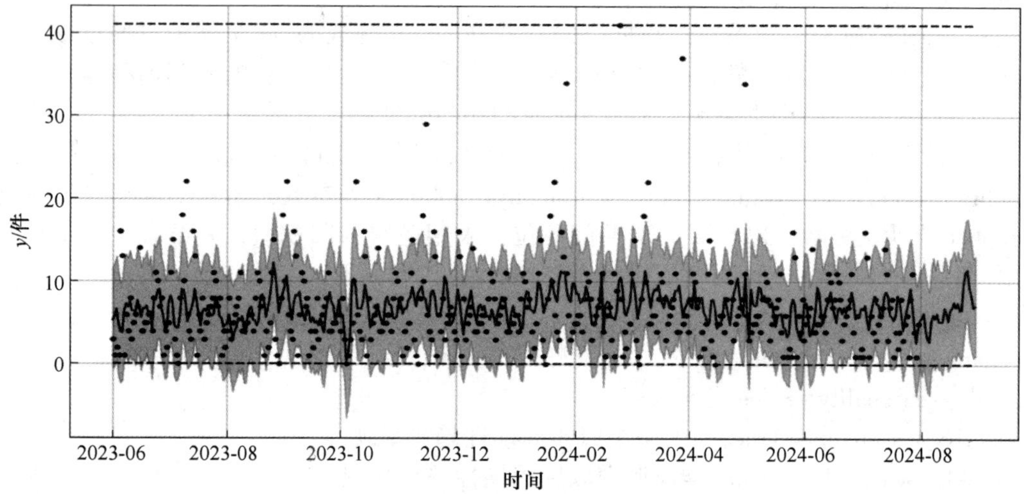

图 3-6　备件消耗量 Prophet 预测结果

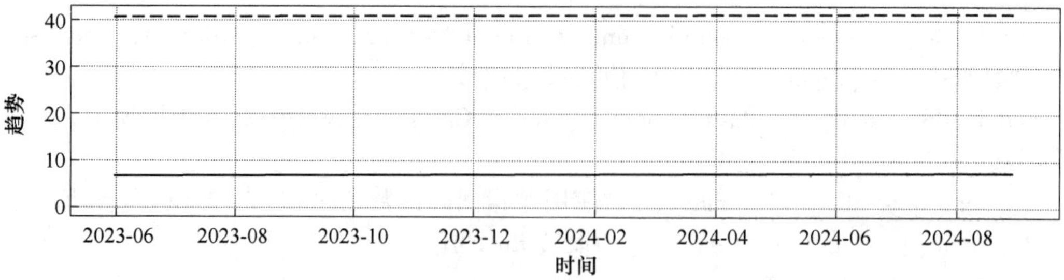

(a)

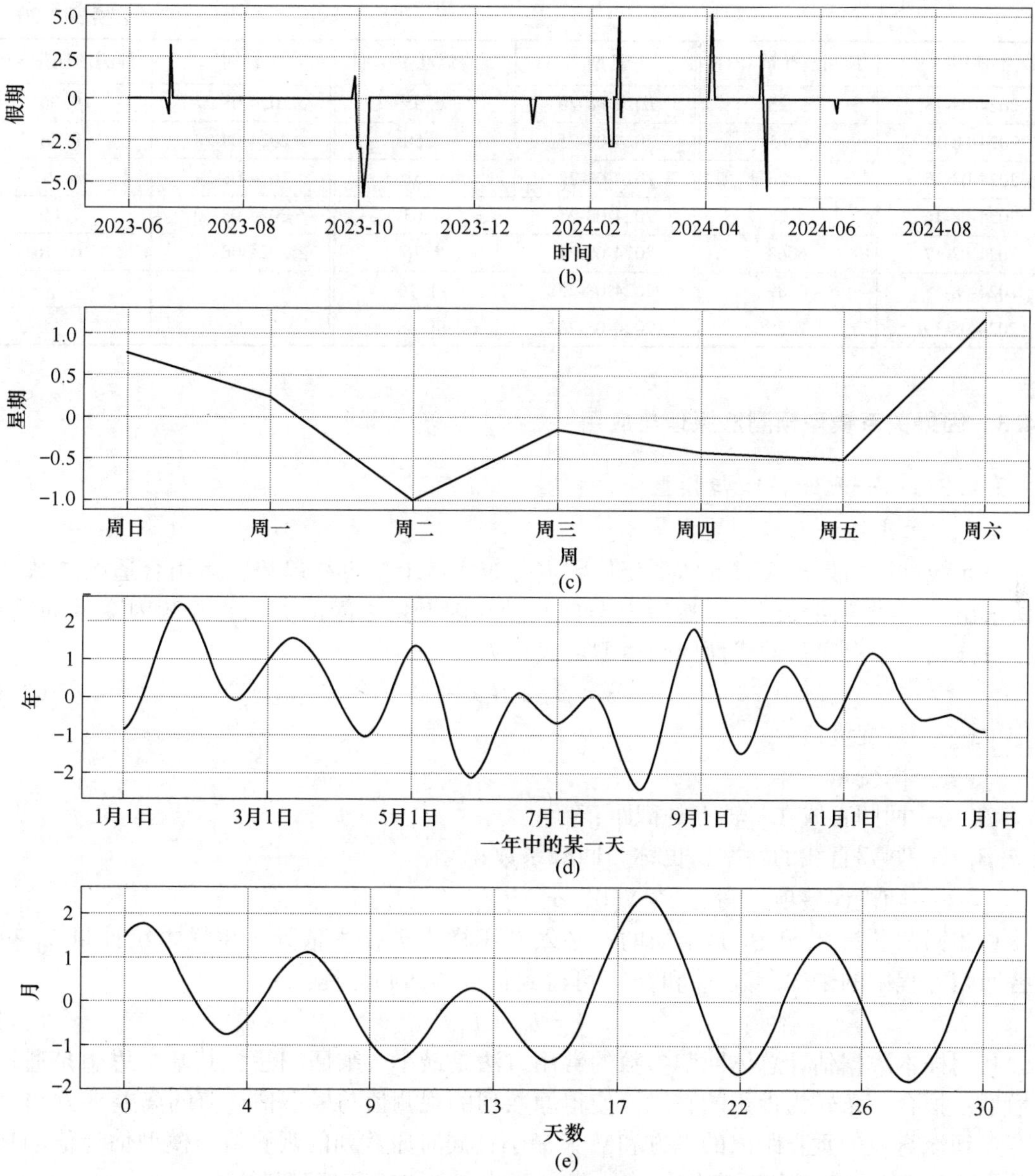

图 3-7 备件消耗量预测组成成分分析

（a）时间序列长期趋势分析；（b）节假日及特殊事件影响分析；（c）周内周期性规律分析；（d）年度周期性规律分析；（e）月内周期性规律分析

表 3-20 2024 年 8 月份备件平均日消耗量预测

日期	预测消耗量 y/件	日期	预测消耗量 y/件	日期	预测消耗量 y/件
2024-08-01	5.45	2024-08-05	3.11	2024-08-09	5.60
2024-08-02	5.67	2024-08-06	2.77	2024-08-10	6.22
2024-08-03	6.27	2024-08-07	5.32	2024-08-11	5.21
2024-08-04	4.25	2024-08-08	6.05	2024-08-12	5.26

续表 3-20

日期	预测消耗量 y/件	日期	预测消耗量 y/件	日期	预测消耗量 y/件
2024-08-13	5.23	2024-08-20	6.95	2024-08-27	9.36
2024-08-14	6.85	2024-08-21	7.50	2024-08-28	8.43
2024-08-15	6.26	2024-08-22	6.58	2024-08-29	6.91
2024-08-16	5.28	2024-08-23	6.63	2024-08-30	7.09
2024-08-17	6.63	2024-08-24	9.76	2024-08-31	10.16
2024-08-18	6.89	2024-08-25	11.16		
2024-08-19	7.55	2024-08-26	11.48		

3.4.3 因果关系模型预测法原理与应用

3.4.3.1 一元线性回归模型

A 一元线性回归模型定义

一元线性回归是指成对的两个变量数据分布大体上呈直线趋势，运用合适的参数估计方法求出一元线性回归模型，然后根据自变量与因变量之间的关系，预测因变量的趋势。对于只涉及一个自变量的线性回归模型可表示为：

$$y = \beta_0 + \beta_1 x + \varepsilon \tag{3-36}$$

式中 x——自变量；

y——因变量；

β_0——回归直线在 y 轴上的截距；

β_1——回归直线的斜率，也称为回归系数；

ε——随机误差项，满足 $\varepsilon \sim N(0, \sigma^2)$。

总体回归参数 β_0 和 β_1 是未知的，必须利用样本数据去估计。用样本统计量 b_0 和 b_1 代替回归方程中的未知参数 β_0 和 β_1，可得到估计的回归方程：

$$\hat{y} = b_0 + b_1 x \tag{3-37}$$

利用样本数据估计总体回归参数的常用方法是最小二乘回归法，其基本思想是通过数学模型，拟合一条较为理想的直线，使得原数列的观测值与模型估计值的离差平方和（即所有点到该直线的垂直距离的平方和）为最小；同时原数列的观测值与模型估计值的离差总和为 0。即使因变量的观察值与估计值之间的离差平方和达到最小：

$$\min Q = \sum (y_i - \hat{y})^2 = \sum (\varepsilon_i)^2 = \sum (y_i - b_0 - b_1 x)^2 \tag{3-38}$$

求 Q 对 b_0 和 b_1 的偏导，就可以求出符合要求的待估参数 b_0 和 b_1。

$$b_1 = \frac{n\sum xy - \sum x \sum y}{n\sum x^2 - (\sum x)^2},\quad b_0 = \frac{\sum y}{n} - b_1 \frac{\sum x}{n} \tag{3-39}$$

式中 b_0——截距；

b_1——斜率；

n——自变量点数；

x——自变量的值；

y——因变量的值。

B 回归方程显著性检验

回归方程的显著性检验，就是检验自变量和因变量之间的线性关系是否显著，常用的方法有 F 检验法、t 检验法和相关系数检验法等。以常用的相关系数检验法为例，可以定义表示自变量与因变量之间的因果程度的相关系数 r，表示回归预测值的精确程度的标准差 s_{yx} 来分析回归模型的质量。

$$r = \frac{n\sum xy - \sum x\sum y}{\sqrt{[n\sum x^2 - (\sum x)^2][n\sum y^2 - (\sum y)^2]}} \tag{3-40}$$

$$s_{yx} = \sqrt{\frac{\sum (y_i - \hat{y})^2}{n-2}} \tag{3-41}$$

$|r|$越接近 1，说明 y 与 x 具有越强的线性关系；s_{yx} 越小表示预测值与直线的距离越接近。

例 3-9 某企业通过调查发现，其 A 产品的销售量与当地居民人均月收入有关，已知 B 地区连续 6 年的历史资料，见表 3-21，假设 2020 年 B 地区居民人均月收入为 700 美元，预测 2020 年 B 地区 A 产品的销售量。

表 3-21 B 地区连续 6 年 A 产品的销售量

销售年份	2014	2015	2016	2017	2018	2019
B 地区居民人均月收入/美元	350	400	430	500	550	600
A 产品销售量/t	10	11	12	14	15	16

解：根据所给资料，列表计算，结果见表 3-22。

表 3-22 B 地区 A 产品销售量预测计算

年份	B 地区居民人均月收入 x/美元	A 产品销售量 y/t	xy	x^2	y^2
2014	350	10	3500	122500	100
2015	400	11	4400	160000	121
2016	430	12	5160	184900	144
2017	500	14	7000	250000	196
2018	550	15	8250	302500	225
2019	600	16	9600	360000	256
$n = 6$	$\sum x = 2830$	$\sum y = 78$	$\sum xy = 37910$	$\sum x^2 = 1379900$	$\sum y^2 = 1042$

$$r = \frac{n\sum xy - \sum x\sum y}{\sqrt{[n\sum x^2 - (\sum x)^2][n\sum y^2 - (\sum y)^2]}} = 0.9969$$

因为相关系数趋近于 1，表明 x 与 y 之间基本正相关，可以建立回归模型。

$$b_1 = \frac{n\sum xy - \sum x\sum y}{n\sum x^2 - (\sum x)^2} = 0.02$$

$$b_0 = \frac{\sum y}{n} - b_1 \frac{\sum x}{n} = 1.28$$

因此，A 产品的销售量预测模型为：

$$\hat{y} = b_0 + b_1 x = 1.28 + 0.02x$$

根据模型预测 2020 年 B 地区 A 产品的销售量为 1. 28+0. 02×700＝15. 28 t。

3. 4. 3. 2　多元线性回归模型

描述因变量 y 如何依赖于自变量 x_1，x_2，x_3，…，x_m 和误差项 ε 的方程称为多元线性回归模型，涉及多个自变量的多元线性回归模型可表示为：

$$y = \beta_0 + \beta_1 x_1 + \beta_2 x_2 + \cdots + \beta_m x_m + \varepsilon \tag{3-42}$$

总体回归参数 β_0，β_1，β_2，…，β_m 是未知的，要利用样本数据去估计。用样本统计量 b_0，b_1，b_2，…，b_m 代替回归方程中的未知参数，即得到估计的回归方程：

$$\hat{y} = b_0 + b_1 x_1 + b_2 x_2 + \cdots + b_m x_m \tag{3-43}$$

一般来说，随着自变量的增长，回归参数的计算量越来越大，可以借助计算机软件求解相关回归参数。模型一旦建立，一件很重要的事就是检验模型与数据是否很好拟合以及与回归分析的假设前提是否相符。检验回归模型是否恰当的方法有很多种，如检验模型整体的显著性、检验回归系数的显著性、计算残差、检验样本决定系数等。

例 3-10　某科学基金会希望估计从事某研究的学者的年薪 y（万元）与他们的研究成果的质量 x_1、工作时间 x_2、获得资助的能力 x_3 等指标之间的关系，为此按一定的实验设计方法调查了 24 位学者，得到调查数据见表 3-23，试建立 y 与 x_1、x_2、x_3 之间的关系数学模型。

表 3-23　从事某研究的 24 位学者年薪调查数据表　（万元）

学者	1	2	3	4	5	6	7	8	9	10	11	12
x_1	3. 5	5. 3	5. 1	5. 8	4. 2	6	6. 8	5. 5	3. 1	7. 2	4. 5	4. 9
x_2	9	20	18	33	31	13	25	30	5	47	25	11
x_3	6. 1	6. 4	7. 4	6. 7	7. 5	5. 9	6	4	5. 8	8. 3	5	6. 4
y	33. 2	40. 3	38. 7	46. 8	41. 4	37. 5	39	40. 7	30. 1	52. 9	38. 2	31. 8
学者	13	14	15	16	17	18	19	20	21	22	23	24
x_1	8	6. 5	6. 6	3. 7	6. 2	7	4	4. 5	5. 9	5. 6	4. 8	3. 9
x_2	23	35	39	21	7	40	35	23	33	27	34	15
x_3	7. 6	7	5	4. 4	5. 5	7	6	3. 5	4. 9	4. 3	8	5. 8
y	43. 3	44. 1	42. 5	33. 6	34. 2	48	38	35. 9	40. 4	36. 8	45. 2	35. 1

解：根据表 3-23 中的调查数据资料，做出因变量年薪 y 与各自变量 $y-x_1$、$y-x_2$、$y-x_3$ 的样本散点图，如图 3-8 所示。从图 3-8 中可以看出，这些点大致分布在一条直线旁边，有比较好的线性关系，可以采用线性回归建模。

利用 Excel 软件的回归分析工具，得到样本统计量 $b_0=17.43$，$b_1=1.12$，$b_2=0.32$，$b_3=1.33$。相应可以得到学者年薪的多元线性回归方程：

$$\hat{y} = 17.43 + 1.12x_1 + 0.32x_2 + 1.33x_3$$

针对模型可以进一步采用 F 检验法、相关系数 r 的评价、p 值检验等方法检验模型是否合理，对回归模型进行残差分析，优化模型得到最优回归方程。

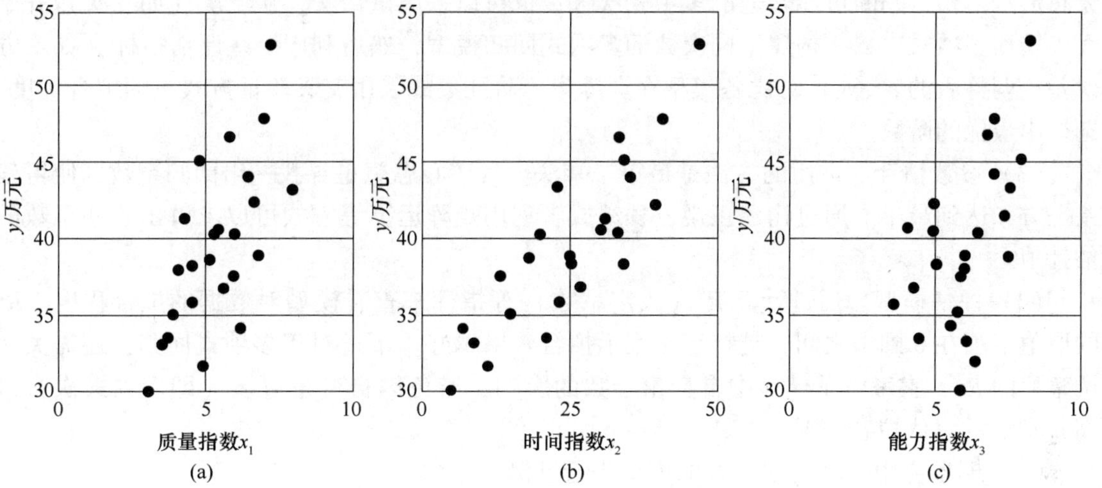

图 3-8 因变量年薪 y 与各自变量的样本散点

（a）$y-x_1$；（b）$y-x_2$；（c）$y-x_3$

3.4.3.3 多项式回归模型

A 多项式回归模型概念

多项式回归模型是线性回归的一种扩展形式。在简单线性回归中，用一个自变量 x 和因变量 y 构建线性关系，即 $y=\beta_0+\beta_1x_1+\varepsilon$（其中 β_0、β_1 是回归系数，ε 是误差项）。多项式回归则通过引入自变量 x 的高次幂来拟合非线性的关系。虽然多项式回归模型的形式看似非线性，但它仍然属于线性回归的一种，因为，它通过对输入特征进行多项式变换，最终依然利用线性回归的方法来估计参数。

B 多项式回归模型结构

假设只有一个自变量 x，那么多项式回归模型的一般形式为：

$$y=\beta_0+\beta_1x+\beta_2x^2+\beta_3x^3+\cdots+\beta_dx^d+\varepsilon$$

式中 β_0——截距项；

d——多项式的最高次幂，也称为多项式的阶数，可以通过调整 d 来控制模型的复杂度；

β_d——相应 d 次幂项的回归系数；

ε——随机误差项，遵循一定的概率分布（通常假定为均值为 0 的正态分布）。

C 多项式回归模型应用步骤

多项式回归模型应用主要分为数据收集与准备、确定多项式阶数、参数估计、评估模型和模型应用 5 个步骤。

（1）数据收集与准备。收集包含自变量和因变量的相关样本数据，并对数据进行预处理，比如数据清洗（去除异常值、缺失值处理等）、标准化（使不同变量的取值范围更合理，便于后续计算和比较）等操作。

（2）确定多项式阶数 d。多项式的阶数决定了模型的复杂度。如果阶数太低，可能无法捕捉到数据的复杂模式；而如果阶数过高，则可能导致过拟合，即模型在训练数据上表现很好，但在测试数据上表现较差。可以先通过绘制数据的散点图，直观观察数据的大致分布形状，初步判断可能合适的多项式次数；也可以采用试错法，从低次（如二次）开始逐步增加多项式次数，构建不同次数的多项式回归模型，然后利用一些评估指标（如均方误差、调整后的 R^2 等）对比各模型在训练集、验证集或采用交叉验证方式下的拟合优度，选择出最优的阶数。

（3）参数估计。常用的方法是最小二乘法。其核心思想是寻找一组回归系数，使得残差平方和达到最小。通过构建正规方程组或者利用矩阵运算等方式可以求解出这些系数的估计值。

（4）评估模型。通过计算 R^2（决定系数）等指标来查看模型对数据的拟合程度，R^2 的取值范围在 0 到 1 之间，越接近 1 表示拟合效果越好。不过对于多项式回归，还需关注调整后的 R^2，它考虑了模型中自变量个数的影响，避免因自变量过多（即多项式次数过高）造成的虚假拟合情况。

（5）模型应用。利用建立好的模型进行预测。

例 3-11 某产品销售团队想要研究某种型号电机产品的广告费用投入与客户增速之间的关系，他们在多个地区进行了相关的推广实验，数据记录见表 3-24。利用多项式回归模型建立广告费用投入与客户同比增速之间的关系，并预测当广告费用投入为 42 万元时对应的客户同比增速。

表 3-24 广告费用投入与客户同比增速之间的关系

序号	广告费用投入/万元	客户同比增速/%
1	10	0.2
2	12	0.4
3	15	0.7
4	18	1.2
5	20	1.8
6	22	2.3
7	25	2.6
8	28	2.8
9	30	2.7
10	32	2.4
11	35	2
12	38	1.5
13	40	1

解：由于数据比较规整，基于 Excel 软件绘制数据的散点图观察数据趋势，尝试建立三次多项式回归模型进行拟合，其表达式为 $y=\beta_0+\beta_1 x+\beta_2 x^2+\beta_3 x^3+\varepsilon$。利用最小二乘法来估计模型参数，基于 Excel 软件构建三次多项式回归模型，如图 3-9 所示。

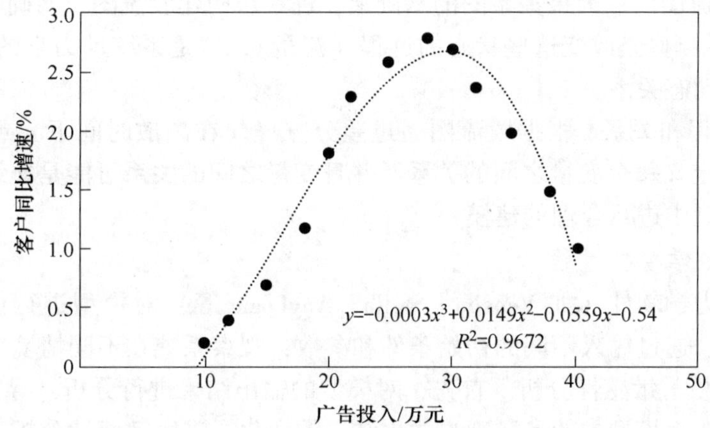

图 3-9 基于 Excel 软件构建三次多项式回归模型

得到三次多项式回归模型为：

$$y = -0.54 - 0.0559x + 0.0149x^2 - 0.0003x^3$$

通过计算决定系数 R^2 为 0.9672，模型的拟合程度较好，还可以进行不同次数的多项式回归模型对比优化。以当前三次多项式回归模型为例，当广告费用投入为 42 万元时对应的客户同比增速为 1.16%。

3.4.4 仿真模型预测法原理与应用

3.4.4.1 系统动力学模型

A 系统动力学模型概念

系统动力学模型是一种用于理解和模拟复杂系统行为的工具，其通过建立一系列的数学方程来描述系统中不同部分之间的动态关系，适用于分析长期动态变化、反馈环路、延迟效应和非线性相互作用的情境。系统动力学模型在需求预测中有着广泛的应用，尤其是在处理复杂、动态且涉及多个反馈回路的系统时，系统动力学模型可以帮助企业或组织更好地理解市场行为、消费者心理以及外部环境变化对产品或服务需求的影响。

B 系统动力学模型构建

要使用系统动力学模型来预测，需要逐步精确地描述系统的行为和结构，才能构建准确的系统动力学模型。

（1）定义问题与系统边界。明确目标与问题范围，识别和划定系统的边界，确定系统内部和外部的元素。

（2）识别系统的关键变量。通过分析系统的各个部分，识别出影响系统行为的关键变量。针对需求预测需要确定影响需求的关键因素，包括但不限于市场价格、市场营销活动、竞争对手的行为、经济状况、社会趋势、库存水平等因素。

（3）绘制因果关系图。绘制因果关系图来直观地展示系统内各个变量之间的因果关系。比如，价格降低→需求增加；而需求增加→生产量上升→成本降低（规模效应）→进一步降低价格。因果关系图揭示了系统中的反馈循环，反馈循环可分为正反馈环和负反馈环。

(4) 构建股流图。在因果关系图的基础上，进一步构建股流图，明确哪些是系统的状态变量（存量），哪些是改变这些状态的过程（流量），这是系统动力学的核心建模工具，用于描述变量的动态关系。

(5) 定义方程和关系。根据股流图通过差分方程（在离散时间下）或微分方程（在连续时间下）来定义每个变量之间的关系。并且变量之间的关系可能是非线性或者存在时间延迟，需在模型中进行合理的建模。

C 系统动力学模拟过程

利用系统动力学软件（如 Vensim、Stella、AnyLogic 等）对模型进行仿真，查看系统行为的时间演变。通过输入不同的初始条件和参数，观察系统在不同情境下的反应。

(1) 模型分析与敏感性分析。首先，对模型的输出结果进行分析，寻找系统行为的规律。其次，通过改变模型中的参数观察输出结果的变化，进行敏感性分析。

(2) 政策分析与决策支持。系统动力学模型通常用于分析政策的影响，可以通过模拟不同政策的实施效果，帮助决策者预测政策的结果。可通过调整资源分配、改变某些反馈机制等，来对模型进行优化。

(3) 沟通与报告。最终通过图表、图形和表格等方式呈现分析结果，帮助利益相关者理解模型的核心结论，可帮助管理者或政策制定者进行更有见地的决策。

3.4.4.2 蒙特卡罗模拟模型

A 蒙特卡罗模拟模型简介

20 世纪 40 年代，由于电子计算机的出现，利用电子计算机可以实现大量的随机抽样试验，使得用随机试验方法解决实际问题才有了可能。其中作为当时的代表性工作便是在第二次世界大战期间，为解决原子弹研制工作中裂变物质的中子随机扩散问题，美国数学家冯·诺伊曼和乌拉姆等人提出蒙特卡罗模拟方法。蒙特卡罗方法又称计算机随机模拟方法，它是以概率统计理论为基础的一种方法，特别适用于在计算机上对大型项目、新产品项目和其他含有大量不确定因素的复杂决策系统进行风险模拟分析。在需求预测中，蒙特卡罗模拟可以帮助企业更好地理解未来需求的可能变化范围，从而做出更明智的库存管理、生产计划等决策。

蒙特卡罗方法能够比较逼真地描述具有随机性质事物的特点及物理实验过程，具有受几何条件限制小、收敛速度与问题的维数无关、误差容易确定、程序结构简单易于实现等突出优点，同时也存在收敛速度慢、误差具有概率性、进行模拟的前提是各输入变量是相互独立的等限制。

B 蒙特卡罗模拟模型构建

要使用蒙特卡罗模拟来预测需求，首先需要建立一个适当的模型。这个模型应该包括以下关键元素。

(1) 随机变量的定义。确定需要预测的需求相关的随机变量，如需求量、价格波动、市场份额等。

(2) 概率分布的选择。选择适当的概率分布来描述这些随机变量的变化。常见的分布包括正态分布、泊松分布、均匀分布等。

(3) 参数估计。估计随机变量的参数，可以基于历史数据或专家判断。

C　蒙特卡罗模拟过程

一旦建立了模型，蒙特卡罗模拟可以通过以下步骤来进行。

（1）随机采样。对模型中的随机变量进行多次随机采样，通常使用随机数生成器。

（2）模拟系统行为。使用采样到的值来模拟系统的行为。对于需求预测，这意味着模拟不同条件下的需求量。

（3）结果记录。重复模拟多次，记录每次模拟的结果。这将形成需求的概率分布，辅助用户进行需求决策。

例 3-12　假设您是一家电机制造企业的产品经理，负责某款电机产品的销售预测。根据历史数据分析，该款电机产品每个月的需求量为 100~300 台，平均需求量为 200 台。由于市场需求的变化和季节性因素的影响，实际需求量存在较大的波动。为了更好地准备库存和生产计划，请使用蒙特卡罗模拟来进行该款电机产品的需求预测。

解：（1）定义变量和分布。假设该款电机产品每月需求量符合正态分布，均值为 300 件，标准差为 50 件（需求量分布规律需要基于历史数据分析得出，可以取不同的分布函数）。

（2）设置模拟次数。为了获得更加准确的预测结果，可以设置模拟次数为 1000 次或更多。

（3）执行模拟。使用计算机程序（如 Python、R 语言等）生成 1000 个符合上述正态分布的随机数，每个随机数代表一次模拟中的月需求量。

蒙特卡罗模拟 Python 语言的计算机程序参考如下：

```
import numpy as np
import matplotlib. pyplot as plt
#定义需求量的分布参数
mean_demand = 200
std_demand = 50
num_simulations = 1000
#执行蒙特卡罗模拟
demands = np. random. normal ( loc = mean _ demand, scale = std _ demand, size = num _
simulations)
#分析结果
print("平均需求量:",np. mean(demands))
print("需求量的标准差:",np. std(demands))
print("最高需求量:",np. max(demands))
print("最低需求量:",np. min(demands))
#绘制直方图
plt. rcParams['font. sans-serif'] = ['宋体']
plt. rcParams['axes. unicode_minus'] = False
plt. hist(demands,bins = 50,alpha = 0. 75)
plt. xlabel('需求量')
plt. ylabel('频数')
plt. title('需求量分布')
plt. show()
```

（4）分析结果。统计 1000 次模拟的结果，计算需求量的平均值、标准差、最大值、最小值等统计指标。可以进一步绘制直方图、累积分布函数图等，直观地展示需求量的分布情况。由于每次运行采用随机数模拟，不同时间运行数据结果会有所不同。其中的一次随机模拟运行分析结果：平均需求量为 297.35，需求量的标准差为 82.52，最高需求量为 540.69，最低需求量为 42.13，需求量分布情况直方图，如图 3-10 所示。

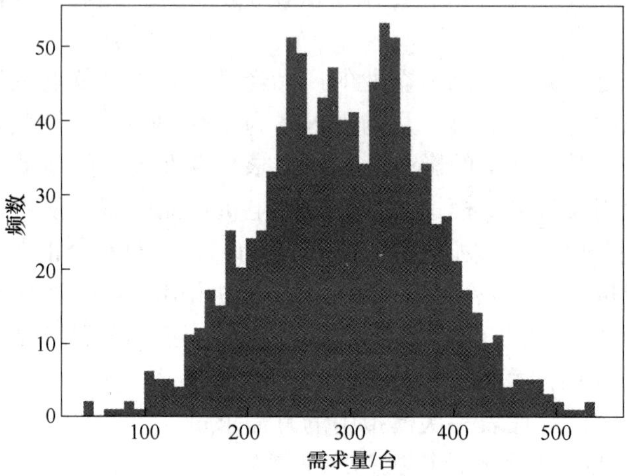

图 3-10　需求量分布情况直方图

（5）制定策略。根据模拟结果，可以估计未来几个月的需求量可能会落在哪个区间内，以及出现极端需求的概率是多少。这有助于制订更为合理的库存水平和生产计划，减少因需求波动带来的风险。

3.4.4.3　离散事件仿真

A　离散事件仿真概念

离散事件仿真（Discrete Event Simulation，DES）是一种模拟系统的方法，特别适用于那些在特定时间点发生离散变化的系统，它广泛应用于制造业、物流、医疗保健等领域的流程优化和需求预测。当涉及需求预测时，DES 可以帮助我们理解供应链中的瓶颈、评估库存策略的效果以及探索不同运营政策对需求响应的影响。

B　离散事件仿真特点

离散事件仿真是一种基于事件的时间驱动的仿真方法，通过模拟系统中离散时间点上的事件及其对系统状态的影响进行系统仿真分析，离散事件仿真模型主要包括事件队列、事件处理和状态更新三个部分，能够有效模拟复杂系统的动态行为和性能。

（1）时间推进。通过一系列离散的时间点来表示系统的状态变化，基于特定事件的发生推动时间前进，只在有事情发生时才会更新系统的状态，因此提高了仿真的效率。

（2）事件驱动。系统的行为由特定事件触发，如订单到达、机器故障修复或运输工具抵达等。

（3）实体和资源。仿真模型中包括实体（如产品、患者等）和资源（如工人、设备等），它们之间的互动决定了系统的性能。

C 离散事件仿真步骤

离散事件仿真模型构建涉及将现实世界系统中的离散事件抽象成数学模型，仿真的目的是帮助决策者解决实际问题，常用的离散事件仿真软件有 ProModel、AnyLogic、Simulink、Plant Simulation 和 Arena 等。使用离散事件仿真进行需求预测的基本步骤如下。

（1）定义问题域。明确需要预测的需求类型及其影响因素。例如，在预测某种产品的市场需求时，考虑的因素可能包括季节性波动、促销活动、竞争对手行为等因素。

（2）识别关键组件。确定参与需求生成和满足的关键组件，如代表潜在买家群体的客户组件、包含数量及交货期信息的订单组件、负责生产和交付货物的供应商组件、用于存储待售商品的库存组件、连接供应商与客户的运输物流网络组件等。

（3）构建仿真模型。列出所有可能发生的事件及其对应处理逻辑的事件表，描绘实体从订单创建到最终交付给客户整个生命周期内的实体流图，构建基于有限资源的订单资源分配规则，设置处理时间和优先顺序确保仿真结果贴近实际情况。

（4）初始化模型参数。为模型设定初始条件，包括但不限于初始库存水平，各类组件的数量及属性（如客户的地理分布、供应商的生产能力等），历史数据输入（如过去的销售记录、平均订单处理时间等）。

（5）运行仿真。让模型按照预定的时间步长逐步发展，记录下每个时间点的数据。可以通过多次迭代来探索不同的情景假设，如改变某个模型参数或引入新的市场进入者。

（6）分析结果。检查输出数据是否合理，分析产生的模式或趋势，并从中得出结论。常见的分析指标包括服务水平、库存周转率、等待时间和成本效益等。

D 离散事件仿真应用

某理发店在日常运营中遇到了高峰时段顾客等待时间过长的问题。顾客反馈表明高峰时段的等待时间有时超过 30 min，导致顾客满意度下降。为了改善这一情况，该理发店决定采用离散事件仿真模型来预测高峰时段，并据此调整理发师排班和预约策略，具体过程见表 3-25。

表 3-25 某理发店高峰时段预测与排班优化

类别	内容
系统组件定义	（1）顾客。随机到达理发店的顾客。 （2）理发师。提供理发服务的员工。 （3）等待队列。顾客在理发师繁忙时等待的地方。 （4）理发椅。理发师为顾客提供服务的位置
事件定义	（1）顾客到达。顾客进入理发店并加入等待队列。 （2）理发开始。理发师开始为一位顾客理发。 （3）理发结束。理发师完成一位顾客的服务，顾客离开理发店
参数设定	（1）顾客到达间隔时间。假设服从泊松分布，平均间隔 5 min。 （2）理发时间。假设服从正态分布，平均时间为 20 min，标准差 5 min。 （3）理发师数量。理发店有 3 位理发师。 （4）营业时间。理发店每天的营业时间为上午 9 点至晚上 9 点

续表 3-25

类别	内容
仿真流程	（1）初始化。仿真起始时间为上午 9 点，理发师状态为空闲，等待队列为空。 （2）生成事件。使用随机数生成器根据泊松分布生成顾客到达事件，并将其加入事件列表。 （3）事件调度。从事件列表中取出最早发生的事件。 （4）事件处理。顾客到达后加入等待队列，如果此时有理发师空闲，则立即开始理发。 （5）理发开始。理发师开始为一位顾客理发，记录理发开始时间。 （6）理发结束。理发师完成理发，顾客离开。如果等待队列中有顾客，则继续为下一位顾客服务。 （7）更新事件列表。根据当前事件生成新的事件（如新的顾客到达事件或理发结束事件），并更新事件列表。 （8）重复步骤（3）~（5），直到仿真时间达到晚上 9 点
数据分析	（1）顾客等待时间。记录每位顾客从到达至开始理发的时间。 （2）理发师利用率。记录每位理发师的工作时间和空闲时间。 （3）高峰时段。根据顾客到达频率和等待时间，识别出一天中的高峰时段
仿真结果	（1）高峰时段识别。每天的中午 12 点至下午 2 点和傍晚 6 点至晚上 8 点是顾客到达的高峰期。在这两个时间段内，顾客的平均等待时间较长。 （2）理发师利用率。中午高峰时段，每位理发师的平均工作时间为 105 min，剩余时间为空闲；傍晚高峰时段，每位理发师的平均工作时间为 2 h，剩余时间为空闲
优化措施	（1）增加理发师。在中午 12 点至下午 2 点和傍晚 6 点至晚上 8 点这两个高峰时段，各增加一名临时理发师，使总理发师人数达到 4 名。 （2）灵活排班。实行灵活排班制度，允许理发师在高峰时段加班，而在非高峰时段休息。鼓励顾客通过电话或在线平台提前预约，尤其是高峰时段。 （3）分时段预约。在高峰时段限制预约人数，避免过度拥挤。非高峰时段则提供更多优惠，吸引顾客错峰消费。 （4）顾客体验提升。改进等候区设施，提供舒适的座椅、免费网络、杂志等，提升顾客等待体验。 （5）透明化服务。通过显示屏实时显示当前等待人数和预计等待时间，让顾客心中有数
实施效果	（1）顾客等待时间。高峰时段的平均等待时间从原来的 25 min 减少到 15 min，非高峰时段的等待时间几乎为零。 （2）顾客满意度。顾客满意度显著提升，投诉率降低了 30%。 （3）营业额增长。由于顾客体验的改善，回头客增多，营业额增长了 15%

利用离散事件仿真模型有效地预测了高峰时段的客流量，并据此制定了相应的优化措施，提升了服务效率，增强了顾客的满意度，从而促进了业务的持续增长。此外，理发店还可以通过持续的数据收集与分析，获得更加准确的预测数据，不断优化运营策略，以应对市场不断变化的需求。

3.4.4.4 连续仿真模型

A 连续仿真模型概念

连续仿真模型是一种用于模拟和分析复杂系统动态行为的计算方法，用于模拟随时间连续变化的系统。在连续仿真模型中，系统被描述为一组微分方程或差分方程，这些方程定义了系统状态变量随时间的变化规律。连续仿真模型的核心在于其能够捕捉系统在任意时刻的精确状态，通过数值积分方法可以在计算机上模拟系统的动态演化过程。在需求预测中应用连续仿真模型可以帮助企业或组织更准确地理解市场动态、优化库存管理、制订生产计划和改善供应链效率。

B　连续仿真模型特点

（1）时间连续性。连续仿真模型假设系统状态随时间是平滑且连续变化的，比较适合模拟行为，可以被描述为连续函数的系统过程。

（2）数据驱动。连续仿真模型的模拟效果很大程度上取决于所用数据的质量，准确的历史数据和合理的参数估计对模型的有效性至关重要。

（3）精确度较高。由于采用微积分原理，连续仿真模型可以在较小的时间步长上进行计算，从而提供比离散事件仿真更高的时间和空间分辨率。

（4）实时性和预测能力。一旦建立了可靠的模型，就可以迅速地对新的输入或情景作出反应，提供即时预测结果。利用历史数据校准后，模型可用于预测未来趋势。

（5）多因素考虑。可以同时处理多个相互关联的因素，并通过参数调整反映不同条件下的系统响应，对于模拟包含大量内部反馈回路和外部影响的复杂系统特别有效。

（6）参数敏感性。连续仿真模型不适合用来模拟一些本质上是离散的或存在突变现象的系统，模型输出可能对某些关键参数非常敏感，需要仔细选择和验证相关参数。

C　连续仿真模型构建步骤

构建连续仿真模型进行需求预测可以极大地提高需求预测的准确性和实用性，利用连续仿真模型进行需求预测的关键步骤如下。

（1）定义预测问题。确定预测对象和目标，设定预测的时间范围（如季度、年度、月度等）、地理区域或产品类别，并明确相关的假设条件。

（2）收集和预处理数据。基于影响需求的关键因素分析进行关键变量识别（如历史销售数据、季节性波动、经济指标等），从企业内部和外部获取相关数据，清洗异常数据和填补缺失数据，将不同来源的数据整合成一致格式。

（3）构建数学模型。基于时间序列分析、统计学原理或机器学习算法理解需求模式，用数学公式表示需求变化规律及其与其他因素之间的关系，通过历史数据拟合模型参数，确保模型能够与实际需求趋势有效匹配。

（4）验证与校准模型。对比模型预测结果与现有的历史数据，评估模型的准确性；测试不同输入对输出的影响，识别出模型敏感因素；根据验证反馈持续优化模型结构和参数，直到预测精度达到对应要求。

（5）执行仿真分析。设定初始条件和系统中各种组件的特性值，设计不同的模拟情景，利用选定的数值积分方法或机器学习技术得到仿真结果，提取有价值的信息用于决策支持。

（6）模型优化改进。实时跟踪仿真模型的预测效果，定期更新模型参数，确保预测始终保持最新状态。

习　题

3-1　需求预测的基本概念及其在企业中的重要性是什么？

3-2　需求预测工作的步骤有哪些？

3-3 企业为什么要对销售进行预测？

3-4 简述什么是德尔菲法。

3-5 常用的时间序列分析预测方法有哪几种？

3-6 常用的需求预测方法有哪些？

3-7 需求预测方法中分析用户调查法的优缺点有哪些？

3-8 分析典型的时间序列需求包括哪些因素？

3-9 什么是需求预测误差，如何计算需求预测误差？

3-10 什么是头脑风暴法，它主要应用于哪些场景？

3-11 什么是主观概率法，它与客观概率有何不同？

3-12 如何克服销售人员意见调查法中可能出现的主观性和偏差问题？

3-13 在使用二手数据进行市场调研时如何确保数据的质量和相关性？

3-14 如何提高问卷调查的回复率，并列举几种具体的方法。

3-15 什么是专家预测法，它在决策过程中扮演着什么样的角色？

3-16 为提高预测的可靠性，如何克服专家预测中的主观性和个人偏见问题？

3-17 什么是霍特线性趋势模型，它如何改进了简单指数平滑法？

3-18 在应用霍特线性趋势模型时如何选择合适的平滑参数 α 和 β？

3-19 应用霍特线性趋势模型时平滑参数 α 和 β 对预测结果有何影响？

3-20 什么是温特季节性模型，它如何改进了霍特线性趋势模型？

3-21 在应用温特季节性模型时如何选择合适的参数，这些参数对预测结果有何影响？

3-22 什么是 ARIMA 模型，它由哪几个部分组成？

3-23 如何使用 ACF 和 PACF 图来帮助确定 ARIMA 模型的最佳参数组合？

3-24 在应用 ARIMA 模型之前，为什么要对非平稳时间序列进行差分处理？

3-25 为更好地应用 ARIMA 模型，如何处理时间序列中的异常值或缺失数据？

3-26 什么是 Prophet 模型，它主要适用于哪种类型的时间序列数据？

3-27 分析 Prophet 模型的局限性。

3-28 应用线性回归模型时如何处理异常值或极端值？

3-29 什么是多元线性回归模型，它与简单线性回归的主要区别是什么？

3-30 如何确定多项式回归中自变量的最佳阶数？

3-31 多项式回归模型中阶数过高或过低可能导致什么问题？

3-32 什么是仿真预测模型，它在哪些领域有广泛应用？

3-33 为什么在使用蒙特卡罗模拟之前需要确定输入变量的概率分布？

3-34 机器学习预测的概念与特点是什么？

3-35 什么是半监督学习，它与监督学习和无监督学习的主要区别是什么？

3-36 某电视机厂 2014—2024 年历年彩色电视机的销售统计数据见表 3-26，取移动数据期数 $n=4$，用二次移动平均法建立线性预测模型，并预测 2025 年和 2027 年该企业彩色电视机的销售量。

表 3-26 某电视机厂 2014—2024 年电视机销售数据 （万台）

年份	2014	2015	2016	2017	2018	2019	2020	2021	2022	2023	2024
销售量	200	300	400	600	750	890	1000	1200	1380	1500	1700

3-37 某地 2014—2024 年财政收入的资料见表 3-27，平滑指数 $\alpha=0.9$，平滑预测初值 $S_0^{[1]}$ 为 23，$S_0^{[2]}$ 为 28.40，试用指数平滑法求解趋势直线方程并预测 2025 年的财政收入。

表 3-27 某地 2014—2024 年财政收入 （万元）

年份	2014	2015	2016	2017	2018	2019	2020	2021	2022	2023	2024
收入	29	36	40	48	54	62	70	76	85	94	103

3-38 某电力公司 2018—2024 年的电力需求见表 3-28，试用回归分析来预测 2025 年的电力需求情况。

表 3-28 某电力公司 2018—2024 年的电力需求 （MW）

年份	2018	2019	2020	2021	2022	2023	2024
电力需求	74	79	80	90	105	142	122

3-39 对表 3-29 所给数据，观察 x 与 y 的数据适合哪几类曲线，用二元线性回归模型参数估计的方法估计二次曲线模型并分析和检验该模型的优劣，若 2024 年的销售量为 500 kt，预测当年的利润。用幂函数模型预测当 2014 年的销售量为 500 kt 时的利润。判断两个预测方法，哪一个准确性更高。

表 3-29 销售量 x 和利润 y 的统计关系

年份	销量 x/kt	利润 y/万元	年份	销量 x/kt	利润 y/万元
2009	30	12.00	2017	270	490.00
2010	60	30.00	2018	300	540.00
2011	90	70.00	2019	330	650.00
2012	120	110.00	2020	345	800.00
2013	135	150.00	2021	390	911.00
2014	180	220.00	2022	405	960.00
2015	210	320.00	2023	450	1100.00
2016	255	450.00	2024	500	—

3-40 某机器公司是一家生产数控机床的公司，其产品的平均售价为每台 50 万元，过去两年内数控机床销售量见表 3-30。完成以下任务：（1）绘制回归直线，找到回归方程；（2）找到趋势和季节因子；（3）预测 2025 年该公司数控机床销售量。

表 3-30 某机器公司 2023—2024 年数控机床销售量

年份	季度	销售量/台
2023	一	12
	二	18
	三	26
	四	16
2024	一	16
	二	24
	三	28
	四	18

3-41 某电力公司 2018—2024 年的电力需求见表 3-31，试用回归分析法计算 2025 年的电力需求情况。

表 3-31 某电力公司 2018—2024 年的电力需求

年份	2018	2019	2020	2021	2022	2023	2024
电力需求/MW	74	79	80	90	105	142	122

3-42 若劳动量为 25 人工·小时，木材耗用量为 30 m^3，根据表 3-32 给出的相关数据，构建回归模型并计算总成本。

表 3-32 成本相关因素数据

时间/月	总成本 y/元	劳动量 x_1/人工·小时	木材耗用量 x_2/m^3
1	3.1	3.9	2.4
2	2.6	3.6	2.1
3	2.9	3.8	2.3
4	2.7	3.9	1.9
5	2.8	3.7	1.9
6	3	3.9	2.1
7	3.2	3.8	2.4

3-43 某企业两年内各个月份的高压电机销售量数据见表 3-33，假定高压电机前年最后一个月的销售量为 42 台，前年销售量的平均月增长幅度为 2.93 台，水平的平滑系数 α 和趋势估算值的平滑系数 β 取值都为 0.3，试采用霍特法对该企业第 25 个月的高压电机销售量进行预测。

表 3-33 某企业各个月份的高压电机销售量

周期/月	1	2	3	4	5	6	7	8	9	10	11	12
销售量/台	44	48	51	52	58	55	57	67	72	68	72	69
周期/月	13	14	15	16	17	18	19	20	21	22	23	24
销售量/台	79	82	80	85	94	89	96	100	100	105	110	111

3-44 某电机企业近年来发展迅速，年销售额 y 逐年升高，2019—2024 年近 6 年的销售统计数据见表 3-34。水平的平滑系数 $\alpha=0.35$，趋势估算值的平滑系数 $\beta=0.06$，季节性估算值的平滑系数 $\gamma=0.15$，水平的初始值 $L_0=362$，$T_0=0$，各季节性指数初始值 $S_0=0.90$，$S_{-1}=1.15$，$S_{-2}=1.05$，$S_{-3}=0.95$；试对该企业 2025 年度各个季度的高压电机销售额进行计算。

表 3-34 某电机企业各季度销售数据统计

年份	2019				2020				2021			
季度	一	二	三	四	一	二	三	四	一	二	三	四
销售额/万元	362	385	432	341	382	409	498	387	473	513	582	474
年份	2022				2023				2024			
季度	一	二	三	四	一	二	三	四	一	二	三	四
销售额/万元	544	582	681	557	628	707	773	592	627	725	854	661

3-45 某城市农村居民年度收入数据见表 3-35，建立 ARIMA 模型并计算 2025 年的农村居民年度收入情况。

表 3-35　某城市农村居民 1989—2024 年收入数据

年份	收入/元	年份	收入/元	年份	收入/元
1989	261.00	2001	792.18	2013	4027.03
1990	274.00	2002	938.45	2014	4465.99
1991	291.00	2003	1312.24	2015	4845.35
1992	312.00	2004	1655.00	2016	5623.24
1993	344.00	2005	1989.57	2017	6627.26
1994	362.00	2006	2218.89	2018	6627.00
1995	382.00	2007	2199.38	2019	7182.53
1996	421.00	2008	2840.10	2020	9104.00
1997	504.00	2009	2941.80	2021	8864.85
1998	557.00	2010	2981.78	2022	10013.03
1999	659.00	2011	3048.55	2023	11547.00
2000	685.71	2012	3208.84	2024	12736.00

3-46　某企业 1973—2024 年的年度销售额资料见表 3-36，试根据数据特征选择 ARIMA 模型参数，并给出 2025 年该企业销售额的点计算和区间计算值。

表 3-36　某企业 1973—2024 年的年度销售额资料

年份	销售额/亿元	年份	销售额/亿元	年份	销售额/亿元
1973	5.4167	1991	7.6368	2009	10.5851
1974	5.5196	1992	7.8534	2010	10.7507
1975	5.63	1993	8.0671	2011	10.93
1976	5.7482	1994	8.2992	2012	11.1026
1977	5.8796	1995	8.5229	2013	11.2704
1978	6.0266	1996	8.7177	2014	11.4333
1979	6.1465	1997	8.9211	2015	11.5823
1980	6.2828	1998	9.0859	2016	11.7171
1981	6.4653	1999	9.242	2017	11.8517
1982	6.5994	2000	9.3717	2018	11.985
1983	6.7207	2001	9.4974	2019	12.1121
1984	6.6207	2002	9.6259	2020	12.2389
1985	6.5859	2003	9.7542	2021	12.3626
1986	6.7295	2004	9.8705	2022	12.4761
1987	6.9272	2005	10.0072	2023	12.5786
1988	7.0499	2006	10.159	2024	12.6743
1989	7.2538	2007	10.2764		
1990	7.4542	2008	10.3876		

4 综合生产计划 APP

4.1 生产能力概念与测定

4.1.1 生产能力概念

生产能力是指企业的固定资产，在一定时期内和一定的技术组织条件下，经过综合平衡后所能产生的一定种类产品的最大可能量。计算时不考虑劳动力不足和物资供应不足等不正常现象。一般以年作为时间跨度，并以实物指标为计算单位。生产能力可分为设计能力，计划能力和实际能力三种。

（1）设计能力。指设计任务书和技术文件中所规定的生产能力。

（2）实际能力。指没有设计能力，或虽有设计能力，但由于企业产品方案和技术组织条件发生重大变化，原设计能力已不能正确反映企业生产能力水平时，重新调查核定的生产能力。

（3）计划能力。指企业在计划期内能够达到的能力，是编制生产计划的主要依据。

4.1.2 生产能力测定

（1）测定程序。

1）确定企业的专业方向和生产大纲；

2）做好准备工作；

3）计算产能；

4）全厂生产能力综合平衡。

（2）计量单位。

1）具体产品。产品品种单一、大批量生产的企业用具体产品的产量来表示生产能力。

2）代表产品。多品种生产的企业，在结构、工艺和劳动量构成相似的产品中选出代表产品，用代表产品的时间定额或产量定额来计算生产能力：

$$K_i = \frac{T_i}{T_0} \tag{4-1}$$

式中 K_i——i 产品换算系数；

T_i——i 产品工时定额；

T_0——代表产品工时定额。

3）假定产品。对结构、工艺和劳动量构成差别较大的产品系列，用假定产品的时间定额来计算生产能力，假定产品的时间定额计算公式如下：

$$t_s = \sum_{i=1}^{n} t_i \theta_i \tag{4-2}$$

式中　t_s——单位假定产品的台时定额；
t_i——i 产品的时间定额；
θ_i——i 产品的劳动量比重；
n——产品品种数。

4.1.3　设备组生产能力的计算

企业生产能力水平是由生产中的固定资产数量、固定资产工作时间和固定资产生产效率因素共同决定的。企业生产能力的核定一般分为两个阶段：首先，查定班组、工段、车间各生产环节的生产能力；其次，再综合平衡各个生产环节的生产能力的基础，核定企业的生产能力。

（1）设备组生产能力的计算：

$$M = \frac{F_e \times S}{t} \tag{4-3}$$

式中　M——设备组的生产能力；
F_e——单位设备有效工作时间；
S——设备数量；
t——时间定额。

（2）作业场地生产能力的计算：

$$M = \frac{F \times A}{a \times t} \tag{4-4}$$

式中　M——作业场地生产能力；
F——单位设备有效工作时间；
A——生产面积；
a——单位产品生产面积；
t——时间定额。

（3）联动机生产能力计算：

$$M = \frac{G \times K \times F_e}{T} \tag{4-5}$$

式中　M——联动机生产能力；
G——原料重量；
K——单位原料的产量系数；
F_e——单位设备有效工作时间；
T——原料加工的连续时间。

（4）流水线生产能力计算：

$$M = \frac{F_e}{R} \tag{4-6}$$

式中　M——流水线生产能力；

F_e——单位设备有效工作时间；
R——节拍。

4.1.4　多品种生产条件下生产能力计算方法

对于单一品种产品生产可以直接按设备组生产能力的计算公式计算其生产能力，当设备组（或工作地）生产多种品种时，由于产品品种结构的差异，不能简单把不同品种产品的产量相加，而必须考虑品种之间的换算。在多品种情况下，企业生产能力的计算方法主要有代表产品计算法和假定产品计算法等。

4.1.4.1　以代表产品计算生产能力

以代表产品计算生产能力，首先是选定代表产品。代表产品是反映企业专业方向、产量较大、占用劳动较多、产品结构和工艺上具有代表性的产品。

例 4-1　某厂生产 A、B、C、D 四种工艺相似产品，其年计划产量分别为 250 台、100 台、230 台和 50 台，各种产品在机械加工车间车床组的计划台时定额分别为 50 台・时、70 台・时、100 台・时和 150 台・时，车床组共有车床 12 台，一天两班制，每班 8 h，一年中除假期外有效工作时间 306 d，设备停修率 10%，试求该车床组的生产能力。

解：按劳动量最大原则，选择 C 为代表产品，则以产品 C 表示的车床组生产能力为 $M_C = 306 \times 2 \times 8 \times (1 - 0.1) \times 12/100 = 529$(台)。换算为各个具体产品的生产能力，见表 4-1。

表 4-1　以代表产品 C 计算的生产能力换算

产品名称	计划产量 Q/台	单位产品台・时定额 /t・台$^{-1}$	换算系数 K	换算为代表产品数量 Q_0/台	各种产品占全部产品比重 /%	代表产品生产能力 M_0/台	各具体产品的生产能力 M/台
甲	①	②	③	④=①×③	⑤	⑥	⑦=⑤×⑥÷③
A	250	50	0.5	125	25	529	265
B	100	70	0.7	70	14		106
C	230	100	1	230	46		243
D	50	150	1.5	75	15		53
合计				500	100		

4.1.4.2　以假定产品计算生产能力

在企业产品品种比较复杂，各种产品在结构、工艺和劳动量差别较大，不易确定代表产品时，可采用以假定产品计算生产能力。

例 4-2　某厂生产 A、B、C、D 四种工艺不同产品，其年计划产量分别为 100 台、80 台、150 台和 170 台，各种产品在机械加工车间车床组的计划台时定额分别为 200 台・时、250 台・时、100 台・时和 50 台・时，车床组共有车床 15 台，两班制生产，每班 8 h，设备停修率 10%，一年中有效工作时间 365 d，试求该车床组的生产能力。

解：该车床组设备数量 $S=15$ 台，单台设备有效工作时间 $F_e=2\times8\times365\times(1-10\%)=5256$（h）。以假定产品计算该车床组的生产能力，结果见表 4-2。

表 4-2 以假定产品计算的生产能力换算

产品名称	计划产量/台	单位产品台·时/台	总劳动量/台	总劳动量比重/%	假定产品台时定额	假定产品生产能力/台	各具体产品的生产能力/台
甲	①	②	③=①×②	④=③/Σ③	⑤=Σ(④×②)	⑥=$S\times F_e$÷⑤	⑦=$S\times F_e$×④÷②
A	100	200	20000	0.31	170.5	462	122
B	80	250	20000	0.31			98
C	150	100	15000	0.24			189
D	170	50	8500	0.14			221
合计			63500	1.00	170.5	462	

4.2 综合生产计划 APP 简介

4.2.1 综合生产计划 APP 内涵

综合生产计划（Aggregate Production Planning，APP）是关于工业企业生产系统总体方面的计划。它反映的并非只是某几个生产岗位或某一条生产线的生产活动，也并非产品生产的细节问题，以及一些具体的机器设备、人力和其他生产资源的使用安排问题，而是工业企业在计划期应达到的产品品种、质量、产量、产值和出产期等生产方面的指标、生产进度及相应的布置，它是指导工业企业计划期生产活动的纲领性方案。

企业战略层计划主要是企业长远发展规划，长远发展规划是一种十分重要的计划，它关系到企业的兴衰。“人无远虑，必有近忧”，古人已懂得长远考虑与日常工作的关系。作为企业的高层领导，必须站得高，才能看得远。战略计划指导全局，战略计划下面主要是经营计划、生产计划等，再往下是各种职能计划。

企业为了生产出符合市场需要或顾客要求的产品，通过生产计划确定什么时候生产、在哪个车间生产以及如何生产。企业的生产计划是根据销售计划制定的，它又是企业制定物资供应计划、设备管理计划和生产作业计划的主要依据。

综合生产计划工作的主要内容包括调查和预测社会对产品的需求，核定企业的生产能力，确定目标，制定策略，选择计划方法，正确制定生产计划，库存计划，生产进度计划和计划工作程序，以及计划的实施与控制工作。生产计划的主要指标有产品品种指标、产品质量指标，产品产量、产值指标和出产期。

（1）品种指标。指工业企业在品种方面满足社会需要的程度，也反映企业专业化协作水平、技术水平和管理水平。

（2）质量指标。产品质量指标通常指企业在计划期内，各种产品应达到的质量标准。

（3）产量指标。指企业在计划期内应当生产的合格产品的实物数量；产量指标反映企业在一定时期内向社会提供的使用价值的数量，以及企业生产发展水平。

（4）产值指标。产值指标就是用货币表示的产量指标。产值指标可分为总产值、商品产值、工业增加值等三种形式。

（5）出产期。是为了保证按期交货而确定的产品出产期限。

上述各项计划指标的关系十分密切。既定的产品品种、质量和产量指标，是计算以货币表现的各项产值指标的基础，而各项产值指标又是企业生产成果的综合反映。企业在编制生产计划时，应当首先安排落实产品的品种、质量与产量指标，然后据以计算产值指标。生产计划指标体系，如图4-1所示。

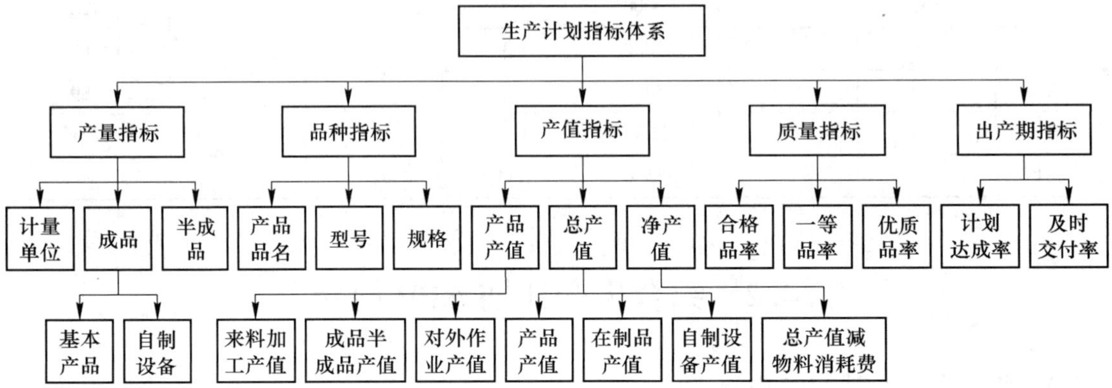

图4-1 生产计划指标体系

4.2.2 综合生产计划APP编制步骤

编制综合生产计划的主要步骤，大致可以归纳如下。

（1）调查研究，收集资料。制订综合生产计划之前要对企业经营环境进行调查研究，充分收集各方面的信息资料，其主要内容包括国内外市场信息资料、预测，上期产品销售量，上期合同执行情况及成品库存量，上期计划的完成情况，企业的生产能力，原材料及能源供应情况，品种定额资料和成本与售价。

（2）确定综合生产计划指标，进行综合平衡。确定综合生产计划指标是制定生产计划的中心内容，其中包括产值指标的选优和确定、产品出产进度的合理安排、各个产品的合理搭配生产、将企业的生产指标分解为各个分厂车间的生产指标等工作。这些工作相互联系，实际上是同时进行的。综合平衡是制定综合生产计划的重要工作环节，其内容包括两个方面：一是以利润计划指标平衡；二是以生产计划指标为中心，平衡综合生产计划与生产能力及其他投入的资源。

（3）安排产品出产进度。综合生产计划指标确定后，需进一步将全年的总产量指标按品种、规格和数量安排到各季、月中去，制定出产品出产进度计划，以便合理分配并指导企业的生产活动。产品出产进度应做到保证交货时期的需要，均衡出产，合理配置和充分利用企业资源。

4.2.3 综合生产计划APP编制方法

综合生产计划是企业用于规划生产和资源分配以满足未来需求的一种战略工具，它通常涉及决定在一段时间内生产的总数量、所需的劳动力水平、库存策略等，以平衡成本和客户服务目标。综合生产计划APP编制常用的方法有简单均衡法、运输表法、线性规划方法、整数规划法、混合策略法、启发式算法和仿真模拟法等多种。此外，随着人工智能和大数据分析技术的发展，越来越多的企业开始探索如何将机器学习、深度学习等先进技术融入到综合生产计划中，以实现更加智能化和自动化的决策支持系统，提高计划的准确性，缩短需求响应时间，增强企业的市场竞争力。

4.3 APP 编制方法与应用

4.3.1 简单均衡法编制 APP

简单均衡法有两种方案。方案一是平稳的生产和可变的库存，即在保持生产平稳时考虑改变库存以满足需求。其好处是生产均衡。但可能出现一段时间内产品将供不应求，将招致缺货的损失；另一段时间内供过于求，将造成积压库存损失。方案二是可变的生产和平稳的库存，即在保持库存平稳时考虑改变生产以满足需求。好处是库存或缺货损失最小，但生产不均衡，将导致加班或其他损失。

4.3.1.1 MTS 环境下 APP 的制定

在面向库存生产（MTS）环境下编制综合生产计划，是使生产满足预测需求量和保持一定的库存量，以此来确定月生产量和年生产量的。编制目标：决定月产量，以满足预测需求，并保持一定的库存水平和平稳的生产率。考虑因素：保持库存的花销和改变生产率的花销。

MTS 环境下编制综合生产计划的一般过程：根据预测需求，把预测数量分配到计划展望期的每一时间段（时区）上，计算库存水平的变化，根据库存水平的目标计算总产量，然后将总产量分配在计划展望期上。分配时通常要按均衡生产要求，保持生产率平稳，并表现出各时间段的库存变化，要求期末库存必须与库存目标一致。

例 4-3 某企业对电机系列产品编制综合生产计划大纲，计划展望期是 1 年，按月划分时区。年末库存目标是 350 台，当前实际库存是 800 台，拖欠订单数量是 100 台，电机系列产品的年度预测销售量是 4200 台，试编制该企业电机系列产品的综合生产计划。

解：期初库存 = 当前实际库存 - 拖欠订单数量 = 800 - 100 = 700（台），库存变化 = 目标库存 - 期初库存 = 350 - 700 = -350（台），则年度总生产计划量 = 预测数量 + 库存变化 = 4200 - 350 = 3850（台）。该企业的综合生产计划见表 4-3，全年生产计划数量近似平均分配到各个月中去即可，以控制目标库存量。

表 4-3 MTS 环境下电机系列产品综合生产计划表 （台）

项目	计划周期（月份）												全年
	1	2	3	4	5	6	7	8	9	10	11	12	
销售预测	350	350	350	350	350	350	350	350	350	350	350	350	4200
期初库存 700													目标库存 350
预测库存	670	640	610	580	550	520	490	460	430	400	370	350	
生产计划	320	320	320	320	320	320	320	320	320	320	320	330	3850

4.3.1.2 MTO 环境下 APP 的制定

在面向订单生产（MTO）环境下编制综合生产计划，是使生产满足预测需求量和拖欠订货量。编制目标：决定满足预测需求和未完成订单的月生产量和年生产量。考虑因素：期初的未完成订单应按照交货日期分布在计划展望期内。

MTO 环境下编制综合生产计划的一般过程是：根据预测需求，把预测数量分配到计划展望期的每一时间段（时区）上，计算期初拖欠订货数水平和拖欠订货数水平的变化，根据拖欠订货数水平的目标计算总产量，然后将总产量分配在计划展望期上。分配时应满足预测和未完成订单的目标，各时区产量至少满足本时区的未完成订单量，并保持均衡生产率。

例 4-4 某企业对电机系列产品编制综合生产计划大纲，计划展望期是 1 年，按月划分时区。年末未完成订单数量目标是 550 台，当前拖欠订单数量是 970 台，电机系列产品的年预测销售量是 4200 台，编制该企业的综合生产计划。

解：拖欠订货数变化 = 期末目标拖欠数 − 当前拖欠数 = 550 − 970 = −420（台），则年度总生产计划量 = 预测数量 − 拖欠订货数变化 = 4200 + 420 = 4620（台）。该企业电机系列产品的综合生产计划见表 4-4，将全年生产计划数量近似平均分配到各个月中去即可，以控制目标拖欠量。

表 4-4 MTO 环境下电机系列产品综合生产计划表 （台）

项目	计划周期（月份）												全年
	1	2	3	4	5	6	7	8	9	10	11	12	
销售预测	350	350	350	350	350	350	350	350	350	350	350	350	4200
期初拖欠 970													目标拖欠 550
预测拖欠	935	900	865	830	795	760	725	690	655	620	585	550	
生产计划	385	385	385	385	385	385	385	385	385	385	385	385	4620

4.3.2 运输表法编制 APP

运输表法又称表上作业法，用运输表法必须满足以下几个基本假设：

（1）每一单位计划期内正常生产能力、加班生产能力以及外协量均有限制；

（2）每一单位计划期的预测需求量是已知的；

（3）全部成本都与产量呈线性关系；

（4）不允许生产任务积压。

运输表法相关的变量定义及说明：

（1）h：单位计划期内单位产品的库存成本；

（2）r：单位产品的正常生产成本；

（3）c：单位产品的加班生产成本；

（4）s：单位产品的外协成本；

（5）I_0：第一期期初库存；

（6）I_4：第 4 期期末期望库存；

（7）R_t：t 期的正常生产能力；

（8）OT_t：t 期的加班生产能力；

（9）S_t：t 期的外协生产能力；

（10）D_t：t 期的需求量。

运输表法对应的成本见表 4-5。

表 4-5　运输表法对应的成本

计划期	期初库存	0	h	$2h$	$3h$	未用生产能力	全部生产能力 I_0
1	正常生产	r	$r+h$	$r+2h$	$r+3h$		R_1
	加班生产	c	$c+h$	$c+2h$	$c+3h$		OT_1
	外协	s	$s+h$	$s+2h$	$s+3h$		S_1
2	正常生产		r	$r+h$	$r+2h$		R_2
	加班生产		c	$c+h$	$c+2h$		OT_2
	外协		s	$s+h$	$s+2h$		S_2
3	正常生产			r	$r+h$		R_3
	加班生产			c	$c+h$		OT_3
	外协			s	$s+h$		S_3
4	正常生产				r		R_4
	加班生产				c		OT_4
	外协				s		S_4
需求		D_1	D_2	D_3	D_4+I_4		

运输表法编制综合生产计划的步骤：

（1）在可用生产能力列中填上正常、加班和外包的最大生产能力；

（2）在每一个单元格右上角填上各自的成本；

（3）从第一列开始，在每一列中寻找成本最低的单元格，并将生产任务分配到该单元格，但不得超过该单元格所在行的生产能力和所在列的需求；

（4）在该行填上未用的生产能力，但必须注意剩余的未用生产能力不能为负数。

如果该行仍有需求尚未满足，则重复步骤（3）~（4），直至需求全部被满足为止。

例 4-5　某厂半年的总产量和每月的需求量见表 4-6，工厂的 3 种不同生产方式的能力和相应的制造成本见表 4-7，设每类产品每月的存储费为 10 元，期初库存 0 件，期末期望库存 0 件。求该厂成本最小的综合生产计划方案。

表 4-6　各类产品的月度需求量　　（件）

月份	1	2	3	4	5	6	合计
需求	1000	1800	2600	3000	2500	2200	13100

表 4-7 各月不同生产方式的能力和相应的制造成本

生产方式	生产能力/件	单位成本/元
正班时间生产	2000	100
加班时间生产	300	110
外包（外协）	500	120

解：运输表法对应的成本见表 4-8，每月都有 3 种生产方式，表中的数值为生产成本，由制造成本和存储费用两部分组成。

表 4-8 运输表法对应的成本

计划期	期初库存/件	0	10	20	30	40	50	未用产能/件	全部产能/件
1	正常生产/元	100	110	120	130	140	150	1000	2000
	加班生产/元	110	120	130	140	150	160	300	300
	外协/元	120	130	140	150	160	170	500	500
2	正常生产/元		100	110	120	130	140		2000
	加班生产/元		110	120	130	140	150	300	300
	外协/元		120	130	140	150	160	500	500
3	正常生产/元			100	110	120	130		2000
	加班生产/元			110	120	130	140		300
	外协/元			120	130	140	150	200	500
4	正常生产/元				100	110	120		2000
	加班生产/元				110	120	130		300
	外协/元				120	130	140		500
5	正常生产/元					100	110		2000
	加班生产/元					110	120		300
	外协/元					120	130	300	500
6	正常生产/元						100		2000
	加班生产/元						110	100	300
	外协/元						120	500	500
需求		1000	1800	2600	3000	2500	2200		

用表上作业法求解，求解结果见表 4-9，这是一个成本最小的综合生产计划方案。请思考：是否还有其他优化方案可供选择？

表 4-9 成本最小的综合生产计划方案 （件）

月份	1	2	3	4	5	6	合计
需求量	1000	1800	2600	3000	2500	2200	13100
正常生产量	1000	2000	2000	2000	2000	2000	
加班生产量			300	300	300	200	
外协量			300	500	200		
调节库存		200	200				

4.3.3 线性规划法编制 APP

线性规划（Linear Programming，LP）是运筹学的一个重要分支，广泛应用于军事作战、经济分析、经营管理和工程技术等方面，可为合理地利用有限的人力、物力、财力等资源作出最优决策，提供科学的依据。用线性规划模型可以在给定线性目标函数和一系列线性约束条件下，求出最优的综合生产计划方案。目前制造企业的生产计划，一般考虑企业自身的生产能力、资源约束等因素，考虑生产费用、加工费用、库存资金和缺货费用等成本要素，建立满足总成本最小或者总收益最大的单目标优化模型。

假定某企业在生产周期 T 内生产 N 种产品以满足目前市场实际需求，定义生产制造企业生产计划相关的符号和变量如下：

(1) N，产品种类；
(2) f，生产周期内总成本；
(3) d_{ni}，i 时期内第 n 类产物的需求量；
(4) l_{ni}，i 时期内第 n 类产物每件生产所需的物料量；
(5) J_{ni}，i 时期内第 n 类产物每件生产所消耗的物料成本；
(6) A_{ni}，i 时期内第 n 类产物日常班次时期内每件的制造加工费用；
(7) q_{ni}，i 时期内第 n 类产物的日常班次时期内的产出量；
(8) h_{ni}，i 时期内第 n 类产物每件的加工工时；
(9) B_{ni}，i 时期内第 n 类产物加班班次时期内每件的制造加工费用；
(10) o_{ni}，i 时期内第 n 类产物加班班次的产出量；
(11) r_{ni}，i 时期内第 n 类产物库存量；
(12) k_{ni}，i 时期内第 n 类产物缺货量；
(13) P_{ni}，i 时期内第 n 类产物每件缺货费用；
(14) S_{ni}，i 时期内第 n 类产物每件成品所占的库存空间成本；
(15) E_i，i 时期企业有限资源下的生产能力。

建立以生产费用、加工费用、库存资金和缺货费用总和最小的目标函数：

$$f(n) = \sum_{n=1}^{N}(d_{ni} \times l_{ni} \times j_{ni}) + \sum_{n=0}^{N}(A_{ni} \times q_{ni} + B_{ni} \times o_{ni}) + \sum_{n=0}^{N}(r_{ni} \times S_{ni}) + \sum_{n=0}^{N}(k_{ni} \times P_{ni}) \tag{4-7}$$

$$\begin{cases} \sum_{n=1}^{N}(q_{ni} + o_{ni}) \leqslant d_{ni} \quad (n = 1, 2, 3, \cdots, N;\ i = 1, 2, 3, \cdots, T) & (1) \\ \sum_{i=1}^{T}(h_{ni} \times (q_{ni} + o_{ni})) \leqslant E_i \quad (n = 1, 2, 3, \cdots, N;\ i = 1, 2, 3, \cdots, T) & (2) \\ q_{ni} \geqslant 0 \quad (n = 1, 2, 3, \cdots, N;\ i = 1, 2, 3, \cdots, T) & (3) \\ o_{ni} \geqslant 0 \quad (n = 1, 2, 3, \cdots, N;\ i = 1, 2, 3, \cdots, T) & (4) \end{cases} \tag{4-8}$$

在约束条件（4-8）中，（1）表示生产过程消耗的生产设备、生产工时、企业资源等都要在可用资源范围内，且尽可能满负荷生产；（2）表示企业生产产品量与市场需求达到平衡；（3）和（4）表示在生产周期内生产量非负。

例 4-6 对某电机产品的需求预测见表 4-10，假设期初工人数为 35 人，期初库存为 0 台。

表 4-10 对某产品的需求预测及产品成本

月份	1	2	3	4	5	6
需求量/台	2760	3320	3970	3540	3180	2900
单个工人工时/h	84	80	92	84	88	88
单位人工成本 C_w/元·人$^{-1}$	2520	2400	2760	2520	2640	2640

设 C_w 为单位人工成本，1—6 月分别为 2520 元/人、2400 元/人、2760 元/人、2520 元/人、2640 元/人、2640 元/人；C_H 为招聘 1 个工人的费用，$C_H=450$ 元/人；C_L 为解聘 1 个工人的费用，$C_L=600$ 元/人；C_I 为维持单件产品库存 1 个周期的费用，$C_I=5$ 元/(件·周期)；P_i 为产品产量；产品单件工时为 1 h；W_i 为工人数，H_i 为招聘人数，L_i 为解聘人数，I_i 为库存量，i 为月份。试用线性规划模型求最优的综合生产计划。

解： 模型假设第 1 期的期初工人数为 35 人，初始库存量为 0 件，目标函数为总成本最小。

$$\min Z = \sum_{i=1}^{6} (W_i C_{W_i} + 450 \times H_i + 600 \times L_i + 5 \times I_i)$$

约束条件如下。

（1）生产能力的约束：

$P_1 \leqslant 84W_1$（84 是 1 月份 1 个工人提供的工作小时数，下同）

$P_2 \leqslant 80W_2$

$P_3 \leqslant 92W_3$

$P_4 \leqslant 84W_4$

$P_5 \leqslant 88W_5$

$P_6 \leqslant 88W_6$

（2）人工能力的约束：

$W_1 = 35 + H_1 - L_1$

$W_2 = W_1 + H_2 - L_2$

$W_3 = W_2 + H_3 - L_3$

$W_4 = W_3 + H_4 - L_4$

$W_5 = W_4 + H_5 - L_5$

$W_6 = W_5 + H_6 - L_6$

（3）库存能力的约束：

$I_1 = P_1 - 2760$

$I_2 = I_1 + P_2 - 3320$

$I_3 = I_2 + P_3 - 3970$

$I_4 = I_3 + P_4 - 3540$

$I_5 = I_4 + P_5 - 3180$

$I_6 = I_5 + P_6 - 2900$

(4) 非负条件的约束：

$W_i \geqslant 0$，$H_i \geqslant 0$，$L_i \geqslant 0$，$P_i \geqslant 0$

最后求得的理论最优解见表 4-11，未考虑变量取整约束。实际应用时可以考虑将产量、库存量、招聘人数、解聘人数等变量设置整数约束求得对应优化解。

表 4-11 最优综合生产计划

月份	产量/台	库存量/台	招聘人数/人	解聘人数/人	需要人数/人
1	2940.000	180.0000			35.00000
2	3232.857	92.85714	5.410714		40.41071
3	3877.143		1.732143		42.14286
4	3540.000				42.14286
5	3180.000			6.006494	36.13636
6	2900.000			3.181818	32.95455

最优生产计划对应的最小总费用为 600191.60 元。

4.3.4 混合策略法编制 APP

由于产品的市场需求不断波动，而企业又需要均衡生产，面对这个矛盾，需要制定有效的综合计划，使得需求和生产能力大致平衡，并使整个计划期间的综合生产计划目标（如成本最小、利润最大、顾客服务水平高、库存投资最小、产出率变化最小、劳动力数量变化最小、员工和设备的利用率最大等）得以实现。编制综合生产计划需要解决的基本问题是如何处理能力与需求的关系。常见的策略有反应型和进取型两种。

(1) 反应型策略方案。根据给定的需求模式采取相应的行动，一般对非均匀需求的处理可以通过改变库存水平、改变工人数量、忙时加班加点、闲时培训、外包、利用非全日制工人、培训多技能员工等策略来实现。

(2) 进取型策略方案。试图改变需求模式，可以通过调节价格转移需求、推迟交货、刺激低谷需求、供不应求时适当限制需求、开发预订系统、固定时间表、导入互补产品、创意性定价等策略来实现。

例 4-7 某电机公司要制定未来 6 个月电机产品群的年度生产计划，需求预测量、每月实际工作天数等信息见表 4-12，成本信息见表 4-13，每天正常工作时间为 8 h。请制定电机产品群的综合生产计划。

表 4-12 电机产品群需求预测

月份	1	2	3	4	5	6	合计
需求预测量/台	1800	1500	1100	900	1100	1600	8000
每月工作天数/天	22	19	21	21	22	20	125

表 4-13 电机产品群成本信息

时间及成本项目	对应数据信息
材料成本	100.00 元/台
库存成本	1.50 元/(台·月)
缺货损失	5.00 元/(台·月)
外包成本（边际成本）	20.00 元/台
招聘成本	200.00 元/人
解聘成本	250.0 元/人
单位产品加工时间	5 h/台
正常人工成本（每天 8 h）	4.0 元/h
加班人工成本	6.0 元/h
期初库存	400 台
安全库存	月需求预测量的 25%

解：(1) 计算每个月的实际需求量和月末库存量，结果见表 4-14。

表 4-14 每个月的实际需求量和月末库存量 （台）

月份	0	1	2	3	4	5	6
需求预测量		1800	1500	1100	900	1100	1600
安全库存量		450	375	275	225	275	400
期初库存量	400	400	450	375	275	225	275
实际需求量		1850	1425	1000	850	1150	1725
期末库存量		450	375	275	225	275	400

(2) 选择混合计划策略进行成本计算。

1) 追逐策略。通过新雇或暂时解雇一些员工以满足各月的实际需求，该策略的选用取决于劳动力成本的高低，主要缺点是经常变动员工数量，造成工人人心不稳；带来招聘及解聘成本的支出。改变工人人数，每天工作时间 8 h，单台产品生产时间 5 h，相应的计划成本计算见表 4-15，假设期初工人人数取 1 月份的实际需要人数。

表 4-15 追逐策略对应的计划成本计算

月份	1	2	3	4	5	6	合计
实际需求量/台	1850	1425	1000	850	1150	1725	8000
所需生产时间/h	9250	7125	5000	4250	5750	8625	40000
每月工作天数/天	22	19	21	21	22	20	125
每人每月工时/h	176	152	168	168	176	160	1000
所需工人数/人	53	47	30	25	33	54	242
招聘人数/人	0	0	0	0	8	21	29
招聘成本/元	0	0	0	0	1600	4200	5800

续表 4-15

月份	1	2	3	4	5	6	合计
解聘人数/人	0	6	17	5	0	0	28
解聘成本/元	0	1500	4250	1250	0	0	7000
正常人工成本/元	37000	28500	20000	17000	23000	34500	160000
总成本/元	172800						

2）平准策略。保持工人人数稳定，利用调节库存、压缩订单和减少销售来消化缺货或剩余产品，保持稳定产出率。该策略的选用取决于库存成本和缺货成本的高低，主要缺点是库存量大、资金占用多、缺货带来的潜在损失比较大。需求的工人人数按计划期内的平均工人人数来计算确定。固定工人人数，每天工作时间 8 h，单台产品生产时间 5 h，计划期内总产量 8000 台，计划期内工作总天数 125 天，则计划期内需求的平均工人人数 = 5×8000/(125×8) = 40（人）。相应的计划成本计算见表 4-16。

表 4-16 平准策略对应的计划成本计算

月份	1	2	3	4	5	6	合计
需求预测量/台	1800	1500	1100	900	1100	1600	8000
每月工作天数/天	22	19	21	21	22	20	125
每人每月工时/h	176	152	168	168	176	160	
每月工人数/人	40	40	40	40	40	40	
可用生产时间/h	7040	6080	6720	6720	7040	6400	40000
实际生产量/台	1408	1216	1344	1344	1408	1280	
安全库存量/台	450	375	275	225	275	400	2000
期初库存量/台	400	8	−276	−32	412	720	
期末库存量/台	8	−276	−32	412	720	400	
缺货成本/元	0	1380	160	0	0	0	1540
多余库存量/台	0	0	0	187	445	0	
多余库存成本/元	0	0	0	281	668	0	949
正常人工成本/元	28160	24320	26880	26880	28160	25600	160000
总成本/元	162489						

3）外包策略。保持劳动力水平、生产时间的稳定，将超出企业生产能力的部分需求外包。该策略的选用取决于外包能力及外包成本的高低，主要缺点是容易导致企业核心领域转移及顾客的流失。需求的工人人数按计划期内的最低工人人数来计算确定。固定工人人数，每天工作时间 8 h，单台产品生产时间 5 h，计划期内各个月最低的实际需求量为 850 台，计划期内工作总天数 125 天，则计划期内需求的最低工人人数 = 5×850×6/(125×8) = 25（人）。相应的计划成本计算见表 4-17。

表 4-17　外包策略对应的计划成本计算

月份	1	2	3	4	5	6	合计
实际需求量/台	1850	1425	1000	850	1150	1725	8000
每月工作天数/天	22	19	21	21	22	20	125
每人每月工时/h	176	152	168	168	176	160	
每月工人数/人	25	25	25	25	25	25	150
可用生产时间/h	4400	3800	4200	4200	4400	4000	25000
实际生产量/台	880	760	840	840	880	800	
外包台数/台	970	665	160	10	270	925	3000
外包成本/元	19400	13300	3200	200	5400	18500	60000
正常人工成本/元	17600	15200	16800	16800	17600	16000	100000
总成本/元	160000						

4）加班策略。保持工人人数不变，通过加减班来改变能力，在正常工作时间内用固定人数的工人进行生产，满足对应需求预测量，加班完成其余生产需求量，劳动力稳定，无招聘解聘成本。该策略的选用取决于加班费用的高低。需要的工人人数比较难确定，但其目标是使 6 月的期末库存与安全库存尽可能接近，经过反复试算比较，确定工人人数 38 人比较合适。相应的计划成本计算见表 4-18。

表 4-18　加班策略对应的计划成本计算

月份	1	2	3	4	5	6	合计
需求预测量/台	1800	1500	1100	900	1100	1600	8000
每月工作天数/天	22	19	21	21	22	20	125
每人每月工时/h	176	152	168	168	176	160	
每月工人数/人	38	38	38	38	38	38	
可用生产时间/h	6688	5776	6384	6384	6688	6080	38000
固定生产量/台	1338	1155	1277	1277	1338	1216	
安全库存量/台	450	375	275	225	275	400	2000
期初库存量/台	400	0	0	177	554	792	
加班前期末库存量/台	-62	-345	177	554	792	408	
加班生产台数/台	62	345	0	0	0	0	
加班成本/元	1860	10350	0	0	0	0	12210
多余库存量/台	0	0	0	329	517	8	
多余库存成本/元	0	0	0	494	776	12	1282
正常人工成本/元	26752	23104	25536	25536	26752	24320	152000
总成本/元	165492						

（3）策略比较与方案选择。不同策略进行成本汇总分析，结果见表 4-19。比较各种策略，按总成本最低的原则，外包策略较好，但是，外包的风险较大，因为不能控制承包商

的行为。若要采取外包的生产方式，必须慎重考虑承包商的信誉、能力等问题。当外部条件变化时，相应的成本参数会发生相应变化，企业应根据自身需求及特点选择对应的计划优化策略。

表 4-19 不同策略对应的计划成本对比 （元）

成本项目	追逐策略	平准策略	外包策略	加班策略
正常人工成本	160000	160000	100000	152000
加班人工成本	0	0	0	12210
招聘成本	5800	0	0	0
解聘成本	7000	0	0	0
外包成本	0	0	60000	0
库存成本	0	949	0	1282
缺货成本	0	1540	0	0
总成本	172800	162489	160000	165492

4.3.5 面向供应链的 APP 编制

4.3.5.1 面向供应链的 APP 编制特点

制造商延续的传统 APP 编制主要是以企业内部生产为主，围绕生产加工材料需求进行的，对材料供应商、制造加工商和客户的统一协作考虑不足，信息共享程度较差，信息较为分散，市场的不确定对生产企业的生产及库存影响较大。供应链环境下企业生产计划不仅涉及到企业内部的生产安排，还包括与供应商、分销商、物流服务提供商等供应链上下游合作伙伴的协同合作。面向供应链的 APP 编制特点如下。

（1）传统 APP 编制主要关注企业内部的生产活动，以单个企业的利益最大化为目标，较少考虑供应链上下游的协作和供应链整体的优化。面向供应链的 APP 编制从整个供应链的角度出发，考虑产品从原料供应商到最终客户的整个制造过程。

（2）传统 APP 编制通常以生产成本最小化或生产效率最大化为主要目标，大多关注短期内的生产任务完成情况。面向供应链的 APP 编制不仅关注生产成本和效率，还要考虑市场需求响应速度、库存水平、客户满意度等多个目标，关注长期的供应链稳定性和可持续发展。

（3）传统 APP 编制通常采用静态的计划方法，较少考虑市场变化和不确定性，依赖于简单的计划工具和经验判断，缺乏系统的优化方法。面向供应链的 APP 编制一般采用动态计划方法和多目标优化方法，能够快速响应市场变化和不确定性。通过供应链各环节协同合作，实现供应链各环节无缝对接，提高整体效率。

（4）传统 APP 编制为了应对不确定性，通常保持较高的库存水平，库存管理较为被动，主要依赖经验和固定的安全库存策略。面向供应链的 APP 编制基于精确的需求预测和高效的供应链协同，采用先进的库存管理策略（如准时制生产、供应商管理库存等），实现库存的主动管理，降低库存成本。

（5）传统 APP 编制与控制大多采用下层向上层传递的纵向资讯流通管控机制，信息反馈及沟通处理存在一定的滞后性。面向供应链的 APP 编制与控制变成生产同类或相似商品的制造商间相互资讯共用的直线式思维方式，使供应链间资讯共用共通，制定生产计划时综合考虑整条供应链的实际能力，保证整条供应生产制造链上各相关参与部门的生产活动有序进行。

4.3.5.2 面向供应链的 APP 编制模型

A 模型符号定义

面向供应链的 APP 编制模型不仅关注企业内部的生产活动，还考虑供应商、分销商和客户的协同合作，以实现资源的最佳配置和整体效益的最大化。模型优化目标一般为供应链成本最小化、客户满意度最大化、资源利用率最大化、库存水平优化等，决策变量一般为每个时间段内各产品的生产量、库存量、外包量、运输量等，约束条件涉及生产能力约束、库存容量约束、需求满足约束、供应商能力约束、运输能力约束、变量非负约束等。在需求确定的条件下，充分考虑原材料、员工稳定性、库存成本和产品需求之间的关系，通过优化生产及库存策略，找出计划期内的用工安排、生产计划、库存、原料采购等的优化方案，平衡配置各计划期内的生产及库存能力，优化计划周期内的生产计划。假设某制造厂商生产 N 种产品满足市场需求，需求确定条件下面向供应链的 APP 编制模型变量定义如下：

(1) F， 生产周期内的利润；
(2) N， 产品种类；
(3) f， 生产周期内的总成本；
(4) E_{SAJ}， 供应厂商 S 向加工厂商 J 提供物料 A 的价格；
(5) M_{JSA}， 加工厂商 J 向供应厂商 S 提供物料 A 的数目；
(6) P_{SJA}， 供应厂商 S 向加工厂商 J 提供物料 A 的物流费用；
(7) P_{JCN}， 加工厂商 J 将成品 N 运往客户 C 的物流费用；
(8) S_{SJA}， 从供应厂商 S 提供物料 A 到加工商的物流路程时间；
(9) S_{JN}， 制造加工商 J 生产产品 N 的单位时间；
(10) M_{JN}， 制造加工商 J 生产产品 N 的数量；
(11) Y_{JN}， 制造加工商 J 生产产品 N 的单位成本；
(12) R_{JCN}， 制造加工商 J 将产成品 N 运往客户 C 的数目；
(13) S_{JCN}， 制造加工商 J 送往客户 C 的产成品 N 的物流时间；
(14) P_{JA}， 制造加工商 J 物料 A 的单件储存费用；
(15) M_{JA}， 制造加工商 J 物料 A 的库存数目；
(16) P_{JN}， 制造加工商 J 产成品 N 的单件存储费用；
(17) M_{JNK}， 制造加工商 J 产成品 N 的库存数目；
(18) X_{JCN}， 客户 C 需要的产品 N 的数目；
(19) L_{NA}， 制造加工单件产成品 N 所需的物料 A 的数目；
(20) lx_{JN}， 制造加工商 J 第 N 种产成品每件所用劳动力数目；
(21) P_{JN}， 制造加工商 J 第 N 种产成品每件的缺货费用；
(22) xw_{JN}， 制造加工商 J 第 N 种产成品新雇佣职工数目；
(23) k_{ni}， i 时期内第 n 类产物缺货量；

(24) J_{CN}，制造加工商 J 第 N 种产成品新雇佣每名职工的工资成本；
(25) TC_{JN}，制造加工商 J 第 N 种产成品新雇佣每名职工的培训成本；
(26) fw_{JN}，制造加工商 J 第 N 种产成品解除合同职工数目；
(27) G_{JN}，制造加工商 J 第 N 种产成品解除合同职工成本；
(28) R_S，上游供应商 J 生产能力；
(29) R_J，制造加工商 J 生产能力上下限；
(30) X_{JA}，制造加工商 J 原物料 A 的库存上下限；
(31) X_{JN}，制造加工商 J 产成品 N 的库存上下限；
(32) E_{Ni}，i 时期内第 N 种产成品每件的售价。

B 模型构建

不考虑外包生产的情况下，在生产周期内各生产影响因子允许的前提下，根据工单业务要求，通过供应链协调生产制造加工总计划，使供应链整体效益最大。建立以供应链总成本最小（生产加工费用+物料采购费用+劳动力支付+解雇赔偿+雇佣费用+培训费用+原材料存储费用+产品存储费用+原材料运输成本+产品运输成本+缺货成本-产品销售额）、客户满意度最高（各产品最大缺货之和最少、最短交货期），雇佣、解雇的工人数量之和最小、工人培训数量之和最大为优化目标的 APP 模型。

$$\begin{aligned}\text{Min}Z_1 = &\sum_{S=1}^{S}\sum_{J=1}^{J}\sum_{A=1}^{A}(E_{SJA} \times M_{JSA}) + \sum_{S=1}^{S}\sum_{J=1}^{J}\sum_{A=1}^{A}(P_{SJA} \times M_{JSA}) + \\ &\sum_{J=1}^{J}\sum_{N=1}^{N}\sum_{C=1}^{C}(PJCN \times X_{JCN}) + \sum_{J=1}^{J}\sum_{A=1}^{A}(P_{JA} \times M_{JA}) + \\ &\sum_{J=1}^{J}\sum_{N=1}^{N}(\text{xw}_{JN} \times C_{JN} + \text{fw}_{JN} \times G_{JN} + \text{xw}_{JN} \times \text{TC}_{JN}) + \\ &\sum_{J=1}^{J}\sum_{N=1}^{N}(P_{JN} + M_{JN}) + \sum_{J=1}^{J}\sum_{N=1}^{N}(k_{JN} \times P_{JN}) - E_{ni} \times X_{CN}\end{aligned} \tag{4-9}$$

$$\text{Max}Z_2 = \sum_{J=1}^{J}\sum_{N=1}^{N}k_{JN} \tag{4-10}$$

$$\text{Min}Z_3 = \sum_{J=1}^{J}\sum_{N=1}^{N}(\text{xw}_{JN} + \text{fw}_{JN}) \tag{4-11}$$

$$\text{Max}Z_4 = \sum_{J=1}^{J}\sum_{N=1}^{N}(\text{xw}_{JN}) \tag{4-12}$$

$$\begin{cases} M_{JN} - R_{JCN} = M_{JNK} \leqslant X_{JN} \\ R_J \geqslant M_{JN} \geqslant R_{JCN} \\ \sum_{J=1}^{J}\sum_{N=1}^{N}(\text{fw}_{JN} + \text{xw}_{JN}) \leqslant \sum_{J=1}^{J}\sum_{N=1}^{N}\text{lx}_{JN} \\ 0 \leqslant M_{JSA} \leqslant X_{JA} \leqslant R_S \\ X_{JA},\ X_{JN},\ R_J,\ R_S \geqslant 0 \end{cases} \tag{4-13}$$

规划函数中式（4-9）表示供应链总成本，式（4-10）代表最大缺货量，式（4-11）代表雇佣、解雇工人数量之和最小，式（4-12）表示工人培训数量之和最大，约束条件式

（4-13）按顺序分别表示企业产品库存量大于客户需求量，加工商生产能力大于产出量同时大于客户购买量，企业现存员工和新雇佣的员工之和大于企业生产所需工人数，供应厂商生产能力大于加工商生产能力同时大于加工商采购量，加工商生产能力、供应商供应能力、加工商物料仓储上下限、加工商产成品仓储上下限均大于零。

4.4 资源需求计划 RRP

综合生产计划初稿编制完成后，需要采用资源需求计划（Resource Requirements Planning，RRP）来核对综合生产计划的可行性。当确定产品系列的生产量时，要考虑生产这些产品系列时需要占用多少有效资源，如果资源不足，应如何协调这些差距。资源需求计划所指的资源是关键资源，如关键工作中心的工时、关键原材料、资金等，可用每一种产品系列（类）消耗关键资源的综合平均指标（如工时/台、t/台或元/台）来计算。计算资源需求量必须同综合生产计划采用的时间段一致，不能按全年总量笼统计算。资源需求计划的计算步骤如下。

4.4.1 分析资源清单

资源清单是生产单位产品类所必需的材料、劳动工时、设备工时等的数量记录。资源清单的具体形式随不同的产品和不同的企业而不同。资源清单中的数字表示的是单位产品系列（类）中所有项目的平均值，见表 4-20。

表 4-20 电机类产品资源清单

产品系列	钢材需要量/t · 台$^{-1}$	铜线需要量/t · 台$^{-1}$	标准工时/h
YGP 系列电机	0.0552	0.0051	11.65
YPB 系列电机	0.0365	0.0035	6.85
YZP 系列电机	0.0665	0.0065	12.85

4.4.2 计算资源需求

在审定资源清单的基础上，一旦确定了生产单位产品类所需的资源量，就可以计算出所需的资源总数。通过计划生产量和资源需求率相乘计算每类产品的资源需求，见表 4-21 和表 4-22。

表 4-21 电机类产品年度计划产出量 （台）

产品系列	计划周期（1—12 月）对应的计划产出量												合计
	1	2	3	4	5	6	7	8	9	10	11	12	
YGP 系列电机	10	10	10	10	10	10	10	10	10	10	10	10	120
YPB 系列电机	20	20	20	20	20	20	20	20	20	20	20	20	240
YZP 系列电机	50	50	50	50	50	50	50	50	50	50	50	50	600

表 4-22　电机类产品年度计划资源需求

周期（月份）	钢材需要量/t			铜线需要量/t			需求工时/h		
	YGP	YPB	YZP	YGP	YPB	YZP	YGP	YPB	YZP
1	0.552	0.73	3.325	0.051	0.07	0.325	116.5	137	642.5
2	0.552	0.73	3.325	0.051	0.07	0.325	116.5	137	642.5
3	0.552	0.73	3.325	0.051	0.07	0.325	116.5	137	642.5
4	0.552	0.73	3.325	0.051	0.07	0.325	116.5	137	642.5
5	0.552	0.73	3.325	0.051	0.07	0.325	116.5	137	642.5
6	0.552	0.73	3.325	0.051	0.07	0.325	116.5	137	642.5
7	0.552	0.73	3.325	0.051	0.07	0.325	116.5	137	642.5
8	0.552	0.73	3.325	0.051	0.07	0.325	116.5	137	642.5
9	0.552	0.73	3.325	0.051	0.07	0.325	116.5	137	642.5
10	0.552	0.73	3.325	0.051	0.07	0.325	116.5	137	642.5
11	0.552	0.73	3.325	0.051	0.07	0.325	116.5	137	642.5
12	0.552	0.73	3.325	0.051	0.07	0.325	116.5	137	642.5
小计	6.624	8.76	39.9	0.612	0.84	3.9	1398	1644	7710
合计	55.284			5.352			10752		

4.4.3　比较可用资源与资源需求

将资源需求量与现有的或库存的数量进行比较，如果合适的话，则再检查其他资源，包括劳动力和机器等，然后定稿生产计划大纲。资源可用性依不同资源的实际情况而不同。资源需求与可用量比较见表 4-23。

表 4-23　电机类产品年度计划资源可用量比较

周期（月份）	钢材资源/t			铜线资源/t			工时资源/h		
	需求	可用	缺欠	需求	可用	缺欠	需求	可用	缺欠
1	4.607	5	0	0.446	0.5	0	896	850	46
2	4.607	5	0	0.446	0.5	0	896	850	46
3	4.607	5	0	0.446	0.5	0	896	850	46
4	4.607	5	0	0.446	0.5	0	896	850	46
5	4.607	5	0	0.446	0.5	0	896	850	46
6	4.607	5	0	0.446	0.5	0	896	850	46
7	4.607	5	0	0.446	0.5	0	896	850	46
8	4.607	5	0	0.446	0.5	0	896	850	46
9	4.607	5	0	0.446	0.5	0	896	850	46
10	4.607	5	0	0.446	0.5	0	896	850	46
11	4.607	5	0	0.446	0.5	0	896	850	46
12	4.607	5	0	0.446	0.5	0	896	850	46
合计	55.284	60	0	5.352	6	0	10752	10200	552

4.4.4 资源短缺处理方法

当资源需求超过可用资源时，将出现资源短缺。在生产规划定稿之前，必须解决这一问题，可以根据具体情况采取对应措施加以协调。

（1）物料短缺。增加物料购买、减少生产总量、用其他供给源、用替换物料。

（2）劳动力短缺。安排加班、雇用临时工、转包、减少生产总量、调整生产线。

（3）设备短缺。购买新的设备、升级现有设备、转包作业、改变工艺过程、减少生产总量、调整产品种类或生产线。

习　题

4-1 什么是代表产品和假定产品？

4-2 生产系统生产能力的含义是什么，决定生产能力的主要因素有哪些？

4-3 简述编制综合生产计划的步骤。

4-4 简述综合生产计划的作用。

4-5 说明构成产品成本要素以及降低产品成本的途径。

4-6 制造业如何应对非均匀需求？

4-7 服务业如何应对非均匀需求？

4-8 某车间生产的 5 种产品折算为代表产品 A 的总产量为 3800 件/a，产品 A 在车床组的台时定额为 9.3 台·时/件。车床组有 8 台车床，两班制生产，每班 8 h，设备的停修率为 5%，去除节假日，全年共有 306 个工作日。请计算与分析该车间车床组的生产能力与生产任务是否平衡。

4-9 某厂车床组有车床 10 台，每台车床全年有效的工作时间为 250 天，每天两班生产，每班工作 7.5 h，工时利用率为 90%。在车床上加工 A、B、C、D 4 种工艺结构相似的产品，其计划产量分别是 100 台、80 台、160 台、60 台。单位产品台时定额（h）分别是 200、270、100、40。以 C 产品为代表产品，用代表产品法求车床组生产能力。

4-10 某厂生产 A、B、C、D 4 种工艺结构不同的产品，其计划产量分别为 100 台、80 台、150 台和 170 台，各种产品在机械加工车间车床组的计划台时定额分别为 200 台·时、250 台·时、100 台·时和 50 台·时，车床组共有车床 15 台，两班制，每班 8 h，设备停修率为 10%，试按照假定产品法求车床组的生产能力（全年按 306 个工作日计算）。

4-11 假设某工厂对汽车编制生产规划，计划展望期是 1 年，按月划分时区。期末未完成订单数量为 200 辆，当前未完成订单是 320 辆，汽车的年销售预测量是 1200 辆，根据上述数据编制其年度生产规划。

4-12 假设相连季度产量变化的成本（指劳动力变动）为 500 元/单位，每一季度库存费为 800 元/单位，现有的季度生产能力为 55 单位。需求预测见表 4-24。现有两种方案：一是调节库存（均匀策略，每季度的生产能力为年度需求的平均值），二是调节劳动力（跟踪策略），哪种方案成本最低？

表 4-24　季度需求预测　　（个）

季度	一	二	三	四
需求量	20	30	50	60

4-13 某公司生产各种油漆，油漆的需求是具有季节波动特性的，通常第三季度是需求的高峰。需求预

测和成本数据见表 4-25 和表 4-26。现有库存量为 250000 L，希望期末库存为 0。该公司每季度的最大加班能力为该季度正常生产能力的 20%。外协厂家在每一季度可提供的产品数量均为 200000 L。公司现在打算根据表 4-27 所示的生产能力来制定综合计划。按照公司的经营方针，不允许任务积压和库存缺货。请用运输表法帮助该公司编制最优综合生产计划。

表 4-25　需求预测　　(kL)

季度	一	二	三	四	合计
需求	300	850	1500	350	3000

表 4-26　产品生产成本相关数据信息

单位产品库存成本	0.3 元/季度
单位产品的正常生产成本	1.00 元
单位产品的加班生产成本	1.50 元
单位产品的外协成本	1.90 元

表 4-27　生产能力计划　　(kL)

季度	一	二	三	四	合计
正常生产量	450	450	750	450	2100
加班生产量	90	90	150	90	420
外协量	200	200	200	200	800
合计	740	740	1100	740	

4-14　某电机厂的经营计划目标为：完成全年电机市场销售额的 10%，据预测，全年电机市场销售额为 4800 万元。要做到全年均衡销售，预计关键部件每月可提供 900 台，现有工时为每月 800 h，初始库存为 1500 台，未完成订单为 100 台，期末所期望的库存为 800 台，电机资源清单见表 4-28。假设您是该电机厂的生产计划人员，请完成综合生产计划和资源需求计划的编制。

表 4-28　电机资源清单

产品	关键部件/台	单台关键部件劳力/h	单台电机销售收入/元
电机	10	1	500

5 主生产计划 MPS

5.1 MPS 概念与作用

5.1.1 MPS 概念

主生产计划（Master Production Schedule，MPS）是对企业综合生产计划的细化，是说明企业在可用资源的条件下，在一定时间内生产什么、生产多少、什么时间生产的计划，是确定每一具体的最终产品在每一具体时间段内生产数量的计划。MPS 最终产品是指对于企业来说最终完成、要出厂的完成品，它要具体到产品的品种、型号。MPS 具体时间段通常是以周为单位，在有些情况下，也可以是日、旬、月。MPS 根据客户合同和市场预测，把经营计划或生产大纲中的产品系列具体化，从产品族到产品的计划。主生产计划必须考虑客户订单和预测、未完成订单、可用物料的数量、现有能力、管理方针和目标等，维持预期客户服务水平，充分利用物料、人工和设备，维持库存投资在必需的水平。因此，主生产计划 MPS 是生产计划工作的一项重要内容。

5.1.2 MPS 作用

MPS 对于企业顺利生产运营起着至关重要的作用，MPS 把企业规划同日常的生产作业计划关联起来，为日常作业的管理提供了一个“控制把手”，驱动了一体化的生产计划与库存控制系统的运作，它决定了后续的所有计划及制造行为的目标。在短期内作为物料需求计划、零件生产计划、订货优先级和短期能力需求计划的依据；在长期内作为估计本厂生产能力、仓储能力、技术人员、资金等资源需求的依据。

（1）主生产计划是制造资源计划（Manufacture Resource Plan，MRP Ⅱ）的一个重要的计划层次。粗略地说，主生产计划是关于“将要生产什么”的一种描述，它根据客户合同和预测，把销售与运作规划中的产品系列具体化，确定出厂产品，使之成为展开物料需求计划（Material Requirement Planning，MRP）与能力需求计划（Capacity Requirements Planning，CRP）运算的主要依据，它起着承上启下，从宏观计划向微观计划过渡的作用。

（2）主生产计划是生产部门的工具，主生产计划也是联系市场销售和生产制造的桥梁，使生产计划和能力计划符合销售计划的要求，并能适应不断变化的市场需求；同时，主生产计划还能向销售部门提供生产和库存信息，提供可供销售量的信息，作为同客户洽商的依据，起到沟通内外的作用。

（3）加上主生产计划这一层次，通过人工干预、均衡安排，使得在一段时间内主生产计划量和预测及客户订单在时间上相匹配，而不追求在每个具体时刻均与需求相匹配，从而得到一份稳定、均衡的计划。由于在产品或最终项目（独立需求项目）这一级上的主生产计划是稳定和均衡的，据此得到的关于非独立需求项目的物料需求计划也将是稳定和匀称的。

（4）通过主生产计划的能力核算，对关键资源的能力和需求之间的矛盾进行协调和平衡，识别产能瓶颈环节，辅助企业进行技术升级改造。

5.2 MPS 编制原则与对象

5.2.1 MPS 编制原则

主生产计划是根据企业的能力确定要做的事情，通过均衡地安排生产实现生产规划的目标，使企业在客户服务水平、库存周转率和生产率方面都能得到提高，并及时更新，保持计划的切实可行和有效性。在编制主生产计划时，应遵循下面的一些基本原则。

（1）最少项目原则。用最少的项目数进行主生产计划的安排。如果 MPS 中的项目数过多，就会使预测和管理变得困难，因此，要根据不同的制造环境，选取产品结构不同的级，进行主生产计划的编制。

（2）独立具体原则。要列出实际的、具体的可构造项目，而不是一些项目组或计划清单项目。这些项目可分解成可识别的零件或组件。MPS 应该列出实际的要采购或制造的项目，而不是计划清单项目。

（3）关键项目原则。列出对生产能力、财务指标或关键材料有重大影响的项目。生产能力方面是指那些对生产和装配过程起重大影响的项目；财务指标方面指的是与公司的利润效益最为关键的项目；关键材料方面是指那些提前期很长或供应厂商有限的项目。

（4）全面代表原则。计划的项目应尽可能全面代表企业的生产产品。

（5）适当裕量原则。留有适当余地，并考虑预防性维修设备的时间。

（6）适当稳定原则。主生产计划制订后在有效的期限内应保持适当稳定，必要改动时相应的应根据改动的难度、成本和审批权限按规定执行。

5.2.2 MPS 编制对象

主生产计划的计划对象主要是把生产规划中的产品系列具体化以后的出厂产品，通称最终项目。由于计划范围和销售环境不同，作为计划对象的最终项目其含义也不完全相同。从满足最少项目数的原则出发，下面对 3 种制造环境分别考虑 MPS 应选取的计划对象。

（1）库存生产 MTS 对象选择。用很多种原材料和部件制造出少量品种的标准产品，MPS 通常是最终产品（如电视机）的生产计划。

（2）订单生产 MTO 对象选择。用少量品种的原材料和部件，根据客户的要求，生产出各种各样不同品种的最终项目，MPS 一般是原材料和部件的生产计划。如飞机、船舶的生产。

（3）订单装配 ATO 对象选择。生产具有高度选择性的产品（如轿车等），这时主生产计划是子装配件（如发动机、车身等）的生产计划。

5.3 MPS 编制方法

5.3.1 主生产计划 MPS 来源

主生产计划必须是可以执行、可以实现的，它应该符合企业的实际情况，其制定与执行的周期视企业的情况而定，主生产计划项目还应确定其在计划期内各个时间段的需求量。它来源于以下几个方面。

（1）客户订单。客户对于产品在未来时间里的需求量。

（2）预测。根据产品以往的销售量和销售数据对市场需求量进行预测。

（3）备品备件。

（4）厂际间需求。

（5）客户选择件及附加件。

（6）计划维修件。

（7）其他临时需求。

5.3.2 主生产计划 MPS 相关参数

（1）计划展望期。主生产计划的计划展望期一般为 3～18 个月，计划展望期应至少等于总的累计提前期或多出 3～6 个月。

（2）时段。即微观计划的时间周期单位，主生产计划的时段可以以每天、每周、每月或每季度来表示。当月的生产与装配计划一般是按周编排的，并且常常是按天表示。时段越短，生产计划越详细。

（3）时界与时区。时界（Time Fence，TF）即时间栏，是在 MRP Ⅱ 中计划的参考点，是控制计划变化的参考与根据，以保持计划的严肃性、稳定性和灵活性，设有需求时界和计划时界两个时界点。

1）需求时界。也称需求时间警戒线（Demand Time Fence，DTF），是 MRP Ⅱ 中的一个时间参考点，它提醒计划人员，早于这个时界的订单已经在进行最后的总装，除非有极其特殊的紧急情况绝对不要轻易变动，需要保持稳定。

2）计划时界。也称计划时间警戒线（Planning Time Fence，PTF），也是 MRP Ⅱ 中的一个时间参考点，它提醒计划人员，在这个时界和需求时界之间的计划已经确认，一些采购或生产周期较长的物料订单已经下达，资金已经投入，材料和能力资源已开始消耗。

3）时区（time zone）即时间区间，用来划分时间期限显示的时间跨度。在需求时界和计划时界的基础上，MRP Ⅱ 又将计划展望期划分为三个时区，即需求时区、计划时区和预测时区。不同时区的分割点就是时界，表明跨过这一点，编制计划的政策或过程将有变化。时界和时区的作用是保持计划的严肃稳定与规范化灵活性。

（4）MPS 毛需求量（gross requirement），也称毛需求，是任意给定的计划周期内，将主生产计划项目的预测和合同数据组合得到的总需求量。除预测与合同外，有时把其他包括厂际需求、备品备件、分销量等单独列出，合并称为“其他需求”。在计算毛需求时，要充分考虑该项目所在的时区，可以采用多种方式组合，一般经常采用以下方式计算毛需求。

1）在需求时区内，订单已经确定，客户需求便取代了预测值，此时毛需求为客户订单数量。

2）在计划时区内，需要将预测需求和实际需求加以合并，此时毛需求通常为客户订单数量或预测值中较大者。

3）在预测时区内，毛需求为预测值。

（5）计划接收量（scheduled receipts）。计划接收量也称预计入库量，是指在给定的计划周期内，正在执行中的订单上的数量或项目预计完成的总数。如未完成的生产订单及未到货的采购订单都被认为是到货日期的“预计入库量”或“计划接收量”，并作为届时可用的库存的一部分来处理。

（6）安全库存量（safety stock）。安全库存量就是除了预计出去的库存量，还留在库里的适当库存，是为了防止由于不确定因素影响订货需求而准备的缓冲库存。影响安全库存量的因素主要包括存货需求量的变化、订货间隔期的变化、交货延误期的长短、存货的短缺成本和储存成本等。

（7）预计可用库存量（Projected Available Balance，PAB）。预计可用库存量是现有库存中，扣除了预留给其他用途的已分配量，可以用于需求计算的那部分库存。

预计可用库存量=前一时段末的可用库存量+本时段计划接收量-本时段毛需求+本时段计划产出量。

等式中若右侧前 3 项计算的结果为负值，说明如果不给予补充，将出现短缺，因此在本时段需要有一个计划产出量予以补充，从而推算出 MPS 的生产量和生产时间。

（8）净需求量（net requirement）。净需求量是满足毛需求和安全库存裕量的目标数量，当现有库存量足够满足毛需求和安全库存的需求时，净需求量为零；反之，净需求量=毛需求量-计划接收量-可利用库存量。

（9）MPS 计划产出量（planned order receipts）。当有净需求产生时，为了满足净需求的需要，根据相应批量规则计算得到的计划量称为 MPS 计划产出量。

（10）MPS 计划投入量（planned order releases）。依据 MPS 计划产出量、物料的提前期等计算出的投入数量称为 MPS 计划投入量。

（11）MPS 可供销售量（Available to Promise，ATP）也称可签约量或待分配库存，指在某个计划产出周期内，当 MPS 计划产出量超过订单（或合同）数量时，这个“超出量”就是 MPS 可供销售量。由于按设定的批量投产，MPS 计划产出量会出现大于净需求的情况。此外，若预测值大于合同量，毛需求取预测值，也会出现产大于需的情况。在某个计划产出时段范围内，MPS 计划产出量超出下一次出现 MPS 计划产出量之前各时段合同量之和的数量，是可以随时向客户出售的，这部分数量称之为 MPS 可供销售量。这个信息主要是供销售部门决策用的，它是销售人员同临时来的客户洽商供货条件时的重要依据。

第一时段的 ATP=时段初现有库存量+本时段计划接收量+本时段主生产计划量-直至下一主生产计划量到达前（不包括该时段）各时段的合同量之和。

以后各时段只有主生产计划时才计算 ATP。可供销售量（ATP）=本时段计划产出量+本时段计划接收量-下一次出现计划产出量之前（不包括该时段）各时段合同量之和。

（12）批量规则（lot sizing）。MPS 计划产出量并非等于实际的净需求量，这是由于在实际生产或订货中，准备加工、订货、运输、包装等都必须是按照“一定的数量”来进行，这“一定的数量”称为 MPS 批量，确定该数量的规则称为 MPS 的批量规则。目前 MPS 的批量规则主要有：直接批量法、固定批量法、固定周期法和经济批量法等。

1）直接批量法。完全根据实际需求量确定 MPS 的计划量，即 MPS 计划产出量等于净需求量。这种批量规则往往适用于生产或订购数量的时间基本上能给予保证的物料，并且所需要的物料价值较高，不允许过多地生产或保存。

2）固定批量法。固定批量法是指每次 MPS 的计划量是相同的或是某常量的倍数，但下达的间隔期不一定相同。它一般用于订货费用较大的物料。固定批量的大小是根据直观分析和经验判断决定的，也可以将净需求量的一定倍数作为批量。在 MPS 计算有时将净需求量与此固定批量进行比较，若净需求量小于或等于该批量，则计划订购等于批量；若净需求量大于该批量，则按净需求量订货，以保证计划需求。

3）固定周期法。固定周期法是指 MPS 计划的下达间隔周期相同，但其计划量却不尽相同，计划量一般取对应周期的净需求量之和。

4）经济批量法。经济批量法是指某种物料的订购费用和保管费用之和为最低时的最佳 MPS 批量法。订购费用是指从订购至入库中所需要的差旅费用、运输费用等；保管费用是指物料储备费、验收费、仓库管理费所占用的流动资金利息费、物料储存消耗费。经济批量法一般用于需求是常量和已知的，成本和提前期也是常量和已知的，且库存能立即补充的情况之下，用于需求连续、库存消耗稳定的场合。

5.3.3 主生产计划 MPS 计算步骤

主生产计划 MPS 计算步骤主要包括以下 6 个步骤。

（1）预测需求。根据生产规划和计划清单确定每个最终项目的生产预测。

（2）计算毛需求。根据生产预测、客户订单、配件预测以及该最终项目作为非独立需求项的需求数量，计算毛需求。

（3）推算 MPS 报表。根据毛需求和事先确定好的订货策略和批量，以及安全库存量和期初库存量，计算各时段的主生产计划接收量和预计可用库存量；并根据预计可用库存量情况选择批量生产，形成一份主生产计划报表。主生产计划报表的推算过程如下。

1）推算 MPS 毛需求。由预测值和实际的合同值组合得出。

2）计算 MPS 当期预计可用库存量。当期预计可用库存量=现有库存量-已分配量。

3）推算预计可用库存量 PAB 初值。考虑毛需求推算特定时段的预计库存量。PAB 初值=上期末预计可用库存量+本期计划接收量-本期毛需求。

4）推算 MPS 净需求量。考虑安全库存推算特定时段的净需求量。当 PAB 初值≥安全库存，净需求量=0；当 PAB 初值<安全库存，净需求量=安全库存-PAB 初值。

5）推算 MPS 计划产出量。考虑批量推算特定时段的计划产出量。当净需求量>0，MPS 计划产出量=N×批量，满足：MPS 计划产出量≥净需求量>(N-1)×批量。

6）推算 MPS 预计可用库存量 PAB。推算特定时段的预计库存量，预计可用库存量=MPS 计划产出量+PAB 初值。

7）递增一个时段，分别重复进行第 3)~6）步，循环计算至计划期终止。

8）推算 MPS 计划投入量。考虑提前期推算计划期全部的 MPS 计划投入量。

9）推算 MPS 可供销售量。

（4）形成 MPS 初稿，编制粗能力计划，评估 MPS 的可行性。

（5）修订 MPS，向负责部门提交正式 MPS 及其分析。

（6）批准 MPS，将正式的 MPS 下达给有关部门。

5.4 MPS 编制实例

5.4.1 固定批量时 MPS 编制实例

例 5-1 假定某电机厂对物料号为 100001 的 YZP 电机编制主生产计划表。现有库存量 90 台，已分配量 10 台，安全库存量 50 台，生产批量为固定批量 100 台，批量增量为 100 台，生产提前期是 1 周，需求时界 3 周，计划时界 8 周，第 1 周的计划接收量是 100 台，YZP 电机制造合格率假定为 100%。合同和预测数据见表 5-1，请编制对应的 MPS 计划。若编好 MPS 计划后企业又临时接到上述产品的 3 个订单，其订货量分别是 10 台、30 台、10 台，其交货期分别为第 2 周、第 3 周、第 7 周，在不改变 MPS 计划情况下如何接受订单？

表 5-1 电机 MPS 预测及合同数据 （台）

时区	当期	需求时区			计划时区					预测时区		
时段/周	0	1	2	3	4	5	6	7	8	9	10	11
需求预测量	0	60	60	60	60	60	60	60	60	60	60	60
订单合同量	0	110	80	50	70	50	60	110	150	50	0	20

解：首先确定电机毛需求，需求时区取订单合同量，计划时区取需求预测量和订单合同量的最大值，预测时区取需求预测量。列出相应各个计算项目，第 1 周 PAB 初值=80+100−110=70，PAB 初值>安全库存 50，净需求量=0，计划产出量=0，预计 PAB 值=PAB 初值+计划产出量=70+0=70。依次类推，电机 MPS 报表计算结果见表 5-2。

表 5-2 电机 MPS 计算报表 （台）

时区	当期	需求时区			计划时区					预测时区		
时段/周	0	1	2	3	4	5	6	7	8	9	10	11
需求预测量	0	60	60	60	60	60	60	60	60	60	60	60
订单合同量	0	110	80	50	70	50	60	110	150	50	0	20
毛需求量		110	80	50	70	60	60	110	150	60	60	60
计划接收量		100										
PAB 初值	80	70	−10	40	70	10	50	−60	−10	30	70	10
预计 PAB 值		70	90	140	70	110	50	140	90	130	70	110
净需求量		0	60	10	0	40	0	110	60	20	0	40
计划产出量		0	100	100	0	100	0	200	100	100	0	100
计划投入量		100	100	0	100	0	200	100	100	0	100	
可供销售量		70	20	−20		−10		90	−50	50		80
调整后 ATP		70	20					90		50		80

分析表 5-2 中的可供销售量数据，企业可以接受第 1 个和第 2 个订单，放弃第 3 个订单。接受前 2 个订单后，MPS 计划调整为表 5-3。

表 5-3　调整后的电机 MPS 计算报表　（台）

时区	当期	需求时区			计划时区					预测时区		
时段/周	0	1	2	3	4	5	6	7	8	9	10	11
需求预测量	0	60	60	60	60	60	60	60	60	60	60	60
订单合同量	0	110	90	50	70	50	60	140	150	50	0	20
毛需求量		110	90	50	70	60	60	140	150	60	60	60
计划接收量		100										
PAB 初值	80	70	−20	30	60	0	−10	−150	−100	−60	−20	−80
预计 PAB 值		70	80	130	60	50	−10	50	0	40	−20	20
净需求量		0	70	20	0	50	60	150	150	110	70	130
计划产出量		0	100	100	0	100	0	200	100	100	0	100
计划投入量		100	100	0	100	0	200	100	100	0	100	
可供销售量		70	10	−20		−10		60	−50	50		80
调整后 ATP		70	10					60		50		80

5.4.2　不同批量时 MPS 编制实例

例 5-2　某电机产品近 10 周的市场需求预测和订货数据见表 5-4。若订货、生产或消耗均在每时刻起点开始，该电机产品生产提前期为 1 周，需求时界 3 周，计划时界 7 周。当前库存量 26 台，已分配库存量 10 台，安全库存量 5 台，在时段 1 的计划接收量为 10 台。毛需求量确定分不同时区参考下列方式：在需求时区取订单合同量，在计划时区取需求预测量和订单合同量的最大值，在预测时区取需求预测量。讨论采用固定批量法（批量和批量增量均为 20）、直接批量法（直接以每期净需求量作为批量）、经济批量法（为简化计算，直接取全部周期平均毛需求量的 3 倍作为经济批量大小）和固定周期法（周期批量=直接批量法从 2 到 10 周每三周为一周期的净需求量总和，即 2 到 4 周为一周期，5 到 7 周为一周期，8 到 10 周为一周期）等四种不同的批量方法，编制该电机产品的主生产计划 MPS 报表。

表 5-4　某电机产品预测及合同数据表　（台）

时区	当期	需求时区			计划时区				预测时区		
时段/周	0	1	2	3	4	5	6	7	8	9	10
需求预测量		10	20	10	30	18	15	32	25	20	20
订单合同量		20	25	10	25	20	10	35	20	18	20

解：（1）采用固定批量法（批量为 20）的主生产计划 MPS 报表见表 5-5。

表 5-5 采用固定批量法的主生产计划 MPS 报表 （台）

时区	当期	需求时区			计划时区				预测时区		
时段/周	0	1	2	3	4	5	6	7	8	9	10
需求预测量		10	20	10	30	18	15	32	25	20	20
订单合同量		20	25	10	25	20	10	35	20	18	20
毛需求量		20	25	10	30	20	15	35	25	20	20
计划接收量		10									
PAB 初值	16	6	−19	11	−19	1	6	−29	−14	−14	−14
预计 PAB 值		6	21	11	21	21	6	11	6	6	6
净需求量		0	24	0	24	4	0	34	19	19	19
计划产出量		0	40	0	40	20	0	40	20	20	20
计划投入量		40	0	40	20	0	40	20	20	20	
可供销售量		6	5		15	−10		5	0	2	0
调整后 ATP		6	5		15			5		2	

（2）采用直接批量法的主生产计划 MPS 报表见表 5-6。

表 5-6 采用直接批量法的主生产计划 MPS 报表 （台）

时区	当期	需求时区			计划时区				预测时区		
时段/周	0	1	2	3	4	5	6	7	8	9	10
需求预测量		10	20	10	30	18	15	32	25	20	20
订单合同量		20	25	10	25	20	10	35	20	18	20
毛需求量		20	25	10	30	20	15	35	25	20	20
计划接收量		10									
PAB 初值	16	6	−19	−5	−25	−15	−10	−30	−20	−15	−15
预计 PAB 值		6	5	5	5	5	5	5	5	5	5
净需求量		0	24	10	30	20	15	35	25	20	20
计划产出量		0	24	10	30	20	15	35	25	20	20
计划投入量		24	10	30	20	15	35	25	20	20	
可供销售量		6	−1	0	5	0	5	0	5	2	0
调整后 ATP		6			5		5		5	2	

（3）采用经济批量法的主生产计划 MPS 报表见表 5-7，其中经济批量 = 3×平均毛需求量 = 3×(20+25+10+30+20+15+35+25+20+20)/10 = 66(台)。

表 5-7 采用经济批量法的主生产计划 MPS 报表 （台）

时区	当期	需求时区			计划时区				预测时区		
时段/周	0	1	2	3	4	5	6	7	8	9	10
需求预测量		10	20	10	30	18	15	32	25	20	20
订单合同量		20	25	10	25	20	10	35	20	18	20
毛需求量		20	25	10	30	20	15	35	25	20	20
计划接收量		10									
PAB 初值	16	6	−19	37	7	−13	38	3	44	24	4
预计 PAB 值		6	47	37	7	53	38	69	44	24	70
净需求量		0	24	0	0	18	0	2	0	0	1
计划产出量		0	66	0	0	66	0	66	0	0	66
计划投入量		66	0	0	66	0	66	0	0	66	
可供销售量		6	6			36		−7			46
调整后 ATP		6	6			36					46

（4）采用固定周期法的主生产计划 MPS 报表见表 5-8，批量大小可以参考表 5-6 中的净需求量数据进行周期批量合并，也可以单独重新计算。

表 5-8 采用固定周期法的主生产计划 MPS 报表 （台）

时区	当期	需求时区			计划时区				预测时区		
时段/周	0	1	2	3	4	5	6	7	8	9	10
需求预测量		10	20	10	30	18	15	32	25	20	20
订单合同量		20	25	10	25	20	10	35	20	18	20
毛需求量		20	25	10	30	20	15	35	25	20	20
计划接收量		10									
PAB 初值	16	6	−19	35	5	−15	40	5	−20	25	5
预计 PAB 值		6	45	35	5	55	40	5	45	25	5
净需求量		0	24	0	0	20	0	0	25	0	0
计划产出量		0	64	0	0	70	0	0	65	0	0
计划投入量		64	0	0	70	0	0	65	0	0	
可供销售量		6	4			5			7		
调整后 ATP		6	4			5			7		

5.5 粗能力计划 RCCP

粗能力计划（Rough-Cut Capacity Planning，RCCP）是用来检验主生产计划可行性的能力反馈计划，是对关键工作中心的能力进行运算产生的一种能力需求计划，是将成品的生产计划转换成对应的关键工作中心的能力需求。粗能力计划的编制常用方法有综合因子法、资源负载法和资源清单法等，下面以资源清单法和分时间周期的资源清单法为例进行介绍。

5.5.1 资源清单法

利用资源清单法编制粗能力计划通常按下列步骤进行：

（1）定义关键资源；

（2）从主生产计划中的每种产品系列中选出代表产品；

（3）对每个代表产品确定其单位产品对关键资源的需求量，确定的依据包括主生产计划、物料清单、工艺路线、定额工时、平均批量等数据；

（4）对每个产品系列，确定每月的主生产计划产量；

（5）将主生产计划中的计划产量与资源清单中定义的资源需求量相乘；

（6）将每个产品系列所需求的能力加起来，得到对应计划的总能力需求；

（7）能力平衡和调整。

例 5-3 某产品 A 对应的物料清单、主生产计划、工艺路线及工时定额信息分别见表 5-9~表 5-12，除 D 为外购件外，其他零件都为自制件，试采用资源清单法编制其粗能力计划。

表 5-9 某产品 A 的单层展开式 BOM

装配件	零部件	每个装配件所需零部件数量/个	零部件提前期/周
A	B	1	1
	C	2	2
	D	4	1
B	E	1	2
	F	1	1

表 5-10 某产品 A 对应的主生产计划

时段/周	1	2	3	4	5	6	7	8	9	10
计划产出量/件	25	25	20	20	20	20	30	30	30	25

表 5-11 某产品 A 工艺路线及工时定额

项目	工序号	关键工作中心	单件加工时间/h	生产准备时间/h	平均批量/件	单件准备时间/h	单件总时间/h
A	10	30	0.09	0.40	20	0.0200	0.1100
B	10	25	0.06	0.28	40	0.0070	0.0670
C	10	15	0.14	1.60	80	0.0200	0.1600
	20	20	0.07	1.10	80	0.0138	0.0838
E	10	10	0.11	0.85	100	0.0085	0.1185
	20	15	0.26	0.96	100	0.0096	0.2696
F	10	10	0.11	0.85	80	0.0106	0.1206

表 5-12 关键资源的定额能力

关键工作中心	10	15	20	25	30
额定能力/h·周$^{-1}$	5.5	14.0	5.5	2.0	3.0

解：(1) 分别计算单件产品 A 对各工作中心的能力需求。对于关键工作中心 10 来讲，依据物料清单表，产品 A 由零部件 B、C、D 装配而成，而 B 零部件又由零部件 E、F 装配而成。以零部件 B 为例，项目 E 和 F 都要在此工作中心加工，而生产单件 B 需 1 件 E 和 1 件 F，因此，生产单件 B 对关键工作中心 10 的能力需求分别为：单件加工时间 = 1×0.11+1×0.11 = 0.22 (h)，其中第一个 0.11 是单件 E 在工作中心 10 上的加工时间，第二个 0.11 是单件 F 在工作中心 10 上的加工时间；单件准备时间 = 1×0.0085+1×0.0106 = 0.0191 (h)，其中 0.0085 是单件 E 在工作中心 10 上的准备时间，0.0106 是单件 F 在工作中心 10 上的准备时间。以此类推，某产品 A 的能力清单见表 5-13。

表 5-13 某产品 A 的能力清单

关键工作中心	单件加工时间/h	单件生产准备时间/h	单件总时间/h
10	0.22	0.0191	0.2391
15	0.54	0.0496	0.5896
20	0.14	0.0276	0.1676
25	0.06	0.0070	0.0670
30	0.09	0.0200	0.1100
合计	1.05	0.1233	1.1733

(2) 根据某产品 A 的能力清单和主生产计划，计算出某产品 A 的粗能力需求，见表 5-14，其中总工时 = MPS 周计划量×单件总时间。

表 5-14 某产品 A 的粗能力需求计划 (h)

关键工作中心	计划周期										合计
	1	2	3	4	5	6	7	8	9	10	
10	5.98	5.98	4.78	4.78	4.78	4.78	7.17	7.17	7.17	5.98	58.57
15	14.74	14.74	11.79	11.79	11.79	11.79	17.69	17.69	17.69	14.74	144.45
20	4.19	4.19	3.35	3.35	3.35	3.35	5.03	5.03	5.03	4.19	41.06
25	1.68	1.68	1.34	1.34	1.34	1.34	2.01	2.01	2.01	1.68	16.43
30	2.75	2.75	2.20	2.20	2.20	2.20	3.30	3.30	3.30	2.75	26.95
总工时	29.34	29.34	23.46	23.46	23.46	23.46	35.20	35.20	35.20	29.34	287.46

(3) 根据某产品 A 的能力需求表和定额能力表，以关键工作中心 30 和 25 为代表的能力负荷计算见表 5-15。

表 5-15 某产品 A 对应的工作中心能力负荷 (h)

项目		计划周期									
关键工作中心	能力分析	1	2	3	4	5	6	7	8	9	10
30	需求负荷	2.75	2.75	2.2	2.2	2.2	2.2	3.3	3.3	3.3	2.75
	总能力	3.0	3.0	3.0	3.0	3.0	3.0	3.0	3.0	3.0	3.0
	能力超欠	0.25	0.25	0.8	0.8	0.8	0.8	-0.3	-0.3	-0.3	0.25
	负荷率/%	92	92	73	73	73	73	110	110	110	92
25	需求负荷	1.68	1.68	1.34	1.34	1.34	1.34	2.01	2.01	2.01	1.68
	总能力	2.0	2.0	2.0	2.0	2.0	2.0	2.0	2.0	2.0	2.0
	能力超欠	0.32	0.32	0.66	0.66	0.66	0.66	-0.01	-0.01	-0.01	0.32
	负荷率/%	84	84	67	67	67	67	100	100	100	84

（4）确定和调整超负荷时段。找到各关键工作中心的超负荷时段分布情况，然后再调整和平衡关键工作中心的能力。改变负荷的措施主要有重新制定计划、延长交货期、取消客户订单、减少订货数量等；改变能力的措施主要有更改加工路线、加班加点、组织外协，增加人员和机器设备等。

5.5.2 分时间周期的资源清单法

分时间周期的资源清单法同资源清单法基本类似，差别只在于把对资源能力的需求按时间周期分配，将各种资源需求分配在对应的一段时间内，克服资源清单法没有考虑制造提前期这一缺点。分时间周期的资源清单法编制粗能力计划的关键步骤如下。

（1）画出某类代表产品的工序网络图。假设产品 A 的累计制造提前期为 4 周，每道工序的加工提前期为 1 周，则其工序网络，如图 5-1 所示。

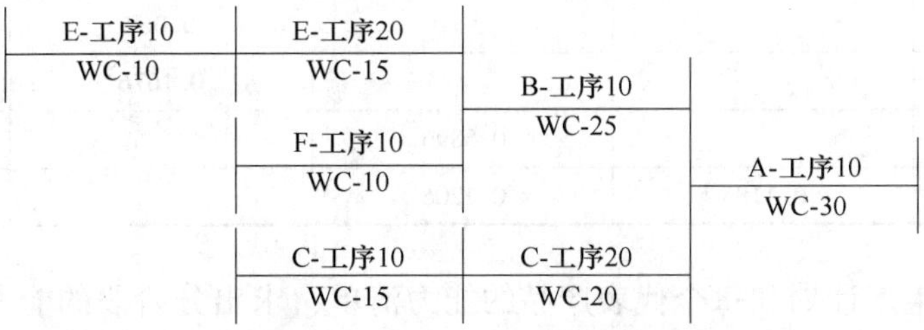

图 5-1 产品 A 的工序网络

（2）计算该产品的分时间周期的能力清单，见表 5-16 和表 5-17。其中 RT 表示加工时间，ST 表示单件准备时间。

表 5-16 产品 A 的分时间周期资源清单 (h)

关键工作中心	当前 MPS 计划产出量的相对周期			
	-3	-2	-1	0
30				项目 A，工序 10； RT=0.09； ST=0.02

续表 5-16

关键工作中心	当前 MPS 计划产出量的相对周期			
	-3	-2	-1	0
25			项目 B，工序 10；RT=0.06；ST=0.007	
20			项目 C，工序 20；RT=0.14；ST=0.0276	
15		项目 C，工序 10；RT=0.28；ST=0.04		
15		项目 E，工序 20；RT=0.26；ST=0.0096		
10	项目 E，工序 10；RT=0.11；ST=0.0085	项目 F，工序 10；RT=0.11；ST=0.0106		

表 5-17 产品 A 的分时间周期资源清单汇总 (h)

关键工作中心	当前 MPS 计划产出量的相对周期			
	-3	-2	-1	0
30				0.1100
25			0.067	
20			0.1676	
15		0.5896		
10	0.1185	0.1206		

（3）根据主生产计划和每个代表产品的能力清单，求出分阶段的能力计划，见表 5-18 和表 5-19。

表 5-18 单个计划产品产生的能力计划 (h)

关键工作中心	拖期	计划周期										合计
		1	2	3	4	5	6	7	8	9	10	
30								3.300				
25							2.01					
20							5.028					
15						17.688						
10					3.555	3.618						
总工时					3.555	21.306	7.038	3.300				

表 5-19　多计划产品分周期资源清单产生的能力清单　(h)

关键工作中心	拖期	计划周期										合计
		1	2	3	4	5	6	7	8	9	10	
30	0	2.75	2.75	2.2	2.2	2.2	2.2	3.3	3.3	3.3	2.75	
25	1.675	1.675	1.34	1.34	1.34	1.34	2.01	2.01	2.01	1.675	0	
20	4.19	4.19	3.35	3.35	3.35	3.35	5.03	5.03	5.03	4.19	0	
15	29.48	11.792	11.792	11.792	11.792	17.688	17.688	17.688	14.74	0	0	
10	14.33	4.78	4.78	4.78	5.97	7.17	7.17	6.58	3.015	0	0	
总工时	49.68	25.19	24.01	23.46	24.65	31.75	34.1	34.61	28.1	9.17	2.75	287.46

（4）确定和调整超负荷时段。找到各关键工作中心的超负荷时段分布情况，然后再调整和平衡关键工作中心的能力。

5.6　MPS 实施与控制

MPS 是一个不断更新的滚动计划，计划变动、BOM 或工艺路线变动、采购拖期、合格率变动等要求 MPS 或 MRP 要及时适应这些变化。MPS 或 MRP 的修改方法有两种：（1）全重排法，重新编制 MPS 或 MRP；（2）净改变法，即局部修改。一般平时使用净改变法，每月或每季度使用全重排法。

MPS 实施与控制的原则及方法见表 5-20。

表 5-20　MPS 实施与控制的原则及方法

时区	需求依据	订单状况	计划变动代价	计划变动条件
需求时区	实际合同	下达及执行	代价极大，很难变动	产品已经投入生产，装配已在进行，必须由厂领导决定
计划时区	合同和预测的最大值	确认及下达	变动代价大，通过人工干预	主生产计划员可以更改完工日期，数量必须由厂领导决定
预测时区	预测值	计划	允许系统自由变动	系统可以自动更改，计划员有权更改

习　题

5-1　主生产计划的作用与意义是什么？

5-2　何谓滚动式计划方法，它有什么优点？

5-3　简述主生产计划编制的原则。

5-4　粗能力计划的优点是什么？

5-5　如何控制主生产计划的变动？

5-6　划分时段的目的是什么？

5-7　为什么要围绕物料转化组织生产？

5-8　某企业生产一种产品，产品生产的批量为 20 件，提前期为 1 周，需求时界为 3 周，计划时界为 6 周，当前可用库存为 50 件，第一周的计划接收量为 15 件，产出率为 100%，安全库存为 10 件，已知订单情况和销售预测见表 5-21，毛需求的确定方式是：需求时区为订单量，计划时区为预测和订单量的最大值，预测时区为预测量，试根据表 5-21 的数据制定该产品的主生产计划。

表 5-21　订单情况和销售预测表　　（件）

时区	需求时区			计划时区			预测时区			
时段/周	1	2	3	4	5	6	7	8	9	10
销售预测量	30	30	30	30	30	30	30	30	30	30
合同订单量	0	52	10	10	50	90	35	70	22	10

5-9　雪兔冷饮店销售某种型号的冷饮产品，预计本周每天的订货量（需求预测值取实际订货量）、预计到货量以及现有库存数见表 5-22，安全库存为 0 个，期初库存为 80 个，采购批量为 50 个，批量增量为 50 个，已知订货提前期为 1 天，试编制该产品本周的主生产计划报表。

表 5-22　某种型号的冷饮产品数据　　（个）

冷饮产品	星期						
提前期 LT＝1 d	一	二	三	四	五	六	日
总需求量	30	55	60	100	50	55	40
预计到货量	0	0	0	0	0	0	0

5-10　某电视机厂要对某型号的电视机编制主生产计划表，现有库存量为 180 台，安全库存量为 50 台，生产批量为 100 台，批量增量为 100 台。生产提前期为 1 周，计划展望期为 11 周，需求时界为 3 周，计划时界为 8 周，销售预测和合同数据见表 5-23。毛需求在需求时区取合同量，在计划时区取合同和预测的最大值，在预测时区取预测值，编制该型号电视机的主生产计划报表。

表 5-23　销售预测和合同数据　　（台）

时段/周	1	2	3	4	5	6	7	8	9	10	11
预测量	200	200	200	200	200	200	200	200	200	200	200
合同量	280	200	190	230	190	150	250	230	170	160	110

5-11　物料名称为彩色电视机，现有库存 80 台，安全库存 50 台，生产批量 100 台，批量增量 100 台，在时段 2 的计划接收量为 50 台。提前期为 1 周，需求时界为 3 周，计划时界为 8 周。毛需求在需求时区取合同量，在计划时区取合同和预测的最大值，在预测时区取预测值。按照表 5-24 中的数据，编制该项目的主生产计划。

表 5-24　销售预测和合同数据　　（台）

时段/周	1	2	3	4	5	6	7	8	9	10	11
预测量	100	120	120	100	100	100	100	100	120	100	120
合同量	120	150	150	80	120	80	150	100	150	80	80

5-12　假定某电机厂对 YZP 型号电机编制主生产计划表，现有库存量 120 台，第 1 周的计划接收量是 200 台，已分配量为 30 台，安全库存量 80 台，生产批量为 200 台，批量增量为 200 台。生产提前期是 1 周，需求时界 2 周，计划时界 7 周，YZP 电机制造合格率假定为 100%。合同和预测数据见表 5-25，毛需求在需求时区取订单合同量，在计划时区取需求预测量和订单合同量的最大值，在预测时区取需求预测量，请编制对应的 MPS 计划报表。若编好 MPS 计划报表后企业又临时接到上例产品 3

个订单，其订货量分别是 50 台、80 台、70 台 ，其交货期分别为第 2 周、第 5 周、第 8 周，在不改变 MPS 计划情况下如何接单？

表 5-25　电机 MPS 预测及合同数据表　　（台）

时段/周	1	2	3	4	5	6	7	8	9	10	11
需求预测量	60	60	60	60	60	60	60	60	60	60	60
订单合同量	110	80	50	70	50	60	110	150	50	0	20

5-13　某电机产品近 10 周的需求预测和订货数据见表 5-26。若订货、生产或消耗均在每时刻起点开始，该电机产品提前期为 1 周，需求时界为 2 周，计划时界为 6 周。当前库存量 35 台，已分配库存量为 15 台，安全库存量为 10 台，在时段 1 的计划接收量为 20 台。毛需求在需求时区取订单合同量，在计划时区取需求预测量和订单合同量的最大值，在预测时区取需求预测量。讨论采用固定批量法（批量和批量增量均为 30 台）、直接批量法（直接以每期净需求量作为批量）、经济批量法（为简化计算，直接取全部周期平均毛需求量的 3 倍作为经济批量大小）和固定周期法（周期批量=直接批量法从 2 到 10 周每 3 周为一个周期的净需求量总和，即 2 到 4 周为一周期，5 到 7 周为一周期，8 到 10 周为一周期）等不同的批量方法，编制该电机产品的主生产计划 MPS 报表。

表 5-26　某电机产品预测及合同数据　　（台）

时段/周	1	2	3	4	5	6	7	8	9	10
需求预测量	10	20	10	30	18	15	32	25	20	20
订单合同量	20	25	10	25	20	10	35	20	18	20

5-14　设某产品成本为 50 元，周保管费率为产品成本的 2%，订货费用为 120 元。未来 12 周的净需求量见表 5-27，期初库存量为 0 件，产品生产提前期为 1 周。请用最小总成本法列表计算确定订货时间和订货批量。

表 5-27　某产品未来 12 周的净需求量　　（件）

时段/周	1	2	3	4	5	6	7	8	9	10	11	12
净需求量	30	10	20	25	20	10	30	10	20	30	10	20

5-15　产品 A 对应的各工作中心定额能力见表 5-28，物料结构如图 5-2 所示，工艺路线见表 5-29，MRP 计划见表 5-30，请编制其粗能力计划 RCCP。

表 5-28　各工作中心定额能力数据　　（h）

工作中心编号	10	15	20	25	30
定额能力	24	25	20	20	20

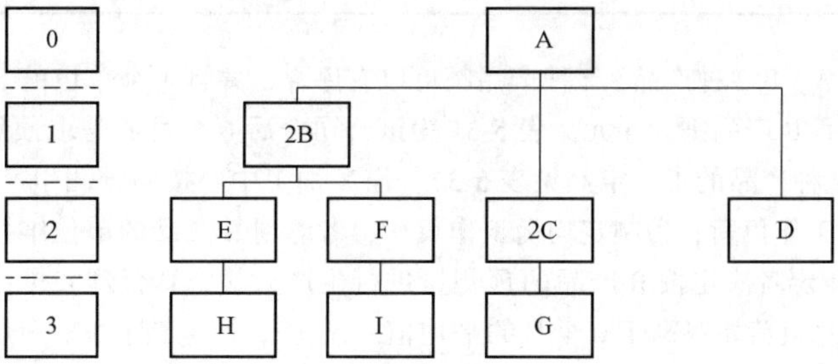

图 5-2　产品 A 的物料结构

表 5-29 产品 A 的工艺路线信息

零件号	工序号	工作中心	单件加工时间/h	生产准备时间/h	平均批量/个	单件准备时间/h	单件总时间/h
A	10	30	0.09	0.40	20	0.02	0.11
B	10	25	0.06	0.28	40	0.007	0.067
C	10	15	0.14	1.60	80	0.02	0.16
	20	20	0.07	1.10	80	0.138	0.208
E	10	10	0.11	0.85	100	0.0085	0.1185
	20	15	0.26	0.96	100	0.0096	0.2696
F	10	10	0.11	0.85	80	0.0106	0.1206

表 5-30 产品 A 的 MRP 输出表 （个）

物料号	时段/周	0	1	2	3	4	5	6	7	8	9	10
A	计划投入量		25	25	20	20	20	20	25	30	30	25
B	毛需求		50	50	40	40	40	40	50	60	60	50
	计划接收量		76			100						
	预计可用库存量	28	54	4	40	0	40	0	60	0	50	0
	计划投入量			76		80		120		44		
C	毛需求		50	50	40	40	40	40	50	60	60	50
	计划接收量		72									
	预计可用库存量	33	55	5	40	0	40	0	60	0	50	0
	计划投入量		75		80		120			110		
E	毛需求			76		80		120		44		
	计划接收量			152								
	预计可用库存量	10	10	86	86	6	6	110	0	0	0	0
	计划投入量					224						
F	毛需求			76		80		120		44		
	计划接收量											
	预计可用库存量	44	44	128	128	48	48	88	88	138	138	138
	计划投入量		160				160		160			

5-16 某物资公司生产 A、B 2 种产品。2 种产品都可以有库存，并且 1 个单位的 A 产品每月平均维持库存费用为 2 元，而 B 产品则为 4 元。表 5-31 为该公司今后 6 个月的需求预测。该公司的 3 个加工中心生产 A、B 2 种产品的工时定额见表 5-32。若 X 加工中心按照预测生产 A、B 2 种产品，请确定 X 加工中心的工作负荷；为制定均衡工作负荷，考虑到 B 产品的单位维持库存费用是 A 产品的 2 倍，所以计划制定者决定按 B 产品的预测量进行生产，并打算合理安排 A 产品的生产，以使 X 加工中心的工作总负荷始终高于 6 个月的平均值。制定一个生产计划来满足这些目标（各期不可以缺货，当期生产的产品只能为当期交货服务）。

表 5-31　公司今后 6 个月的需求预测　（件）

产品组	月份					
	1	2	3	4	5	6
A	800	650	800	900	800	850
B	425	300	500	500	400	500

表 5-32　3 个加工中心生产 A、B 2 种产品的工时定额　（h）

产品组	加工中心		
	X	Y	Z
A	1.4	0.7	1.1
B	1.5	1.3	0.8

5-17　某公司未来 6 个月的产品出产计划见表 5-33，该公司 5 个关键加工中心的产品工时定额见表 5-34，列表计算该公司关键加工中心 6 的总工作负荷。

表 5-33　产品出产计划　（台）

时段/月	1	2	3	4	5	6
产品 A	171	318	362	547	421	290
产品 B	175	197	216	224	206	190
产品 C	400	400	390	362	325	300
产品 D	400	400	460	500	560	600

表 5-34　产品工时定额　（h/台）

产品	A	B	C	D
关键加工中心 2	0.61	0.19	0.22	0.71
关键加工中心 3	0.56	0.42	0.68	1.74
关键加工中心 4	0.71	0.41	0.59	0
关键加工中心 6	0.14	0	0.24	0.61
关键加工中心 8	0.44	0.61	0.28	1.06

6 物料需求计划 MRP

6.1 MRP 概念及作用

6.1.1 独立需求与相关需求

按需求的来源不同，企业内部的物料可分为独立需求和相关需求两种类型。

（1）独立需求。指需求量和需求时间由企业外部的需求决定，例如，客户订购的产品、科研试制需要的样品、售后维修需要的备品备件等。

（2）相关需求。指根据物料之间的结构组成关系由独立需求的物料产生的需求，例如，半成品、零部件、原材料等的需求。

需要注意的是，独立需求与相关需求的概念是相对的。例如，若生产圆珠笔，则笔的需求是独立需求，其需求数量是由预测得到的，而构成笔的笔芯和弹簧之类的项目便是相关需求，其需求数量是通过计划得到的。但是，若想单独销售笔芯，则笔芯又是独立需求。在编制物料需求计划时，必须认真地分析与收集独立需求与相关需求。

6.1.2 MRP 概念与原理

物料需求计划（Material Requirement Planning，MRP）即指根据产品结构各层次物品的从属和数量关系，以每个物品为计划对象，以完工时期为时间基准倒排计划，按提前期长短区别各个物品下达计划时间的先后顺序，是一种工业制造企业内物料计划管理模式。MRP 是一种既要降低库存，又要不出现物料短缺的计划方法。MRP 是根据市场需求预测和顾客订单制定产品的生产计划，然后基于产品生成进度计划，组成产品的材料结构表和库存状况，通过计算机计算所需物料的需求量和需求时间，从而确定材料的加工进度和订货日程的一种实用技术。物料需求计划 MRP 工作原理，如图 6-1 所示。

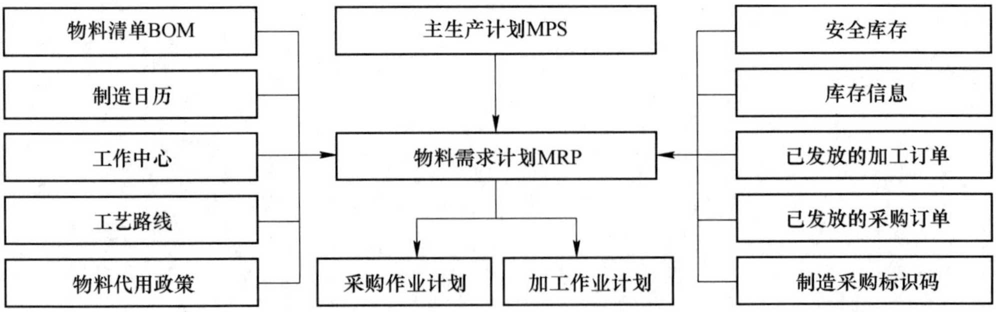

图 6-1　物料需求计划 MRP 工作原理

6.1.3 MRP 作用

MRP 的主要作用如下。

(1) 将主生产计划 MPS 独立需求分解成相关需求，生成完整有效的采购订单及加工订单建议，提高物料管理效率。

(2) 确保原材料供应和最终交货日期，协调库存和生产，合理安排生产或采购的批量和时间，减少库存，降低物料管理成本，改进用户服务水平，对市场需求作出快速反应。

(3) 具有改变主生产进度计划的能力，减少非生产时间停工损失，减少空闲时间，给管理人员在订货和发出生产指令之前能事先看到生产进度计划的情况，可推延或取消订单、更改订货数量、辅助生产能力计划。

6.1.4 MRP 发展的几个阶段

MRP 发展的几个阶段如下。

(1) MRP 阶段。20 世纪 60 年代初发展起来的 MRP 仅是一种物料需求计算器，它根据对产品的需求、产品结构和物料库存数据来计算各种物料的需求，将产品出产计划变成零部件投入出产计划和外购件、原材料的需求计划，从而解决了生产过程中需要什么，何时需要，需要多少的问题。它是开环的，没有信息反馈，也谈不上控制。

(2) 闭环 MRP (closed-loop MRP) 阶段。闭环 MRP 是一种计划与控制系统。它在初期 MRP 的基础上补充了能力需求计划环节，建立了信息反馈机制，使计划部门能及时从供应商、车间作业现场、库房管理员、计划员那里了解计划的实际执行情况，可以进行计划调整。

(3) MRP Ⅱ阶段。MRP Ⅱ在 20 世纪 80 年代初开始发展起来，是一种资源协调系统，代表了一种新的生产管理思想。它把生产活动与财务活动联系起来，将闭环 MRP 与企业经营计划联系起来，使企业各个部门有了一个统一可靠的计划控制工具。它是企业级的集成系统，它包括整个生产经营活动，销售、生产、生产作业计划与控制、库存、采购供应、财务会计、工程管理等。

(4) ERP 阶段。进入 20 世纪 90 年代，MRP Ⅱ得到了蓬勃发展，其应用也从离散型制造业向流程式制造业扩展，不仅应用于汽车、电子等行业，也能用于化工、食品等行业。随着信息技术的发展，MRP Ⅱ系统的功能也在不断增强、完善与扩大，向企业资源计划 (ERP) 发展。

6.2 物料清单 BOM

6.2.1 物料清单 BOM 的定义

物料清单 (Bill of Material，BOM) 是描述产品结构的技术性描述文件，常被称作是产品结构树或 BOM 表。物料清单表明了产品的组件、子件、零部件和原材料之间的结构关系，包括每个组装件所需要的各个下属部件的数量。每种型号的产品都有自己唯一的物料清单，它决定了构成一个产品所需的全部零部件及其装配关系。

常见 BOM 有传统 BOM (如单层展开、缩行展开、汇总展开、单层跟踪、缩行跟踪、汇总跟踪、末项追踪等)、矩阵式 BOM、加减 BOM 和模块化 BOM 等诸多格式。根据不同的用途，BOM 可以转化为许多种类，如设计 BOM、计划 BOM、制造 BOM、成本 BOM、维修 BOM 等。以某电机产品为例，其物料组成结构简图如图 6-2 所示，对应的缩行展开式 BOM 见表 6-1。

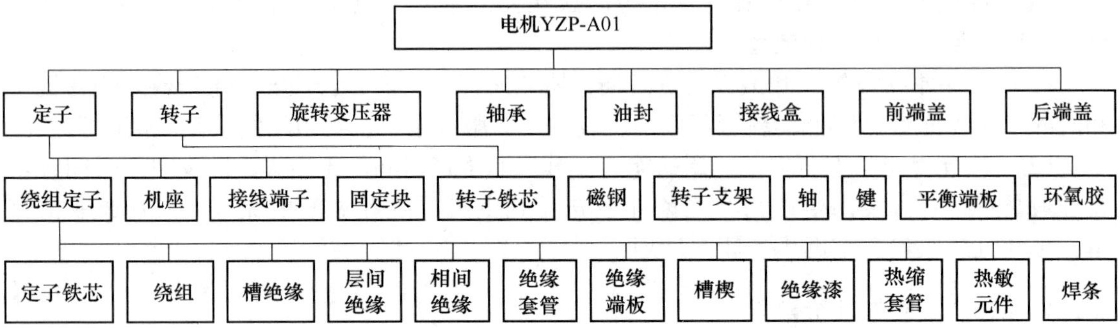

图 6-2　电机物料组成结构

表 6-1　电机产品缩行展开式 BOM

层次	物料号	物料名称	计量单位	数量	物料规格
1	010000	定子	个	1	
2	010100	绕组定子	个	1	
3	010101	定子铁芯	个	1	
3	010102	绕组	个	1	
3	010103	槽绝缘	个	36	NHN6650
3	010104	层间绝缘	个	3	NHN6650
3	010105	相间绝缘	个	12	NHN6650
3	010106	绝缘套管	根	12	硅树脂玻璃纤维套管
3	010107	绝缘端板	个	1	双马来板
3	010108	槽楔	个	1	双马来板
3	010109	绝缘漆	kg	0. 0002	
3	010110	热缩套管	根		氟橡胶
3	010111	热敏元件	套	2	PT100
3	010112	焊条	根	2	
2	010200	机座	个	1	
2	010300	接线端子	个	1	
2	010400	固定块	个	1	6061-T6
1	020000	转子	个	1	
2	020100	转子铁芯	个	1	
2	020200	磁钢	kg	5. 8	烧结钕铁硼 35EH
2	020300	转子支架	个	1	QT500 铸造
2	020400	轴	个	1	20CrNiMo，20CrMnTi
2	020500	键	个	1	45 钢

续表 6-1

层次	物料号	物料名称	计量单位	数量	物料规格
2	020600	平衡端板	个	1	不锈钢 403
2	020700	环氧胶	kg		
1	030000	旋转变压器	个	1	
1	040000	轴承	套	2	SKF NSK FAG
1	050000	油封	个	2	NAK NOK
1	060000	接线盒	个	1	ZL101 A ADC12
1	070000	前端盖	个	1	
1	080000	后端盖	个	1	

6.2.2 低层码 LLC

物料的低层码（Low-Level Code，LLC）是系统分配给物料清单上的每个物品一个从 0～N 的数字码。在产品结构中，最上层的层级码为 0，下一层的部件的层级码为 1，以此类推。一个物品只能有一个 MRP 低层码，当一个物品在多个产品中所处的产品结构层次不同或即使处于同一产品结构中但却处于不同产品结构层次时，取处在最低层的层级码作为该物品的低层码，也即取数字最大的层级码，如图 6-3 所示。每个物料有且仅有一个低层码，该码的作用在于指出各种物料最早使用的时间。在展开 MPS 进行物料需求计算时，对项目的计算先辨别低层码，然后只在最低层次上进行最终运算，使可用的库存量优先分配给处于最低层的物料，以保证时间上最先需求的物料先得到库存分配，避免晚需求的物品提前下达计划和占用库存。因此，低层码是 MRP 的计算顺序，使用低层码能简化运算。

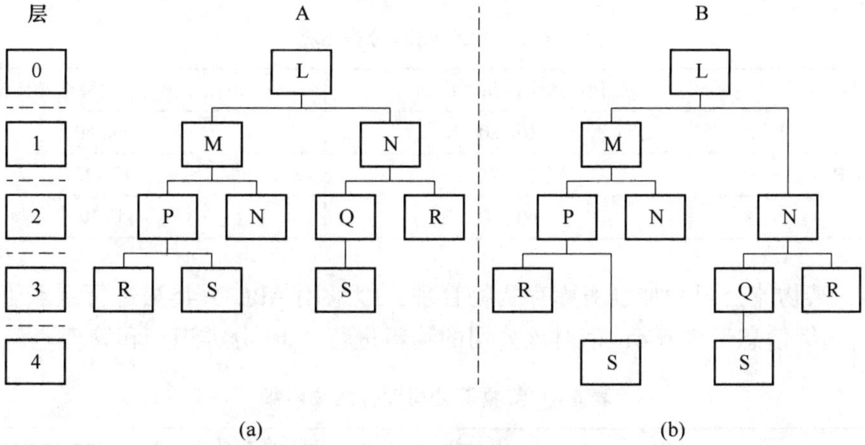

图 6-3 低层码应用图
（a）产品 L 的层次结构；（b）产品 L 的 LLC 层次结构

6.2.3 ABC 物料管理法

物料管理的目的在于储存适当数量的物料，避免发生停工待料或无法准时交货的困境。并且兼顾经济因素，避免因为库存数过多，导致资金积压、周转困难和增加利息，减少持有成本。

ABC 物料管理法是存储管理中常用的分析方法，它基于帕累托原理“20/80 现象”即 20%物料占 80%价值，区分主次实施分类管理。利用库存与资金占用之间的规律对库存进行 ABC 分类，将管理对象分为 ABC 三类，以 A 类作为重点对象，其关键在于区别一般的多数和极其重要的少数，见表 6-2。

表 6-2 ABC 物料库存管理法

分类项目	A 类：价值高、品种少	B 类：价值较高、品种较少	C 类：价值较低、品种多
管理要点	将库存压缩到最低水平	库存控制有时可严些，有时可松些	集中大量订货，以较高库存来降低订货费用
订货量	少	较多	多
订购量计算方法	按经济批量计算	按过去的记录	按经验估算
定额综合程度	按品种或规格	按大类物品	按总金额
检查库存情况	经常检查	一般检查	季度或年度检查
进出统计	详细统计	一般统计	按金额统计
保险储备量	低	较大	允许较高
控制程度	严格控制	一般控制	控制总含量
控制系统	连续型库存观测系统	综合控制或连续、定期法	定期型库存观测系统

进行 A、B、C 分类识别时，应按物料价值和品种数量进行统计识别，ABC 物料分类方法主要依据见表 6-3。

表 6-3 ABC 物料分类方法

物料类别	品种数占全部品种比例/%	消耗金额占总消耗金额比例/%
A	10~20	75~80
B	20~25	10~15
C	60~70	5~10

例 6-1 某物流公司为加强对库存货物管理，拟采用 ABC 分类法进行重点管理，该公司库存货物明细信息见表 6-4，请对该公司的物料进行 ABC 分类识别和管理。

表 6-4 某物流公司库存货物明细

序号	货物名称	品种数	平均库存量/kg	平均资金占用/万元
1	A	12	220	33
2	B	25	1200	23
3	C	3	5000	60
4	D	30	400	16
5	E	6	6500	68

续表 6-4

序号	货物名称	品种数	平均库存量/kg	平均资金占用/万元
6	F	46	500	10
7	G	8	2600	92
8	H	78	10000	12
合计		208	26420	314

解：按物料的资金占用量降序排列，ABC 分类识别计算结果见表 6-5。

表 6-5 ABC 物料分类识别计算

序号	货物名称	品种数	平均资金占用/万元	累计金额百分比/%	累计品种百分比/%	ABC 物料类别
1	G	8	92	29.3	3.8	A
2	E	6	68	51	6.7	A
3	C	3	60	70.1	8.2	A
4	A	12	33	80.6	13.9	A
5	B	25	23	87.9	26	B
6	D	30	16	93	40.4	B
7	H	78	12	96.8	77.9	C
8	F	46	10	100	100	C
合计		208	314			

6.3 MRP 编制方法

6.3.1 物料需求计划 MRP 相关参数

MRP 编制过程中常用的参数如下。

（1）MRP 计划期与计划周期。计划期是指相邻两次 MRP 计算的时间间隔，它是由若干个称为计划周期的小时间段组成。计划周期长度的大小反映了 MRP 的细致程度，并与整个计算工作量成反比，一般长度取一周。一般计划期长度应大于或等于产品的最长生产周期。

（2）MRP 提前期（lead time）。以交货或完工工期为基准，倒推到加工或采购的开始日期的这段时间。采购件的提前期：从发出采购订单开始，经供应商供货、在途运输、到货验收，到入库所需的时间。自制件提前期：从订单下达开始，经过准备物料，准备工具、工作地和设备，加工制造，直到检验入库所需的时间。因此，自制件提前期是产品及其零部件在各工艺阶段投入的时间比出产时间提前的时间。

（3）MRP 制造/采购标识码。制造/采购标识码属于库存文件中的一个项目，通常用字母 P 或 M 来表示某物料是采购还是制造。当运行 MRP 时，这个码决定是作采购订单还是作制造订单。如果是采购项目，无须产生项目组件的需求；对于制造项目，就必须利用 BOM 来决定由哪些零件、部件或材料来制造这个项目。

（4）MRP 损耗系数。说明在生产或采购过程中的损耗情况，通常存在组装废品系数、零件废品系数和材料利用率系数 3 种损耗系数。

（5）MRP 毛需求，也称总需求量，由该物料的独立需求和相关需求汇总得到的总需求量，相关需求一般由主生产计划量或根据该物料的直接父项计算汇总得出，并保持时间上一致。总需求量=项目独立需求量+父项的计划订单数量×BOM 表中的项目单位需求量。

（6）MRP 可用库存量 PAB，预计可用库存量是现有库存中扣除了预留给其他用途的已分配量，可以用于需求计算的那部分库存。

预计可用库存量=前一时段末的可用库存量+本时段计划接收量-本时段毛需求+本时段计划产出量。

等式中若右侧前 3 项计算的结果为负值，说明如果不给予补充将出现短缺，因此在本时段需要有一个计划产出量予以补充，从而推算出 MRP 的生产量和生产时间。

（7）MRP 净需求量（net requirement）。满足毛需求和安全库存裕量的目标数量，当现有库存量能够满足毛需求和安全库存的需求时，净需求量为零；反之，净需求量=毛需求-计划接收量-可利用库存量。

（8）MRP 计划产出量（planned order receipts）。也称计划交货量，当有净需求产生时，为了满足净需求的需要，根据相应批量规则计算得到的计划量称为 MRP 计划产出量。

（9）MRP 计划投入量（planned order releases）。依据计划产出量、物料的提前期及物料的成本率（或合格率、损耗率）等计算出的投入数量称为计划投入量。

6.3.2 物料需求计划 MRP 计算步骤

MRP 在计算物料需求时，采用自顶向下按照产品结构层次逐层计算物料需求量。逐层计算原则是 MRP 工作原理的重要组成部分，它揭示了 MRP 计算物料需求量的基本过程形式。物料需求计划 MRP 全部推算步骤如下。

（1）推算 MRP 物料毛需求。考虑相关需求和低层码推算计划期全部的毛需求。

（2）计算 MRP 当期可用库存量。考虑已分配量计算计划初始时刻当期预计库存。当期预计可用库存量=期初现有库存量-已分配量。

（3）推算 MRP 预计可用库存量 PAB 初值。考虑毛需求推算特定时段的预计可用库存量初值。PAB 初值=上期末预计可用库存量+本期计划接收量-本期毛需求。

（4）推算 MRP 净需求。考虑安全库存推算特定时段的净需求量。当 PAB 初值≥安全库存，净需求量=0；当 PAB 初值<安全库存，净需求量=安全库存-PAB 初值。

（5）推算 MRP 计划产出量。考虑批量推算特定时段的计划产出量。当净需求量>0，计划产出量=N×批量，满足：计划产出量≥净需求量>(N-1)×批量。

（6）推算 MRP 预计可用库存量。推算特定时段的预计可用库存量。预计可用库存量=计划产出量+PAB 初值。

（7）递增一个时段，分别重复进行第（3）~（6）步，直至计划期终止。

（8）推算 MRP 计划投入量，生成订单计划和下达订单计划。考虑损耗系数和提前期下达订单计划。计划投入量与计划产出量之间的关系可由下式描述：计划投入量=计划产出量/损耗系数，计划投入时间=计划产出时间-提前期。

6.4 MRP 编制实例

6.4.1 MRP 编制实例一

例 6-2 某厂批量生产 A、B 两种产品，结构图如图 6-4 所示，库存记录见表 6-6，主生产计划见表 6-7，各个物料的安全库存设置为 0 件，除生产计划外，各物料各期的计划接收量为 0 件，在生产或采购过程中各物料的损耗率为 0，试编制该厂全部物料的 MRP 计划。

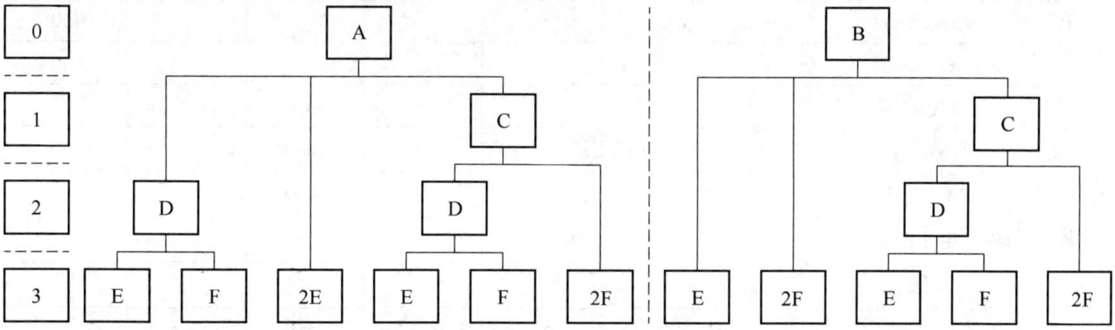

图 6-4 产品 A、B 的结构树

表 6-6 产品 A、B 的库存记录

物料项目	批量规则	期初可用库存量/件	提前期/周
产品 A	直接批量	50	2
产品 B	直接批量	60	2
部件 C	直接批量	40	1
部件 D	直接批量	30	1
零件 E	固定批量 2000 件	330	1
零件 F	固定批量 2000 件	1000	1

表 6-7 产品主生产计划 （件）

时间/周	9	10	11	12	13	14	15	16	17
产品 A	1250				850				550
产品 B	460				360				560
部件 D	250				250				330
零件 E	400				430				380

解：以第 9 周产品主生产计划数据为例来计算，MRP 编制见表 6-8。

表 6-8 全部物料的 MRP 计划 （件）

物料	MRP 计算项目	3	4	5	6	7	8	9
A	总需求量							1250
	可用库存量						50	0
	净需求量							1200
	计划交货量							1200
	计划投入量					1200		
B	总需求量							460
	可用库存量						60	0
	净需求量							400
	计划交货量							400
	计划投入量					400		
C	总需求量					1600		
	PAB 初值					-1560		
	可用库存量				40	0		
	净需求量					1560		
	计划交货量					1560		
	计划投入量				1560			
D	总需求量				1560	1200		250
	PAB 初值				-1530	-1200		-250
	可用库存量			30	0	0		
	净需求量				1530	1200		250
	计划交货量				1530	1200		250
	计划投入量			1530	1200		250	
E	总需求量			1530	1200	2800	250	400
	PAB 初值			-1200	-400	-1200	550	150
	可用库存量		330	800	1600	800	550	150
	净需求量			1200	400	1200	0	0
	计划交货量			2000	2000	2000	0	0
	计划投入量		2000	2000	2000			
F	总需求量			1530	4320	800	250	
	PAB 初值			-530	-2850	-800	950	
	可用库存量		1000	1470	0	1200	950	
	净需求量			530	2850	800	0	
	计划交货量			2000	2850	2000	0	
	计划投入量		2000	2850	2000			

6.4.2 MRP 编制实例二

例 6-3 某公司接到 20 件产品 A 和 50 件产品 R 的订货，交货时间为第 8 周，A 和 R 的物料清单分别见表 6-9 和表 6-10。物料 A、R、B、C、D、E 的期初现有库存量分别为 1 件、4 件、74 件、90 件、190 件、160 件，请编制全部物料的 MRP 计划报表。

表 6-9 产品 A 的错口式物料清单

物品代号及层次			每一装配件需要的数量/件	提前期（Lead Time，LT）
0 层	1 层	2 层		
产品 A				A：LT=3 周
	E（形成 A 的零件）		4	E：LT=1 周
	C（形成 A 的零件）		3	C：LT=3 周
	B，在制品		2	B：LT=2 周
		E（形成 B 的零件）	3	E：LT=1 周
		D（形成 B 的零件）	2	D：LT=1 周

表 6-10 产品 R 的错口式物料清单

物品代号及层次			每一装配件需要的数量/件	提前期（Lead Time，LT）
0 层	1 层	2 层		
产品 R				R：LT=4 周
	B		4	B：LT=2 周
		D	2	D：LT=1 周
		E	3	E：LT=1 周

解： 基于产品 A 和 R 的物料清单，全部物料的 MRP 计划见表 6-11。

表 6-11 全部物料的 MRP 计划

项目	时段/周	0	1	2	3	4	5	6	7	8
产品 A 的 MRP 计算（LT=3 周）情况/件	总需求量									20
	预计到达量									
	预计现存量	1	1	1	1	1	1	1	1	0
	净需求量									19
	计划产出量									19
	计划投入量						19			
产品 R 的 MRP 计算（LT=4 周）情况/件	总需求量									50
	预计到达量									
	预计现存量	4	4	4	4	4	4	4	4	0
	净需求量									46
	计划产出量									46
	计划投入量					46				

续表 6-11

项目	时段/周	0	1	2	3	4	5	6	7	8
零件 B 的 MRP 计算（LT=2 周）情况/件	总需求量					184	38			
	预计到达量									
	预计现存量	74	74	74	74	0	0			
	净需求量					110	38			
	计划产出量					110	38			
	计划投入量			110	38					
零件 C 的 MRP 计算（LT=3 周）情况/件	总需求量						57			
	预计到达量									
	预计现存量	90	90	90	90	90	33			
	净需求量									
	计划产出量									
	计划投入量									
零件 D 的 MRP 计算（LT=1 周）情况/件	总需求量			220	76					
	预计到达量									
	预计现存量	190	190	0	0					
	净需求量			30	76					
	计划产出量			30	76					
	计划投入量		30	76						
零件 E 的 MRP 计算（LT=1 周）情况/件	总需求量			330	380					
	预计到达量									
	预计现存量	160	160	0	0					
	净需求量			170	380					
	计划产出量			170	380					
	计划投入量		170	380						

6.5 细能力计划 CRP

6.5.1 细能力计划 CRP 原理

细能力计划又称详细能力计划，是指在闭环 MRP 通过 MRP 运算得出对各种物料的需求量后，计算各时段分配给工作中心的工作量，判断是否超出该工作中心的最大工作能力，并做出调整。细能力计划是计算所有生产任务在各相关工作中心加工所需的能力，并将所需能力与实际可供能力进行对比，以供生产计划员决定当前能力供应能否满足生产需求，如果能力无法满足需求，或者能力不够均衡，则要么调整生产任务数量或时间，要么调整有效工作日，直至能力供应满足所有生产任务需要时为止。MRP 计划通过能力需求计划校验及进行能力平衡后，形成 MRP 确认计划。企业应该按照确认的 MRP 执行，下达制造订单和采购订单。

细能力计划从产能的角度保证了市场需求的可执行性。细能力计划与物料需求计划结合使用，可以检查物料需求计划可行性。它根据物料需求计划、工厂现有能力进行能力模拟，同时根据各工作中心能力负荷状况判断计划可行性。它把 MRP 计划下达的生产订单和已下达但尚未完工的生产订单所需的负荷小时，按工厂日历转换为每个工作中心各时区的能力需求，为生产计划的调整提供参考。

6.5.2 细能力计划 CRP 编制方式

细能力计划 CRP 编制方式分为无限能力计划和有限能力计划。

（1）无限能力计划。不考虑能力限制的 CRP 方式，当工作中心的负荷工时超过能力工时时，该工作中心处于超负荷状态。超负荷状态是一种不可避免的现象。当工作中心处于超负荷状态时，可以采取两种措施：第一种是增加能力工时措施，例如，可以采购新的加工设备、招聘新的员工等；第二种措施是采取调度手段，例如，延长工作中心的工作时间、采用替代工作中心、将超负荷转移到其他工作中心、变加工为采购以及采用外协加工等；或者延长订单的交货期；或者取消订单。

（2）有限能力计划。考虑能力限制的 CRP 编制方式，每个工作中心的负荷工时不能超过该工作中心的能力工时。按照处理超负荷的方式，有限能力计划又可以分为优先级计划和有限顺排计划。优先级计划是指根据订单状况等因素为计划负荷指定一个优先级，按照各个计划负荷的优先级为工作中心分配计划负荷。当工作中心满负荷时，优先级较高的计划负荷被执行，优先级较低的计划负荷被推迟。

6.5.3 细能力计划 CRP 编制实例

例 6-4 某电机产品 F 的单层展开式 BOM 见表 6-12，产品 F 的提前期为 1 周，已计算完成的产品 F 的全部零部件 MRP 计划初稿见表 6-13，工作中心及其可用能力见表 6-14，产品 F 的工艺路线和定额工时见表 6-15，假设每批零部件加工的准备时间和订单数量无关，工作中心的不同订单数量的工序负荷见表 6-16，产品 F 的生产作业时间见表 6-17，工作中心的等待、移动和排队时间见表 6-18，试编制该产品的细能力计划。

表 6-12 电机产品 F 的单层展开式 BOM

装配件	零部件	每个装配件所需数量/台	零部件提前期/周
F	A	2	1
	B	1	1
B	C	1	1
	D	2	1

表 6-13 电机产品 F 的 MRP 计划初稿 （台）

物料	时段/周	0	1	2	3	4	5	6	7	8	9	10
F	计划产出量			90	90	90	120	120	120	120	150	150
	计划投入量		90	90	90	120	120	120	120	150	150	

续表 6-13

物料	时段/周	0	1	2	3	4	5	6	7	8	9	10
A	计划产出量			300	150	150	300	300	150	300	300	
	计划投入量		300	150	150	300	300	150	300	300		
B	计划产出量			100	100	100	100	200	100	100	200	
	计划投入量		100	100	100	100	200	100	100	200		
C	计划产出量			200		200	200		200	200		
	计划投入量		200		200	200		200	200			
D	计划产出量			300		300	300	300	300	300		
	计划投入量		300		300	300	300	300	300			

表 6-14 工作中心及其可用能力

工作中心编码	每天工作时间/h	利用率/%	效率/%	可用能力/$h \cdot d^{-1}$
WC02	8	98	99	7.76
WC07	8	98	99	7.76
WC15	8	95	98	7.45
WC23	8	95	95	7.22
WC39	8	95	90	6.84

表 6-15 电机产品 F 的工艺路线和定额工时

物料编码	工序编码	工作中心编码	单件加工时间/h	准备时间/h
F	5	WC02	0.03	0.52
A	5	WC07	0.01	0.35
	10	WC15	0.04	0.35
B	5	WC02	0.02	0.65
C	5	WC07	0.03	0.65
	10	WC23	0.03	0.65
D	5	WC39	0.05	0.65

表 6-16 工作中心的工序负荷

物料编码	工序编码	工作中心编码	订单数量/台	能力负荷/h
F	5	WC02	90	90×0.03+0.52=3.22
			120	120×0.03+0.52=4.12
			150	150×0.03+0.52=5.02
A	5	WC07	150	150×0.01+0.35=1.85
			300	300×0.01+0.35=3.35
	10	WC15	150	150×0.04+0.35=6.35
			300	300×0.04+0.35=12.35

续表 6-16

物料编码	工序编码	工作中心编码	订单数量/台	能力负荷/h
B	5	WC02	100	100×0.02+0.65=2.65
			200	200×0.02+0.65=4.65
C	5	WC07	200	200×0.03+0.65=6.65
	10	WC23	200	200×0.03+0.65=6.65
D	5	WC39	300	300×0.05+0.55=15.55

表 6-17 电机产品 F 的生产作业时间

物料编码	工序编码	工作中心编码	可用能力/h·d^{-1}	订单数量/台	能力负荷/h	能力负荷比	生产作业时间/h
F	5	WC02	7.76	90	3.22	3.22/7.76=0.41	4
				120	4.12	4.12/7.76=0.53	5
				150	5.02	5.02/7.76=0.65	6
A	5	WC07	7.76	150	1.85	1.85/7.76=0.24	2
				300	3.35	3.35/7.76=0.43	4
	10	WC15	7.45	150	6.35	6.35/7.45=0.85	7
				300	12.35	12.35/7.45=1.66	14
B	5	WC02	7.76	100	2.65	2.65/7.76=0.34	3
				200	4.65	4.65/7.76=0.60	5
C	5	WC07	7.76	200	6.65	6.65/7.76=0.86	7
	10	WC23	7.22	200	6.65	6.65/7.22=0.92	8
D	5	WC39	6.84	300	15.55	15.55/6.84=2.27	19

注：为方便计算，表中生产作业时间按小时向上取整数。

表 6-18 工作中心的等待时间、移动时间和排队时间 (h)

工作中心编码	等待时间	移动时间	排队时间
WC02	0	1	2
WC07	1	1	2
WC15	1	1	1
WC23	1	1	1
WC39	1	1	1
库房	0	1	0

解：以物料 C 计算为例，其工艺路线与时间的关系图如图 6-5 所示，制造时间数据见表 6-19，开工和完工时间安排见表 6-20，分时段能力需求计划见表 6-21。按照相同的计算方法，计算出其他物料的能力需求计划数据，汇总后全部物料的能力需求计划数据见表 6-22，全部工作中心的能力需求计划数据见表 6-23。

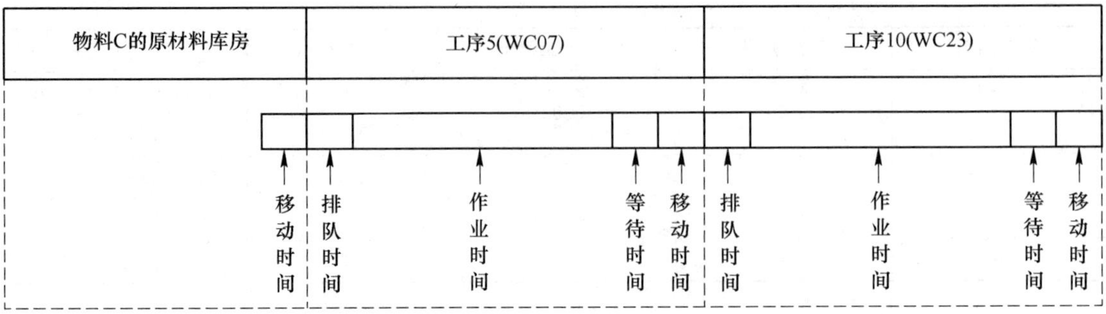

图 6-5 物料 C 的工艺路线与时间的关系

表 6-19 物料 C 的制造时间 (h)

工序	工作中心编码	排队时间	生产作业时间	等待时间	移动时间
库房	—	0	0	0	1
5	WC07	2	7	1	1

表 6-20 物料 C 的开工时间和完工时间

工序	工作中心编码	能力负荷/h	开工时间	完工时间
5	WC07	6.65	第一周周三 12 点	第一周周四 11 点
10	WC23	6.65	第一周周四 14 点	第一周周五 14 点

表 6-21 物料 C 的分时段能力需求计划 (h)

物料	工作中心	0	1	2	3	4	5	6	7	8	9	10
C	WC07		6.65		6.65	6.65		6.65	6.65			
	WC23		6.65		6.65	6.65		6.65	6.65			

表 6-22 分时段能力需求计划 (h)

物料	工作中心	0	1	2	3	4	5	6	7	8	9	10
F	WC02		3.22	3.22	3.22	4.12	4.12	4.12	4.12	5.02	5.02	
A	WC07		3.35	1.85	1.85	3.35	3.35	1.85	3.35	3.35		
	WC15		12.35	6.35	6.35	12.35	12.35	6.35	12.35	12.35		
B	WC02		2.65	2.65	2.65	2.65	4.65	2.65	2.65	4.65		
C	WC07		6.65		6.65	6.65		6.65	6.65			
	WC23		6.65		6.65	6.65		6.65	6.65			
D	WC39		6.84		6.84	6.84	6.84	6.84	6.84			

表 6-23 工作中心能力需求计划 (h)

工作中心	0	1	2	3	4	5	6	7	8	9	10
WC02		5.87	5.87	5.87	6.77	8.77	6.77	6.77	9.67	5.02	
WC07		10.00	1.85	8.50	10.00	3.35	8.50	10.00	3.35		

续表 6-23

工作中心	0	1	2	3	4	5	6	7	8	9	10
WC15		12. 35	6. 35	6. 35	12. 35	12. 35	6. 35	12. 35	12. 35		
WC23		6. 65		6. 65	6. 65		6. 65	6. 65			
WC39		6. 84		6. 84	6. 84	6. 84	6. 84	6. 84			

在计算工序的开工时间和完工时间时，需要考虑等待时间、移动时间、排队时间、加工时间和准备时间等工艺时间。如果这些工艺时间之间是串行的，那么计算过程就会比较简单。但是，如果这些工艺时间之间可以是并行、交叉的，则不同的物料之间、不同的工序之间的交叉程度都可能是不同的。即使是同一种物料、相同的工序之间，但是由于批量的不同，它们的工艺时间的交叉程度也可能是不同的。在实际生产中，这种交叉程度既可能是线性的，也可能是阶梯形的，从而使得用计算机处理这种交叉现象的难度大大增加。

时段粒度非常关键。时段粒度越细，则各种数据的管理越精细，各种细节问题也容易暴露出来，更容易采取合理有效的管理措施。但是，随着时段粒度的细化，数据量也越来越大，管理的复杂性也越来越高，管理的难度也越来越大。例如，时段是周，那么无论是周三的能力需求，还是周四的能力需求，都汇总到一个周次的能力需求中，从而掩盖了周三和周四的差别。如果时段是天，则周三、周四的差别即可显示出来。

习　题

6-1　MRP 的发展经历了哪几个阶段？

6-2　应用 MRP Ⅱ有什么现实意义？

6-3　简述什么是闭环 MRP 系统。

6-4　简述物料需求计划的基本原理。

6-5　MRP Ⅱ五个层次计划的区别和共同特性是什么？

6-6　MRP、MRP Ⅱ、ERP 的核心思想分别是什么？

6-7　解释独立需求和相关需求的含义。

6-8　MRP Ⅱ的局限性是什么？

6-9　简述库存订货点理论应用的条件有哪些。

6-10　ABC 库存管理法的要点是什么？

6-11　简述 BOM 的概念和作用。

6-12　简述 MRP 的输入和输出文件。

6-13　当生产能力超出生产任务（需求）时，应该采取哪些调整措施？

6-14　当生产能力满足不了生产任务（需求）时，应该采取哪些调整措施？

6-15　什么是无限能力计划，它反映了什么样的企业管理思想？

6-16　分析细能力计划与粗能力计划的主要区别。

6-17　某生产百叶窗的公司接到 1 张订单，订货为 100 个，交货到期日是第 4 周；每个百叶窗都是由 4 个木板条及 2 个框架所组成。木板条由公司自制，且加工需 1 周；框架则是订购的，其前置时间为 2 周。配百叶窗需要 1 周，第 1 周开始有 70 个预定接收的木板条。计划订单发出量的时间与批量，采用逐批订购批量策略（即订购量=净需求），而不产生额外的库存积压。各个物料的安全库存为

0 个，批量为 1 个，现有库存为 0 个，计算百叶窗相关物料的 MRP 计划。

6-18 已知产品 A、B 的结构，如图 6-6 所示，各产品的各周市场需求量与库存状态见表 6-24 和表 6-25，完成全部物料的 MRP 需求计划计算。

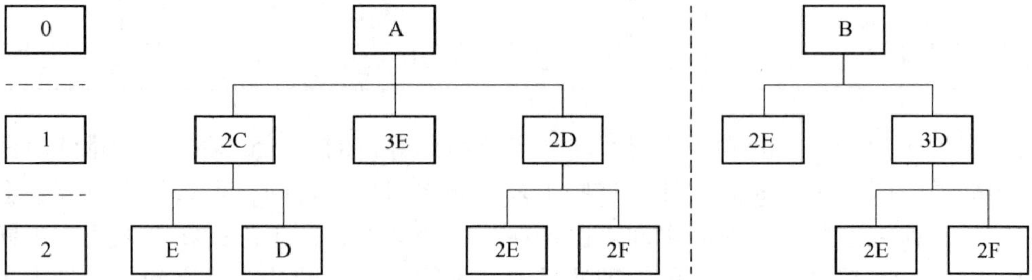

图 6-6 产品 A、B 的结构图

表 6-24 各产品的市场需求量 （件）

产品	1	2	3	4	5	6	7	8	9	10	11	12
A									300	450		500
B									200		300	
E			50	50	50	50	50	50	50	50	50	50
F					200					300		

表 6-25 各产品的库存量、生产（订购）批量和周期

项目	A	B	C	D	E	F
现有库存量/件	20	30	15	10	30	50
安全库存量/件	0	10	0	0	10	20
生产（订购）批量/件	1	1	1	1	500	200
预计入库量/件	90（3）	30（4）	95（4）	195（2）	0	200（2）
生产（订购）周期/周	2	3	1	2	2	3

注：表中预计入库量（计划接收量）说明：90（3）表示第 3 周有 90 件入库。

6-19 仓库存储的材料数量及单价见表 6-26，请用 ABC 分类法对物料进行分类和管理。

表 6-26 仓库库存明细

序号	产品编码	数量/件	单价/元
1	P-A	20	20
2	P-B	20	10
3	P-C	20	10
4	P-D	10	680
5	P-E	12	100
6	P-F	10	20
7	P-G	25	20
8	P-H	15	10

续表 6-26

序号	产品编码	数量/件	单价/元
9	P-I	30	5
10	P-J	20	10

6-20　已知某种产品 X 的结构，如图 6-7 所示，该产品的总需求量与库存状态见表 6-27 和表 6-28，全部物料预计到货量为 0 件，试完成表 6-29 物料需求计划的计算。

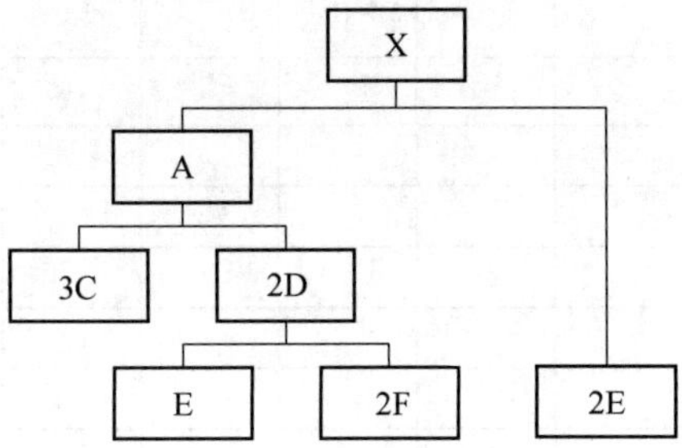

图 6-7　产品 X 的结构

表 6-27　产品 X 的需求计划

时间/周	1	2	3	4	5	6	7	8	9
总需求量/件									150

表 6-28　库存状态信息

物料代码	物料名称	现有库存/件	提前期/周	批量/件
001	X	10	1	1
002	A	50	3	1
003	C	0	2	1
004	D	100	2	1
005	E	0	1	100

表 6-29　物料需求计划计算过程

物料	需求项目＼周次	1	2	3	4	5	6	7	8	9
产品 X 数量/件	总需求量									150
	预计到货量									
	预计可用库存量									
	净需求量									
	计划产出量									
	计划投入量									

续表 6-29

物料	需求项目＼周次	1	2	3	4	5	6	7	8	9
零件 A 数量/件	总需求量									
	预计到货量									
	预计可用库存量									
	净需求量									
	计划产出量									
	计划投入量									
零件 C 数量/件	总需求量									
	预计到货量									
	预计可用库存量									
	净需求量									
	计划产出量									
	计划投入量									
零件 D 数量/件	总需求量									
	预计到货量									
	预计可用库存量									
	净需求量									
	计划产出量									
	计划投入量									
零件 E 数量/件	总需求量									
	预计到货量									
	预计可用库存量									
	净需求量									
	计划产出量									
	计划投入量									

6-21 产品 A 的物料结构如图 6-8 所示，各种物料的基本数据见表 6-30，产品 A 的需求计划见表 6-31，各物料的安全库存均为 0 个单位，请编制 C、D、E、G、H 的物料需求计划报表。

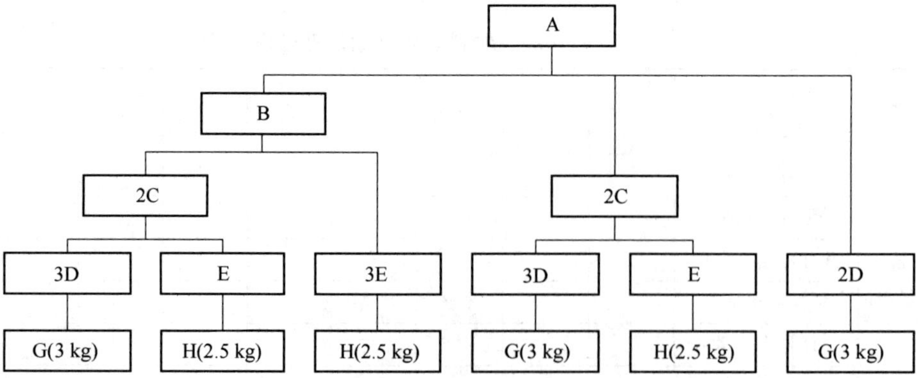

图 6-8 产品 A 的物料结构

表 6-30　各种物料的基本数据

物料名称	层次/层	批量/个	期初库存/个	提前期/周
A	0	1	0	2
B	1	1	12	1
C	2	1	15	2
D	3	1	5	3
E	3	1	3	1
G	4	100	0	2
H	4	50	15	2

表 6-31　产品 A 的需求计划

时间/周	1	2	3	4	5	6	7	8	9	10	11
总需求量/个								10			15

6-22　产品 A 的错口式物料清单见表 6-32，已接到第 7 周 200 件产品 A 的交货订单。期初现有库存量为 0 件，安全库存为 0 件，计划到货量为 0 件，请计算确定 A、B、C、D、E 各物料每次订货的数量和发出订单的时间。

表 6-32　产品 A 的错口式物料清单

<table>
<tr><th colspan="3">物品代号及层次</th><th rowspan="2">每一装配件需要的数量/件</th><th rowspan="2">提前期（Lead Time，LT）</th></tr>
<tr><th>0 层</th><th>1 层</th><th>2 层</th></tr>
<tr><td rowspan="6">产品 A</td><td></td><td></td><td></td><td>A：LT=3 周</td></tr>
<tr><td>E（形成 A 的零件）</td><td></td><td>4</td><td>E：LT=1 周</td></tr>
<tr><td>C（形成 A 的零件）</td><td></td><td>3</td><td>C：LT=3 周</td></tr>
<tr><td rowspan="3">B，在制品</td><td></td><td>2</td><td>B：LT=2 周</td></tr>
<tr><td>E（形成 B 的零件）</td><td>3</td><td>E：LT=1 周</td></tr>
<tr><td>D（形成 B 的零件）</td><td>2</td><td>D：LT=1 周</td></tr>
</table>

7 生产作业计划

7.1 生产作业计划概述

7.1.1 生产作业计划的概念

生产作业计划是生产计划的具体执行计划，是对 MRP 计划在车间作业层的进一步执行处理，对零部件（作业、活动）的加工顺序、出产数量、设备及人工使用、投入时间及出产时间的统筹安排。它是把企业全年的生产任务具体地分配到各车间、工段、班组以至每个工作地和工人，规定他们在月、旬、周、日乃至轮班和小时内的具体生产任务，从而保证按品种、质量、数量、期限和成本完成企业的生产任务。

7.1.2 生产作业计划的作用

生产作业计划对生产计划落实、生产活动开展、生产组织管理等方面具有重要作用。

（1）生产作业计划起着具体落实生产计划的作用。生产作业计划在空间上把全厂（企业）生产任务细分到车间、工段、班组和个人；在时间上把年、季较长计划期的任务细分到月、旬、周、日、轮班、小时；在计划单位上把成台产品细分到零件和工序。

（2）生产计划是以年、季生产大纲的形式规定指标和总要求的计划，虽然经过平衡试算，但是比较粗略。生产作业计划则需要编制得具体，并与生产实际活动紧密衔接，因此，平衡试算更细致，可以针对薄弱环节提出应开班次、劳动力配备、原材料供应等方面的作业要求和具体措施。

（3）生产作业计划是日常生产活动的依据，企业可以根据生产的日期和数量方面的具体要求，把企业计划和个人的日常生产活动紧密联系起来。

（4）生产作业计划是联系日常工作和日常生产技术准备工作的纽带，通过它可以把企业日常生产经营组织起来。

（5）生产作业计划是一线工人直接接触的计划，通过它可以组织一线工人参与管理。

7.1.3 生产作业计划工作的主要内容

生产作业计划工作的主要内容包括以下 4 个方面。

（1）制定期量标准。

（2）编制各级、各种生产作业计划。

（3）检查生产作业准备。

（4）生产作业控制，包括生产调度、进度管理、在制品管理等。

7.2 大量流水生产作业计划

7.2.1 大量流水生产的概念及特点

大量流水生产是指加工对象按照一定的工艺路线，有规律地从前道工序流到后道工序加工，并按照一定的生产速度连续完成工序作业的生产过程：

(1) 流水线上固定生产一种或少数几种产品（零件），工作地专业化程度高；

(2) 流水线上每个工作地按照产品（零件）工艺过程顺序安排，产品按单向运输路线移动；

(3) 工艺过程是封闭的，工作地按工艺顺序安排为索链形式，劳动对象在工序间作单向流动，自成系统，便于管理和控制；

(4) 生产具有明显的节奏性、连续性和比例性。

7.2.2 期量标准

期量标准是指在一定的生产技术及组织条件下为加工对象（零件、部件、产品等）在生产期限和生产数量方面所规定的标准。期量标准是具体编制生产作业计划的主要依据，它是反映企业有计划、按比例组织生产的客观尺度。

7.2.2.1 节拍

节拍是指流水线上连续投入或出产两个制品的时间间隔。它是根据计划期内的计划产量和计划期内的有效工作时间确定的，其实质是反映流水线的生产速度。节拍 r，有效工作时间 F_e 和计划期产量 N 满足下列关系：

$$r = F_e/N \tag{7-1}$$

7.2.2.2 流水线作业指示图表

流水线作业指示图表根据流水线的节拍和工序时间定额制定，具体又分为连续流水线和间断流水线作业指示图表。

A 连续流水线作业指示图编制

连续流水线的工序同期化程度很高，各个工序的节拍基本等于流水线的节拍，因此工作地的负荷率高。连续流水线的作业指示图表比较简单，只要规定每条流水线在轮班内的工作中断次数、中断时刻和中断时间即可，如图 7-1 所示。

B 间断流水线作业指示图编制

间断流水线由于各工序的生产率不一致，因此编制间断流水线作业指示图表相对复杂一些。

(1) 确定看管期 T。在间断流水线中由于各工作地的生产效率不同，为了保证流水线每道工序在一定的时间间隔内生产同样数量的制品，设置时间间隔，这段时间间隔叫间断流水线的看管期。看管期产量 Q，看管期 T 和节拍 r 应满足下列关系：

$$Q = T/r \tag{7-2}$$

(2) 计算看管期内各工序工作时间长度，设工序 i 的工作时间长度为 T_i，该工序工时定额为 t_i，则 $T_i = Q \times t_i$；若 $T_i < T$，i 工序工作时间长度小于看管期长度，这时工作地数

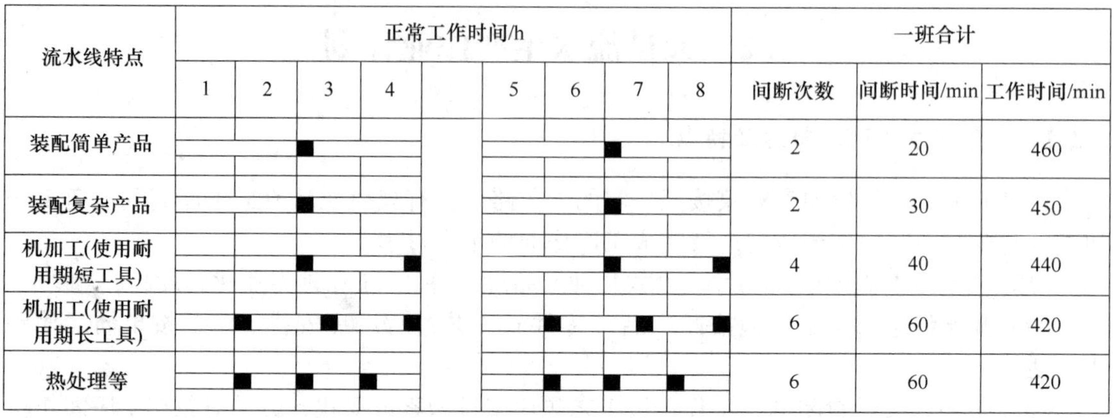

图 7-1 连续流水线作业指示图示例

（设备数）仅一个。对于工作时间长度小于看管期长度的工作地（设备），要规定其工作的起止时间。若 $T_i > T$，即 i 工序工作时间长度大于看管期长度，这时往往工作地数（设备数）不止一个。

（3）绘制作业指示图表，确定作业起止时间。

（4）确定流水线上工人人数及劳动组织形式。

例 7-1 某电机装配间断流水线看管期产量 Q 为 40 件，看管期 T 为 120 min，工序定额数据见表 7-1，请设计该间断流水线的作业指示图。

表 7-1 工序及工时定额数据

工序号	1	2		3	4		5	6	7	8	9
工时定额/min·件$^{-1}$	2	6		2.8	4		1.5	3	1.5	2.5	2.6
工作时间长度/min	80	240		112	160		60	120	60	100	104
工作地（设备）数/个	1	2		1	2		1	1	1	1	1
各工作地工作时间长度/min	80	120	120	112	40	120	60	120	60	100	104

解：正常工作时间每天 8 h，日产量 = 40×8 = 320（件），两班制生产，节拍为 $r = T/Q$ = 120 min/40 件 = 3 min/件，该间断流水线的作业指示图如图 7-2 所示。

7.2.2.3 在制品占用量定额

在制品是指从原材料投入到产品入库为止，处于生产过程中尚未完工的所有零件、组件、部件、产品的总称。在制品占用量定额是指在一定的时间、地点、生产技术组织条件下为保证生产的连续进行而制定的必要的在制品数量标准。在制品占用量定额组成，如图 7-3 所示。

7.2.3 大量流水生产作业计划编制

如果各车间彼此之间没有依次提供半成品的关系，只需将计划期的生产任务根据各车间的产品分工、生产能力和具体的生产条件直接分配给各车间即可。如果各车间彼此之间有依次提供半成品的关系，在规定生产任务时就应考虑各车间在产品品种、数量、出产日

流水线名称	班数	日产量	节拍	运输批量	节奏	看管期
电机装配线	2	320件	3 min/件	1	3 min	2 h

工序号	工时定额/h	工作地号	设备利用率/%	工人号	间断流水线作业指示图表 (min) 10	20	30	40	50	60	70	80	90	100	110	120	看管期产量/件
1	2	1	67	1													40
2	6	2	100	2													20
		3	100														20
3	2.8	4	94	3													40
4	4	5	33	1													10
		6	100	4													30
5	1.5	7	50	5													40
6	3	8	100	6													40
7	1.5	9	50	5													40
8	2.5	10	83	7													40
9	2.6	11	87	8													40

图 7-2 间断流水线的作业指示图设计

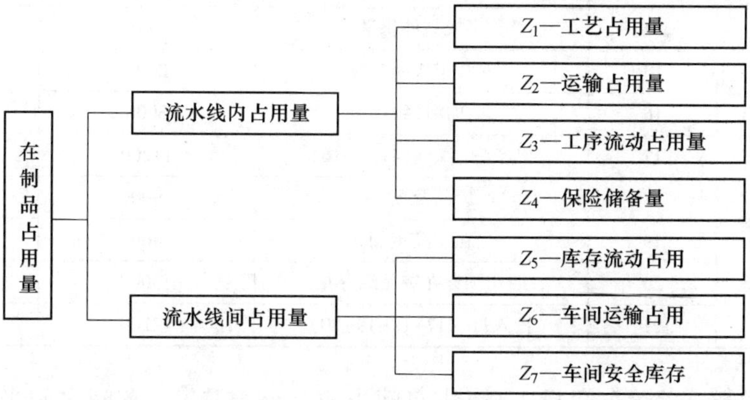

图 7-3 在制品占用量定额组成

期上是否彼此衔接；考虑各车间的生产能力平衡，减少在制品占用，可以采用在制品定额法和订货点法进行车间任务分配。

7.2.3.1 在制品定额法

大批大量生产条件下，重点在于解决各车间在生产数量上的衔接，根据大批大量生产的这一特点，用在制品定额作为调节生产任务数量的标准，以保证车间之间的衔接。运用预先制定的在制品定额，按工艺过程相反的次序依次计算各车间的产出量和投入量。首先根据生产计划的要求规定最后车间的出产量，再以这个出产量为基础计算其投入量，然后根据后一车间的投入量计算前一车间的出产量，以此类推直到第一个车间，见表7-2。

表 7-2 在制品定额计算

产品名称			130 卡车	
产品产量			10000 台	
零件编号			A1-001	A1-012
零件名称			齿轮/件	轴/件
每台件数			1	4
装配车间	1	出产量	10000	40000
	2	废品及损耗	—	—
	3	在制品定额	1000	5000
	4	期初预计在制品结存量	600	3500
	5	投入量（1+2+3-4）	10400	41500
零件库	6	半成品外售量	—	2000
	7	库存半成品定额	900	6000
	8	期初预计结存量	1000	7100
加工车间	9	出产量（5+6+7-8）	10300	42400
	10	废品及损耗	100	1400
	11	在制品定额	1900	4500
	12	期初预计在制品结存量	600	3400
	13	投入量（9+10+11-12）	11700	44900
毛坯库	14	半成品外售量	500	6100
	15	库存半成品定额	2000	10000
	16	期初预计结存量	3000	10000
毛坯车间	17	出产量（13+14+15-16）	11200	51000
	18	废品及损耗	900	—
	19	在制品定额	400	2500
	20	期初预计在制品结存量	300	1500
	21	投入量（17+18+19-20）	12200	52000

本车间出产量=后续车间投入量+本车间半成品外售量+（车间之间半成品占用量定额-期初预计半成品库存量）

本车间投入量=本车间出产量+本车间计划允许废品数+（本车间期末在制品定额-本车间期初在制品预计数）

7.2.3.2 订货点法

所谓订货点就是标准件和通用件库存量的一个限度，当库存量下降到这个限度时，就投入下一批。订货点法是根据库存在制品下降到订货点的时间来确定零件投产时间的一种方法。这种方法用来安排需求量大的标准件和通用件的生产。这种方法为每个标准件和通用件规定一个合理的批量，一次集中生产一批，这一批快用完时再生产下一批。

7.3 成批生产作业计划

7.3.1 成批生产的概念及特点

成批生产是指工业企业在一定时期重复轮换制造多种产品的一种生产类型，成批生产的特点如下：

(1) 产品品种多，结构工艺相似，各品种产量不大；

(2) 产品工艺路线不尽相同；

(3) 一般对交货期有严格的要求；

(4) 作业计划编制相对复杂，需要均衡安排轮番生产。

7.3.2 成批生产的期量标准

7.3.2.1 批量和生产间隔期

在成批生产环境中，批量是指一次生产过程中制造的同种零件或产品的数量。生产间隔期是指相邻两批相同产品（零件）投入或产出的时间间隔，生产间隔期是批量的时间表示。在定期成批轮番生产条件下，生产间隔期是固定值，不定期轮番生产条件下是变值。批量和生产间隔期的关系可以表示为：批量=生产间隔期×平均日产量。

A 以量定期法

以量定期法是根据提高经济技术效果的要求，确定一个最初的批量，根据生产中的实际加以修正，然后相应地计算出生产间隔期，可以采用最小批量法或者经济批量法来确定批量大小。最小批量法是从设备利用和劳动生产率这两个的最佳选择出发考虑的。即

$$\delta \geqslant \frac{t_{\mathrm{ad}}}{Q_{\min} t} \quad 或 \quad Q_{\min} \geqslant \frac{t_{\mathrm{ad}}}{\delta t} \tag{7-3}$$

式中 δ——设备调整时间损失系数；

t_{ad}——设备调整时间；

$Q_{\min}$——最小批量；

t——单件工序时间。

设备调整时间损失系数见表 7-3。

表 7-3 设备调整时间损失系数 δ

零件类型	生产类型		
	大批	中批	小批
小件	0.03	0.04	0.05
中件	0.04	0.05	0.08
大件	0.05	0.08	0.12

上述最小批量法规定了批量的下限，即仅考虑设备的充分利用和较高的生产效率，而忽视了因批量过大造成的在制品资金占用及在制品存储保管费用。经济批量法（Economic Order Quantity，EOQ）通过平衡采购进货成本和保管仓储成本来实现总库存成本最低的最

佳订货量。以 Q^* 表示经济订货批量，D 表示商品年需求量，S 表示每次订货成本，C 表示单位商品年保管费用，则经济订货批量可表述为：

$$Q^* = \sqrt{\frac{2DS}{C}} \tag{7-4}$$

B 以期定量法

以期定量法是先确定生产间隔期，然后使批量与之适应。经济批量法着重考虑经济因素，而以期定量法则是为了便于生产管理。表 7-4 为生产间隔期与批量关系。

表 7-4 标准生产间隔期

生产间隔期	批类	批量	投入批次
1 天	日批	装配平均日产量	每日一次
10 天	旬批	装配旬平均产量	每月三次
半月	半月批	装配半月平均产量	每月两次
1 个月	月批	装配月产量	每月一次
1 季度	季批	装配季产量	每季一次
半年	半年批	装配半年产量	每年两次
1 年	年批	装配年产量	每年一次

生产间隔期批量的种类不宜过多，一般以 6 种以内为宜。超过了可以按照装配需要的顺序、零件结构的工艺特征、外形尺寸和质量大小、工时长短划分为若干组，然后从中选择一个典型零件制定批量和生产间隔期，同一组的零件可仿此制定批量。

7.3.2.2 生产周期

生产周期是从原材料投入生产开始，到制成成品出产时为止的整个生产过程所需的日历时间，由生产准备时间、工艺加工时间、生产时间、检查质量时间、搬运及入库时间、劳动过程中断时间等构成。以机械产品为例，生产周期包括毛坯生产时间、机械加工时间、部件装配时间、产品总装时间及各工艺阶段保险时间。

7.3.2.3 生产提前期

生产提前期是产品（毛坯、零件）在各工艺阶段出产（或投入）的日期比成品出产的日期应提前的时间。产品装配出产期是计算提前期的起点，生产周期和生产间隔期是计算提前期的基础。提前期分投入提前期和产出提前期。其计算可按产品反工艺过程及顺序连锁进行，如图 7-4 所示。

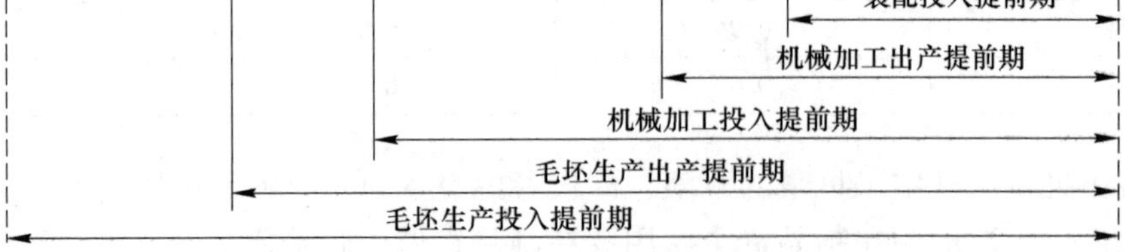

图 7-4 按产品反工艺过程的提前期计算

A 投入提前期

投入提前期是指各车间投入的日期比成品出产日期应提前的时间。

某车间投入提前期=该车间出产提前期+该车间生产周期。

B 出产提前期

出产提前期是指各车间出产的日期比成品出产日期应提前的时间。

某车间出产提前期=后车间投入提前期+保险期。

上述出产提前期的计算方法，适用于前后车间批量相等的情况。如前后车间批量不相等，这时不仅要考虑生产周期和保险期，而且还要考虑生产间隔期，如图 7-5 所示。

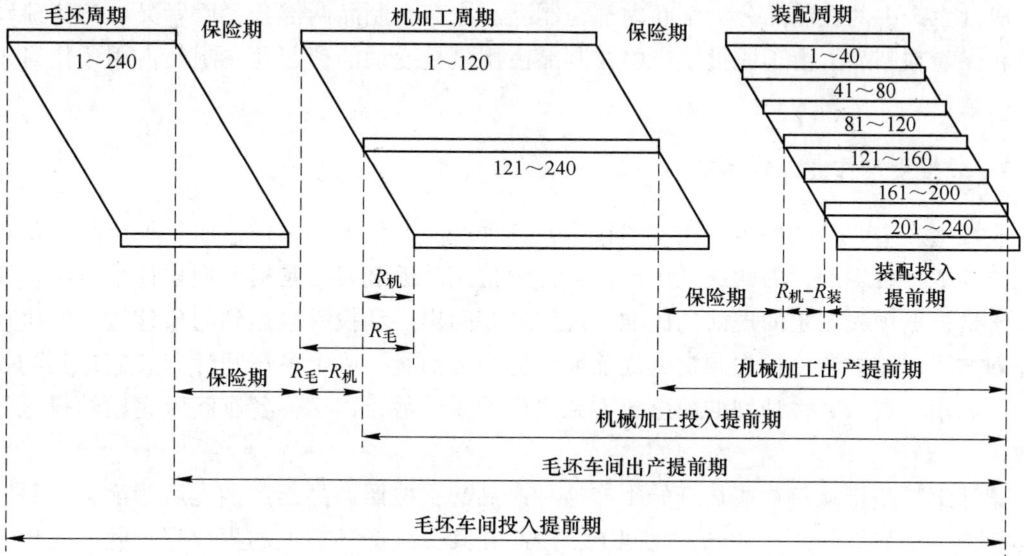

图 7-5 前后车间批量不相等的出产提前期计算

$R_{毛}$—毛坯车间的生产间隔期；$R_{机}$—机械加工车间的生产间隔期；

$R_{装}$—装配车间的生产间隔期；$R_{毛}-R_{机}$—毛坯车间与机械加工车间的生产间隔期之差；

$R_{机}-R_{装}$—机械加工车间与装配车间的生产间隔期之差

某车间出产提前期=后车间投入提前期+保险期+前后车间生产间隔期之差。

例 7-2 假设某厂 A 产品有关零部件的期量标准见表 7-5，试计算 A 产品的投入提前期和出产提前期。

表 7-5 A 产品零部件期量标准数据

期量标准	总装配	机械加工	毛坯生产
批量/台	40	120	240
生产周期/周	1	1	1
保险期/周	0	1	1
生产间隔期/周	1	3	6

解： 根据期量标准，计算各零部件的提前期数据如下。

总装配车间出产提前期=0（周）

总装配车间投入提前期=该车间出产提前期+该车间生产周期=0+1=1（周）

机械加工车间出产提前期=装配车间投入提前期+保险期+机械加工车间生产间隔期-装配车间生产间隔期=1+1+3-1=4（周）

机械加工车间投入提前期=该车间出产提前期+该车间生产周期=4+1=5（周）

毛坯生产出产提前期=机械加工投入提前期+保险期+毛坯生产间隔期-机械加工生产间隔期=5+1+6-3=9（周）

毛坯生产投入提前期=该车间出产提前期+该车间生产周期=9+1=10（周）

7.3.2.4 在制品占用量

成批生产中的在制品分为车间内部在制品和库存在制品两部分，后者又可分为流动在制品和保险在制品。由于成批生产中在制品占用量是变动的，因此在制品占用量指月末的在制品数量。

7.3.3 成批生产作业计划编制

成批生产中产品品种规格相似的较多，各种产品产量大小不一，而每种产品又都是间断或连续地分批生产，因此成批生产作业计划常用的编制方法是提前期累计编号法。累计编号法是根据预先制定的提前期标准，规定各车间出产和投入应达到的累计号数的生产作业计划方法。该方法将预先制定的提前期转化为提前量，确定各车间计划其应达到的投入和出产的累计数，减去计划期前已投入和出产的累计数，以求得各车间应完成的投入和产出数。

累计编号是指从年初或从开始生产这种产品起，按照产品出产的先后顺序，为每一件产品编上一个累计号码。在同一时间上，产品在某一生产环节上的累计号数同成品出产累计号数相比，相差的号数叫提前量，它的大小和提前期成正比例，累计编号法据此确定提前量的大小，提前量=提前期×平均日产量。累计编号的具体步骤如下。

（1）计算各车间在计划期末产品出产和投入应达到的累计号数。

某车间出产累计号数=成品出产累计号数+该车间出产提前期定额×成品的平均日产量=成品出产累计号数+出产提前量

某车间投入累计号数=成品出产累计号数+该车间投入提前期定额×成品的平均日产量=成品出产累计号数+该车间投入提前量

（2）计算各车间在计划期内应完成的投入量和出产量

计划期车间出产量=计划期末出产的累计号数-计划期初已生产的累计号数

计划期车间投入量=计划期末投入的累计号数-计划期初已投入的累计号数

（3）基于计算得出的投入量和出产量数据，根据零件的批量进行修正，使车间出产或投入的数量相等或成整数倍关系。

例 7-3 假设某厂 A 产品的年产量为 1000 台，为留有余地，在计划上全年按 50 周计，则 A 产品平均每周应出产 20 台。有关零部件的期量标准见表 7-6。假设 A 产品出产的第一件记为第 1 号。求第 10 周末 A 产品、K 部件、J 零件（机械加工车间和毛坯制造车间）的投入与出产累计号数。

表 7-6　A 产品零部件期量标准数据

期量标准	A 产品总装配	K 部件装配	J 零件（每台 2 件）	
			机械加工	毛坯制造
批量	20 台	20 台	80 件	80 件
生产周期/周	1	1	2	1
保险期/周	0	1	1	1
生产间隔期/周	1	1	2	2

解：根据期量标准，计算各零部件的提前期数据，见表 7-7。

表 7-7　A 产品零部件提前期数据

期量标准	A 产品总装配	K 部件装配	J 零件（每台 2 件）	
			机械加工	毛坯制造
批量	20 台	20 台	80 件	80 件
生产周期/周	1	1	2	1
保险期/周	0	1	1	1
生产间隔期/周	1	1	2	2
出产提前期/周	0	2	5	8
投入提前期/周	1	3	7	9

第 10 周末，A 产品的出产与投入累计号数为：$N_{A出} = 20 \times 10 = 200$(号)，$N_{A投} = 200 + 1 \times 20 = 220$(号)。K 部件的出产与投入累计号数分别为：$N_{K出} = 200 + 2 \times 20 = 240$(号)，$N_{K投} = 200 + 3 \times 20 = 260$(号)。J 零件在机械加工车间的出产与投入累计号数分别为：$N_{J机出} = (200 + 5 \times 20) \times 2 = 600$(号)(修正为 560 号)，$N_{J机投} = (200 + 7 \times 20) \times 2 = 680$(号)(修正为 640 号)；J 零件在毛坯制造车间的出产与投入累计号数分别为：$N_{J毛出} = (200 + 8 \times 20) \times 2 = 720$(号)，$N_{J毛投} = (200 + 9 \times 20) \times 2 = 760$(号)(修正为 720 号)。A 产品零部件投入-产出累计号数见表 7-8。

表 7-8　A 产品零部件投入-产出累计号数　（号）

产品名称	工艺阶段（车间）		1	2	3	4	5	6	7	8	9	10	11
A 产品	总装配	出产	20	20	20	20	20	20	20	20	20	20	20
		累计	20	40	60	80	100	120	140	160	180	200	220
		投入	20	20	20	20	20	20	20	20	20	20	20
		累计	40	60	80	100	120	140	160	180	200	220	240
部件 K	部件装配	出产	20	20	20	20	20	20	20	20	20	20	20
		累计	60	80	100	120	140	160	180	200	220	240	260
		投入	20	20	20	20	20	20	20	20	20	20	20
		累计	80	100	120	140	160	180	200	220	240	260	280

续表 7-8

产品名称	工艺阶段（车间）		1	2	3	4	5	6	7	8	9	10	11
零件 J	机械加工	出产	80		80		80		80		80		80
		累计	240		320		400		480		560		640
		投入	80		80		80		80		80		80
		累计	320		400		480		560		640		720
	毛坯制造	出产		80		80		80		80		80	
		累计		400		480		560		640		720	
		投入	80		80		80		80		80		80
		累计	400		480		560		640		720		800

7.4 单件小批生产作业计划

单件小批生产企业一般是按订货来组织生产，因而生产的数量和时间都不稳定。单件小批生产企业编制作业计划要解决的主要问题是各车间在生产时间上的联系，以保证按订货要求如期交货。从这个特点出发，单件小批生产作业计划采用的方法是生产周期法，即用计算生产周期的方法来解决车间之间在生产时间上的联系。生产周期法的具体步骤如下。

（1）根据合同规定的交货期，采用网络计划技术及相关技术，为每一项订货编制生产周期进度表。它是单件小批生产企业的主要期量标准。

（2）根据合同规定的交货期限和生产周期进度表，为每一项订货编制一份订货生产说明书，详细规定该产品在某一车间投入和出产的时间，订货生产说明书的参考格式见表 7-9。

表 7-9 订货生产说明书

订货编号	交货期限	成套部件编号	工艺路线	投入期	出产期
203	5 月 31 日	210	铸工车间	3 月 20 日	4 月 15 日
			机械车间	4 月 25 日	5 月 10 日
			装配车间	5 月 15 日	5 月 30 日
		211	铸工车间	3 月 15 日	4 月 5 日
			机械车间	4 月 10 日	5 月 5 日
			装配车间	5 月 10 日	5 月 30 日

（3）根据订货生产说明书，编制月度作业计划初稿。

（4）分车间、科室进行任务与能力的平衡。

7.5 项目型生产作业计划

7.5.1 项目型生产作业计划概念

项目是在一定的时间、资源、环境等约束条件下，为实现特定的目标所做的一次性的努力或任务。项目型作业计划主要是对项目的时间进度、成本和资源等作出合理的计划安排。

项目型作业计划常采用网络计划技术进行优化，网络计划技术不仅能完整地揭示一个项目包含的全部工作以及它们之间的关系，而且还能根据数学原理，应用优化技术合理安排各项工作，以达到用最佳的工期、最少的资源、最好的流程、最低的费用完成项目。网络计划有利于对计划进行控制、管理、调整和优化，更清晰地了解工作之间的相互联系和相互制约的逻辑关系，掌握关键工作和计划的全盘情况。

网络计划的基本思想：首先，应用网络计划图表示工程项目中计划要完成的各项工作，完成各项工作必然存在先后顺序及其相互依赖的逻辑关系；这些关系用节点、箭线来构成网络图。网络图是由左向右绘制，表示工作进程；并标注工作名称、代号和工作持续时间等必要信息。其次，通过对网络计划图进行时间参数的计算，找出计划中的关键工作和关键线路。最后，通过不断改进网络计划，寻求最优方案，以求在计划执行过程中对计划进行有效的控制与监督，保证合理地使用人力、物力和财力，以最小的消耗取得最大的经济效果。

7.5.2 网络计划技术类型

考虑网络图中逻辑关系和延续时间的确定性及不确定性，网络计划技术类型见表 7-10。

表 7-10 网络计划技术类型

类型		延续时间	
		肯定	不肯定
逻辑关系	肯定型	关键路径法（Critical Path Method，CPM）	计划评审技术（Program Evaluation and Review Technique，PERT）
	非肯定型	决策关键路径法（Decision Critical Path Method，DCPM）	图形评审技术（Graphic Evaluation and Review Technique，GERT）
			随机网络技术（Queue Graphic Evaluation and Review Technique，QGERT）
			风险评审技术（Venture Evaluation and Review Technique，VERT）

7.5.3 网络计划技术相关定义

用网络图表达任务构成、工作顺序并加注工作时间参数的进度计划，称为网络计划。用网络计划对任务的工作进度进行安排和控制，以保证实现预定目标的科学计划管理技术，称为网络计划技术。网络计划技术的基础和核心是网络图。

7.5.3.1 网络图

网络图是由箭线和结点按照一定规则组成的、用来表示工作流程的、有向有序的网状图形。网络图分为双代号和单代号两种形式，由一条箭线与其前后两个结点来表示一项工作的网络图称为双代号网络图；而由一个结点表示一项工作，以箭线表示工作顺序的网络图称为单代号网络图。对于每一项工作而言，双代号网络图的表示方法，如图7-6所示。

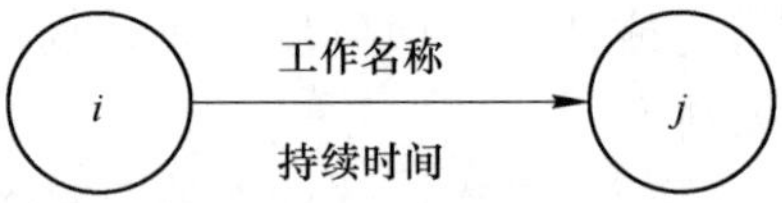

图7-6　双代号网络图的表示方法
i—箭尾节点编号；j—箭头节点编号

7.5.3.2　双代号网络图的构成

双代号网络图由箭线、结点、结点编号、虚箭线、线路等基本要素构成。

（1）箭线。一条箭线表示一项工作（又称工序、作业或活动），箭线的尾端表示该项工作的开始，箭头端则表示该项工作的结束。

（2）结点。结点代表一项工作的开始或结束，常用圆圈表示。箭线尾部的结点称为该箭线所示工作的开始结点，箭头端的结点称为该工作的完成结点。在一个完整的网络图中，除了最前的起点结点和最后的终点结点外，其余任何一个结点都具有双重含义——既是前面工作的完成点，又是后面工作的开始点。

（3）结点编号。一项工作可以用其箭线两端结点内的号码来表示，以方便网络图的检查、计算与使用。对一个网络图中的所有结点应进行统一编号，不得有缺编和重号现象。对于每一项工作而言，其箭头结点的号码应大于箭尾结点的号码，即顺箭线方向由小到大。

（4）虚箭线。虚箭线又称虚工作，它表示一项虚拟的工作，用带箭头的虚线表示。其工作持续时间必须用0标出。虚工作的特点是既不消耗时间，也不消耗资源。虚箭线可起到联系、区分和断路作用，在双代号网络图中表达一些工作之间的相互联系、相互制约关系，从而保证逻辑关系正确。

（5）线路。在网络图中，从起点结点开始，沿箭线方向顺序通过一系列箭线与结点，最后到达终点结点所经过的通路叫线路。

（6）关键线路。网络图中所需工时最长的路线称为关键线路，关键线路上的工序称为关键工序。位于非关键线路上的工作除关键工作外都称为非关键工作，它们都有机动时间（即时差）；非关键工作也不是一成不变的，它可以转化成关键工作；利用非关键工作的机动时间可以科学地、合理地调配资源和对网络计划进行优化。

7.5.3.3　双代号网络图的绘制规则

（1）箭线的方向一律向右，从左向右画。

（2）源汇合一。网络图中，只能有一个起点结点和一个终点结点；不允许出现没有紧后或紧前活动的中间结点。

（3）有向性。网络图中严禁出现循环回路，即箭线不能从一点出发，又回到该点。

（4）两点一线。网络图中不允许出现相同编号的工作，两个结点间只允许画一条箭线，直接连接两个相邻节点之间的活动只能有一个。

（5）活动有始有终。不允许出现无开始结点或无完成结点的工作，箭线首尾必有节点，不能从箭线中间引出另一条箭线。

（6）在结点之间，严禁出现带双向箭头或无箭头的连线。

双代号网络图中各工作逻辑关系的表示方法，如图7-7所示。

序号	工作之间的逻辑关系	网络图中的表示方法	说明
1	A 工作完成后进行 B 工作	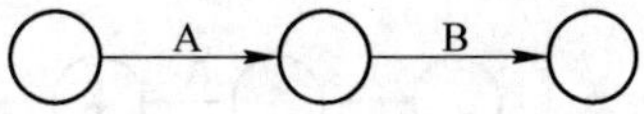	A 工作制约着 B 工作的开始，B 工作依赖着 A 工作
2	A、B、C 三项工作同时开始	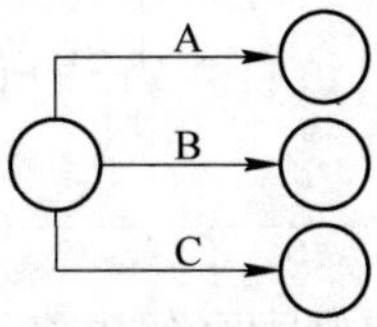	A、B、C 三项工作称为平行工作
3	A、B、C 三项工作同时结束	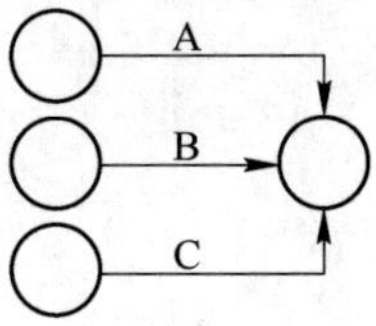	A、B、C 三项工作称为平行工作
4	有 A、B、C 三项工作，只有 A 完成后 B、C 才能开始	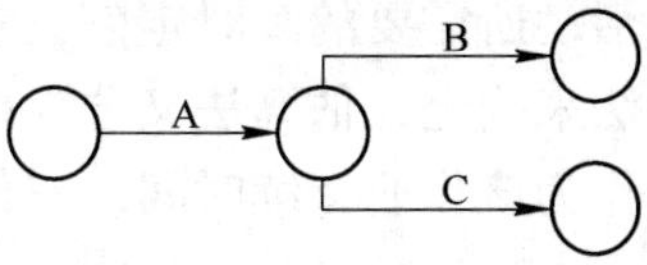	A 工作制约着 B、C 工作的开始，B、C 为平行工作
5	有 A、B、C 三项工作，C 工作只有在 A、B 完成后才能开始	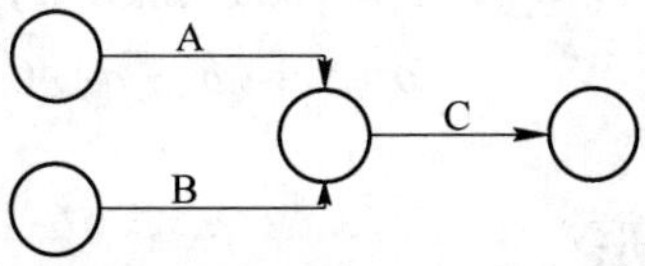	C 工作依赖着 A、B 工作，A、B 为平行工作
6	有 A、B、C、D 四项工作，只有 A、B 完成后 C、D 才能开始	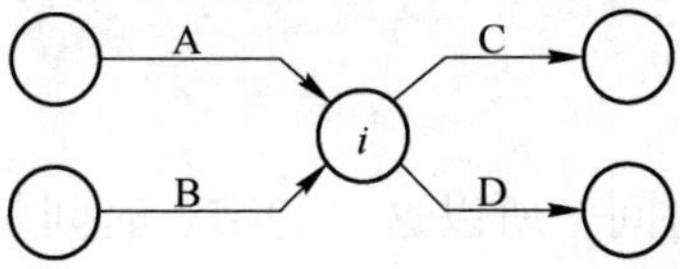	通过中间节点 i 正确的表达了 A、B、C、D 工作之间的关系
7	有 A、B、C、D 四项工作，A 完成后 C 才能开始，A、B 完成后 D 才能开始	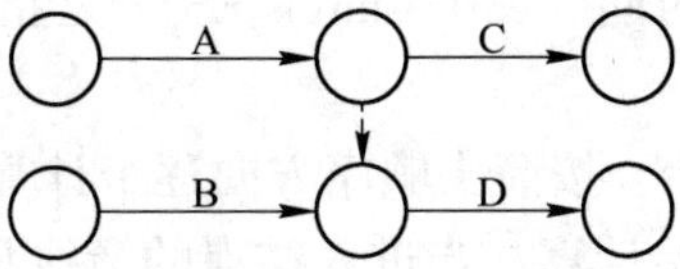	D 与 A 之间引入了逻辑连接（虚工作），从而正确地表达了它们之间的制约关系
8	有 A、B、C、D、E 五项工作，A、B 完成后 C 才能开始，B、D 完成后 E 才能开始	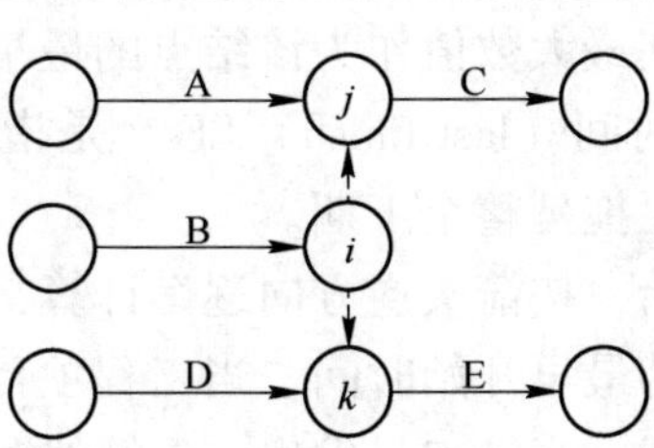	虚工作 i-j 反映出 C 工作受到 B 工作的制约，虚工作 i-k 反映出 E 工作受到 B 工作的制约
9	有 A、B、C、D、E 五项工作，A、B、C 完成后 D 才能开始，B、C 完成后 E 才能开始	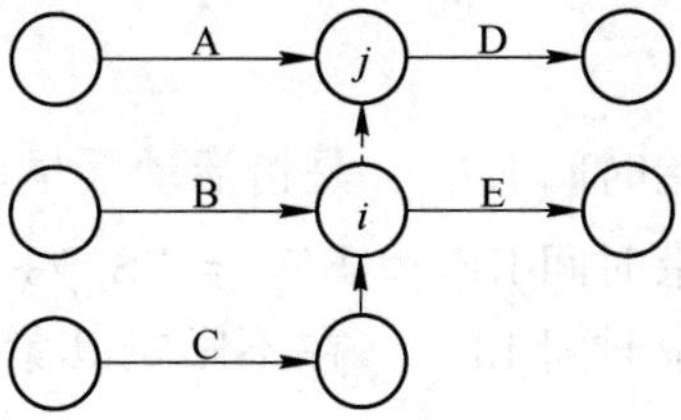	虚工作 i-j 反映出 D 工作受到 B、C 工作的制约

序号	工作之间的逻辑关系	网络图中的表示方法	说明
10	有 A、B 两项工作分三个施工段，平行施工	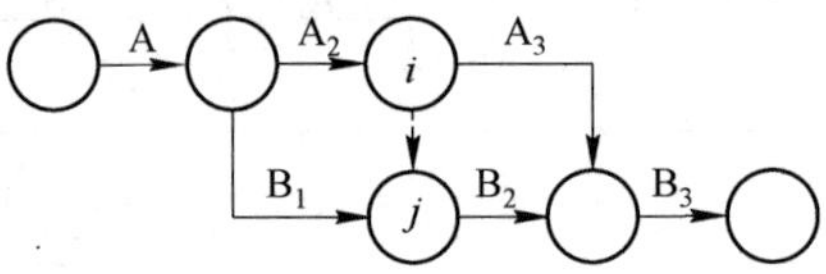	每个工种工程建立专业工作队，在每个施工段上进行流水作业，虚工作 i-j 表达了工种间的工作面关系

图 7-7 双代号网络图中各工作逻辑关系的表示

7.5.4 网络计划技术时间计算

7.5.4.1 作业时间

作业时间是指完成一项活动所需要的工时定额，它是确定其他时间参数的基础。对于非肯定性工时通常采用估算法来确定，估算法又分为单值估算法和三值估算法。单值估算法，以每项作业最可能时间作为该作业持续时间。三值估算法：

作业时间 $$t = (a + 4m + b)/6 \tag{7-5}$$

标准差 $$\sigma^2 = [(b - a)/6]^2 \tag{7-6}$$

式中 a——作业最短时间；

m——作业最可能时间；

b——作业最长时间。

7.5.4.2 结点时间

由于结点本身不消耗时间，所以这里的结点时间是指结点发生的时刻。

（1）结点的最早开始时间（early start）ES_i，是指从该结点开始的各项活动最早可能开始的时间。

计算方法：从始点开始，按箭头顺序方向逐个计算，最后一个是终点；始点的最早开始时间为“0”，即从零开始计算；当进入结点的箭线只有一条时：$ES_j = ES_i + t_{i,j}$； 当进入结点的箭线有多条时，取其最大数值作为该结点的最早开始时间：$ES_j = \max\{ES_i + t_{i,j}\}$。

（2）结点的最迟结束时间（last finish）LF_i，是指进入该结点的活动最迟必须完成的时间，不能再迟，再迟就要拖延整个工期。

计算方法：从终点开始，按箭头逆方向逐个计算，直至网络图的始点；网络图的最终结点最迟结束时间等于它的最早开始时间。当工程项目有完工时间的要求时，终点的最迟结束时间可按规定时间进行；当结点只发出一条箭线时：$LF_i = LF_j - t_{i,j}$；当结点发出的箭线多条时，$LF_i = \min\{LF_j - t_{i,j}\}$。

7.5.4.3 活动时间

（1）活动最早可能开始时间 $ES_{i,j}$，是指活动最早可以开工时间，$ES_{i,j} = ES_i$。

（2）活动最早可能结束时间 $EF_{i,j}$。$EF_{i,j} = ES_{i,j} + t_{i,j} = ES_i + t_{i,j}$。

（3）活动最迟必须结束时间 $LF_{i,j}$。在不影响其紧后活动如期开始，该活动最迟必须结束时间 $LF_{i,j} = LF_j$。

（4）活动最迟必须开工时间 $LS_{i,j}$。在不影响其紧后活动如期开始，该活动最迟必须结束时间 $LS_{i,j} = LF_{i,j} - t_{i,j} = LF_j - t_{i,j}$。

（5）单时差 $r_{i,j}$，也称为自由时差，是指在不影响整个工程项目按期完成的条件下，某些活动在开工时间的安排上可以机动使用的时间，$r_{i,j} = ES_i - ES_j - t_{i,j}$。

（6）总时差 $ST_{i,j}$，是指在不影响其紧后活动最迟必须开工时间的情况下，该活动可以机动使用的时间。它等于活动的最迟必须开工时间与最早可能开始时间之差，计算公式为 $ST_{i,j} = LS_{i,j} - ES_{i,j} = LF_j - ES_i - t_{i,j}$。

7.5.4.4　时差与关键路线

总时差为零的各活动的连线构成关键路线（Critical Path Method，CPM）。确定关键路线的方法有最长路线法、时差法和破圈法。

7.5.4.5　工期

关键路线上作业时间之和称为工期。关键路线的完成时间决定整个工程的完工时间；关键路线可能不止一条，关键路线与非关键路线可以相互转化。

7.5.5　关键路线法（CPM）实例

例 7-4　某项目作业详细的工序明细数据见表 7-11，根据表 7-11 中的数据资料完成以下任务：

（1）绘制项目双代号网络图；

（2）在图上计算各工序的最早开始和最迟开始时间；

（3）用表格计算工序的 6 个时间参数；

（4）指出项目的关键工序和关键路线 CPM；

（5）求项目的完工时间。

表 7-11　某项目工序明细数据

工序	紧前工序	工序时间/d	工序	紧前工序	工序时间/d
a	—	6	g	a，b	10
b	—	9	h	e，f	12
c	a	13	i	d，h	8
d	c	5	j	i	17
e	c	16	k	h，g	20
f	a，b	12	l	g	25

解：（1）绘制项目作业双代号网络图，如图 7-8 所示。

（2）在图上计算各工序的最早开始和最迟开始时间，如图 7-9 所示，方框符号表示最早开始时间，三角形符号表示最迟开始时间。最早开始时间由节点序号从小到大顺序计算，最后节点的最早开始时间和最迟开始时间相等，而最迟开始时间由节点序号从大到小逆序计算。

（3）用表格计算工序的 6 个时间参数见表 7-12。

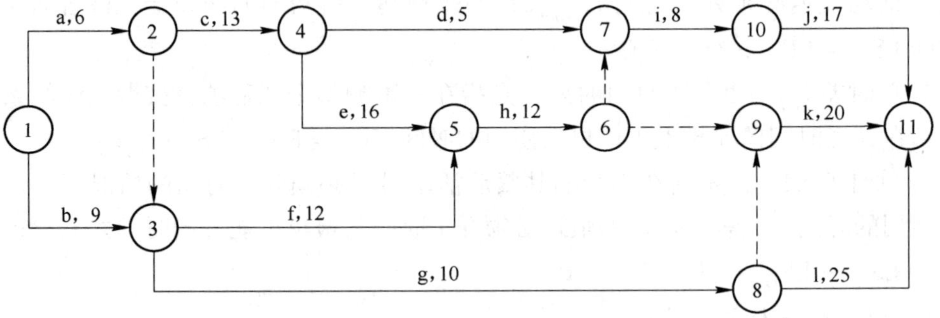

图 7-8 项目作业双代号网络

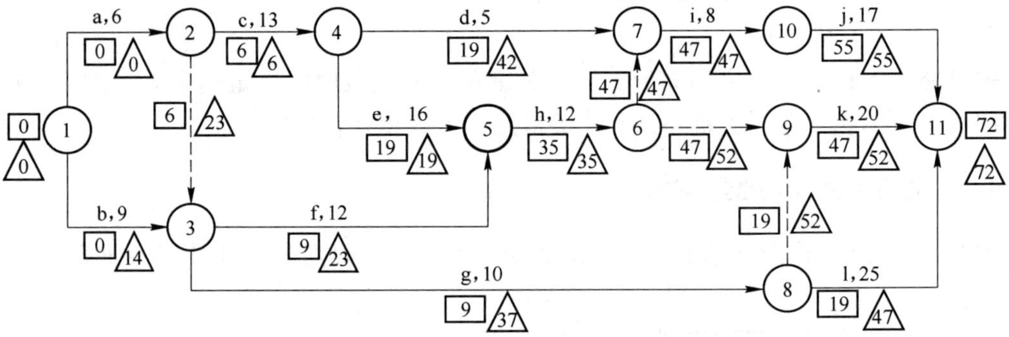

图 7-9 各工序的最早开始和最迟开始时间

表 7-12 用表格计算工序的时间参数 (d)

工序	(i, j)	t_{ij}	$ES_{i,j}$	$EF_{i,j}$	$LF_{i,j}$	$LS_{i,j}$	$r_{i,j}$	$ST_{i,j}$
a	(1, 2)	6	0	6	6	0	0	0
b	(1, 3)	9	0	9	23	14	14	0
c	(2, 4)	13	6	19	19	6	0	0
d	(4, 7)	5	19	24	47	42	23	23
e	(4, 5)	16	19	35	35	19	0	0
f	(3, 5)	12	9	21	35	23	14	14
g	(3, 8)	10	9	19	47	37	28	0
h	(5, 6)	12	35	47	47	35	0	0
i	(7, 10)	8	47	55	55	47	0	0
j	(10, 11)	17	55	72	72	55	0	0
k	(9, 11)	20	47	67	72	52	5	5
l	(8, 11)	25	19	44	72	47	28	28

(4) 总时差为 0 的工序组成的路线（始点至终点间）构成关键路线，关键路线上的工序为关键工序，因此关键工序为 a、c、e、h、i、j，项目的关键路线 CPM 为：①→②→④→⑤→⑥→⑦→⑩→⑪。

（5）最后一道工序完工的时间就是项目的完工期，数值上等于关键路线上各关键工序的时间总和，项目的完工时间为 72 天。

例 7-5 某项目工序的正常时间、应急时间及对应的费用见表 7-13。表 7-13 中正常成本是在正常时间完成工序所需要的成本，应急成本是在采取应急措施时完成工序的成本，每天的应急成本是工序缩短 1 天额外增加的成本。完成以下任务：（1）绘制项目网络图，按正常时间计算完成项目的总成本和工期；（2）按应急时间计算完成项目的总成本和工期；（3）按应急时间的项目完工期，调整计划使总成本最低；（4）已知项目缩短 1 天额外获得奖金 5 万元，减少间接费用 1 万元，求总成本最低的项目完工期。

表 7-13 某项目工序的时间和成本参数表

工序	紧前工序	时间/天		成本/万元		时间的最大缩量/天	应急增加成本/万元·天$^{-1}$
		正常	应急	正常	应急		
a	—	19	15	52	80	4	7
b	a	21	19	62	90	2	14
c	b	24	22	24	30	2	3
d	b	25	23	38	60	2	11
e	b	26	24	18	26	2	4
f	c	25	23	88	102	2	7
g	d、e	28	23	19	39	5	4
h	f	23	23	30	30	0	—
i	g、h	27	26	40	55	1	15
j	i	18	14	17	21	4	1
k	i	35	30	25	35	5	2
l	j	28	25	30	60	3	10
m	k	30	26	45	57	4	3
n	l	25	20	18	28	5	2
合计		354	313	506	713	41	83

解：（1）项目作业双代号网络图及按正常时间计算的项目工序时间参数如图 7-10 所示，关键路线为①→②→③→④→⑥→⑧→⑨→⑩→⑪→⑬，关键工序为 a、b、c、f、h、i、j、l、n，项目的完工期为 210 天，将表 7-13 中正常成本一列相加得到项目总成本为 506 万元。

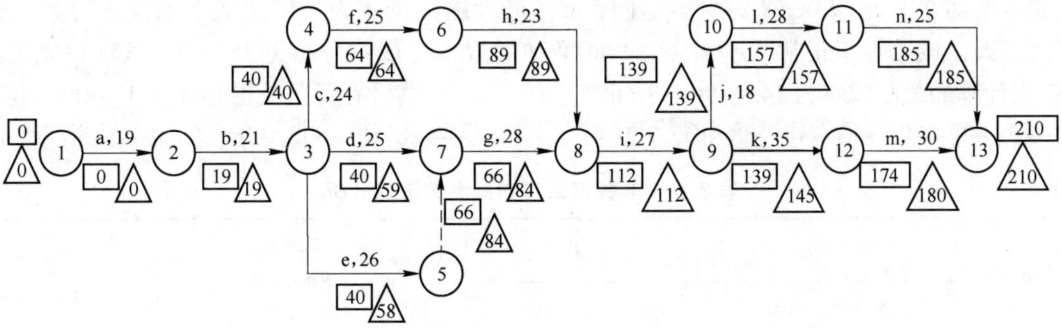

图 7-10 正常作业各工序的最早开始和最迟开始时间

（2）应急作业的项目网络图不变，时间参数计算如图 7-11 所示，关键路线为①→②→③→④→⑥→⑧→⑨→⑩→⑪→⑬，关键工序为 a、b、c、f、h、i、j、l、n，项目的完工期为 187 天，将表 7-13 中应急成本一列相加得到项目总成本为 713 万元。

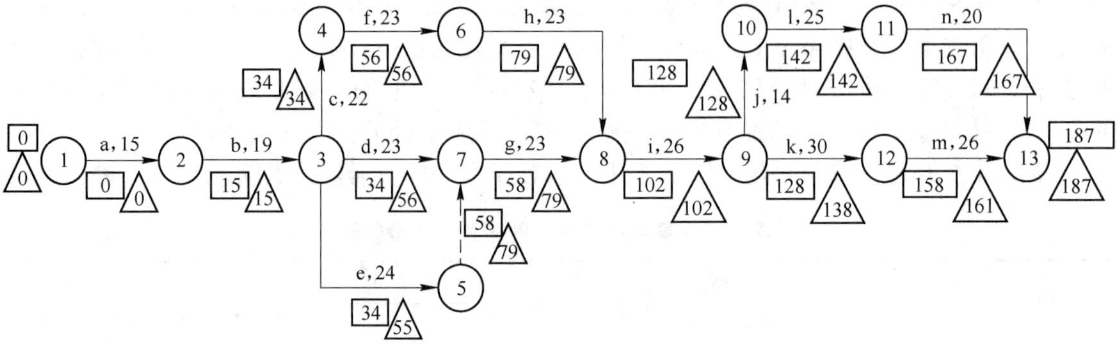

图 7-11 应急作业各工序的最早开始和最迟开始时间

（3）图 7-11 中非关键工序是 d、e、g、k 和 m，可以看出，将工序 d、e、g 按正常时间施工时，最早开始和最迟开始时间不相等，说明按正常时间施工不影响项目的完工期 187 天，i 工序开始和结束时间保持不变，如图 7-12（a）所示。工序 k 和 m 按应急时间进行共要缩短正常时间 6 天，如图 7-12（b）所示。

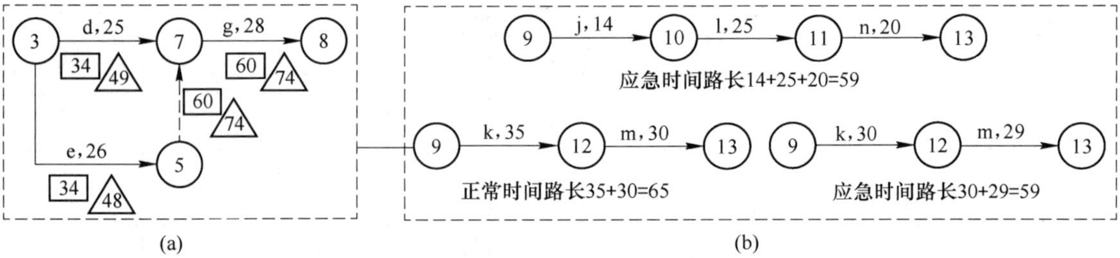

图 7-12 非关键工序时间参数选择分析

项目总成本最低的决策优化方案是：关键工序 a、b、c、f、h、i、j、l、n 全部按应急时间施工，保持工期不变为 187 天，总成本等于各工序应急成本之和；工序 d、e、g 按正常时间施工，不影响工期，成本等于各工序正常成本之和；工序 k（最大缩减量 5 天，应急成本增加 2 万元/天）缩短 5 天，工序 m（最大缩减量 4 天，应急成本增加 3 万元/天）缩短 1 天，成本等于正常成本加应急时间增加的成本。成本分析见表 7-14，按项目完工期 187 天计算的最小成本为 145+496+13=654（万元）。调整后有两条关键路线：①→②→③→④→⑥→⑧→⑨→⑩→⑪→⑬和①→②→③→④→⑥→⑧→⑨→⑫→⑬，如图 7-13 所示。

表 7-14 非关键工序时间参数选择分析

工序	时间/天		成本/万元		时间最大缩量/天	应急增加成本/万元·天$^{-1}$	压缩时间/天	应急增加成本/万元
	正常	应急	正常	应急				
a	—	15	—	80	4	7	—	—

续表 7-14

工序	时间/天		成本/万元		时间最大缩量/天	应急增加成本/万元·天$^{-1}$	压缩时间/天	应急增加成本/万元
	正常	应急	正常	应急				
b	—	19	—	90	2	14	—	—
c	—	22	—	30	2	3	—	—
d	25	—	38	—	2	11	—	—
e	26	—	18	—	2	4	—	—
f	—	23	—	102	2	7	—	—
g	28	—	19	—	5	4	—	—
h	—	23	—	30	0	—	—	—
i	—	26	—	55	1	15	—	—
j	—	14	—	21	4	1	—	—
k	35	—	25	—	5	2	5	10
l	—	25	—	60	3	10	—	—
m	30	—	45	—	4	3	1	3
n	—	20	—	28	5	2	—	—
合计			145	496				13

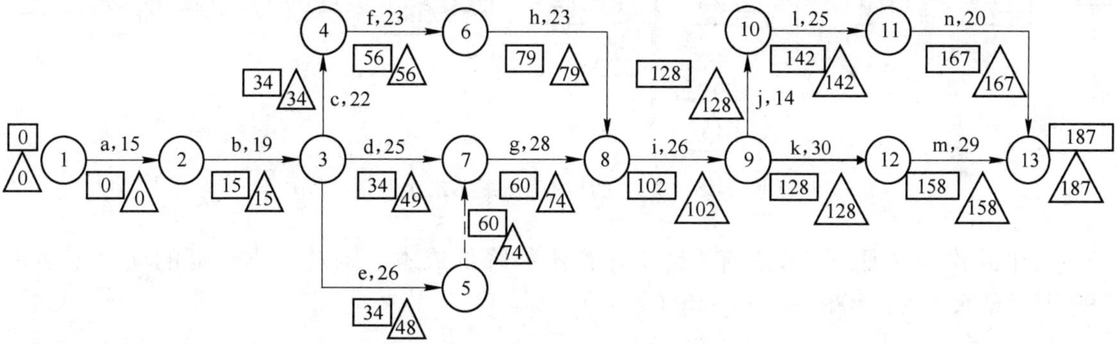

图 7-13　总成本最低的项目时间参数优化方案

（4）考虑缩短关键工序的时间，选择一天应急增加的成本小于等于 6 万元的关键工序缩短时间，这样的工序有 c、j、n，工序 c 缩短 2 天，工序 j 缩短 4 天，工序 n 缩短 2 天。对正常作业网络图图 7-10 进行关键工序压缩调整得到图 7-14。得到两条关键路线①→②→③→④→⑥→⑧→⑨→⑩→⑪→⑬和①→②→③→④→⑥→⑧→⑨→⑫→⑬，工序 k 和 m 新增为关键工序，项目完工期为 202 天，缩短了 8 天。总成本变动额为：$2\times3+4\times1+2\times2-8\times6=-34$（万元）。

经过第一次调整后得到的两条关键路线中，一天应急增加的成本小于等于 6 万元的全部关键工序中，工序 n 还可以缩短 3 天，工序 j 无法缩短，工序 l 无法缩短，工序 k 可以缩短 3 天，工序 m 可以缩短 4 天。考虑到要缩短工期必须两条关键路线同时缩短时间，

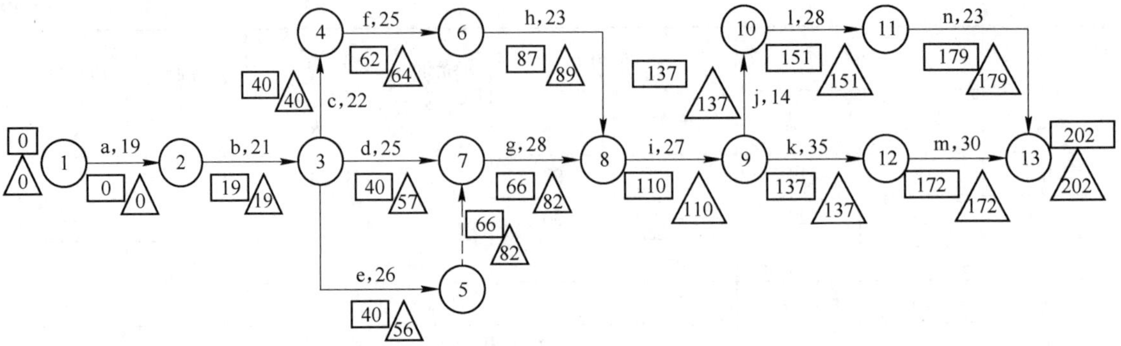

图 7-14 关键工序时间压缩第一次调整

①→②→③→④→⑥→⑧→⑨→⑩→⑪→⑬路线工序 n 还能缩短 3 天，①→②→③→④→⑥→⑧→⑨→⑫→⑬路线只对工序 k 缩短 3 天即可满足要求。对图 7-14 再调整一次得到图 7-15，项目的完工期为 199 天，又缩短了 3 天，总成本变动额为：3×2+3×2−3×6=−6（万元）。

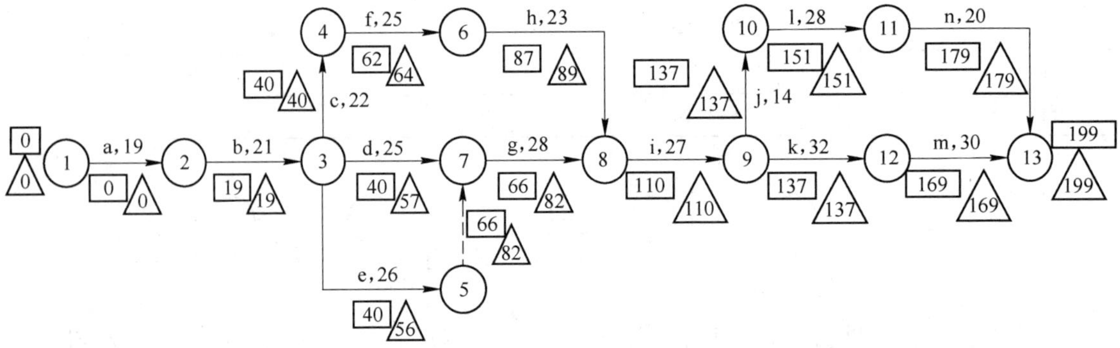

图 7-15 关键工序时间压缩第二次调整

经继续检查发现，缩短任何关键工序都不能降低成本，则总成本最低的项目工期是 199 天，总成本为：506−34−6=466（万元）。

7.5.6 计划评审技术（PERT）实例

计划评审技术（Program Evaluation and Review Technique，PERT）最早是由美国海军在计划和控制北极星导弹的研制时发展起来的。简单地说，PERT 是利用网络分析制定计划以及对计划予以评价的技术。计划评审技术（PERT）是当项目的某些或者全部活动持续时间估算事先不能完全肯定或存在很大不确定性时，采用概率统计方法先求得项目活动期望平均时间，并以此时间作为网络图中相关活动的持续时间，化不确定性进度计划为确定性进度计划，再进行进度计划时间参数估算和分析的管理方法。

PERT 从本质上说是或然论的，每个活动时间基于 β 分布，预期时间期限基于正态分布，常用于估算时间的风险具有高度可变性的研发项目。概率型网络图与确定型网络图在工时确定后对其他时间参数的计算没有原则性的区别，由于每个工序的完成时间是随机的，故整个任务的总完成工期也是期望工期，它是关键路径上各道工序的平均工时之和，总方差就是关键路径上所有工序的方差之和。若工作足够多，每一工序的工时对整个任务的完工期的影响都足够小时，由中心极限定理可知，总工期服从以关键路径上各道工作的平均工时之和为均值，以关键路径上所有工作的方差之和为方差的正态分布。则在 T_s 时刻的完工概率为：

$$P(T \leqslant T_s) = \int_{-\infty}^{T_s} N(T_z, \sqrt{\sum_i \sigma_i^2})\,dt$$
$$= \int_{-\infty}^{\frac{T_s - T_z}{\sqrt{\sum_i \sigma_i^2}}} N(0, 1)\,dt = \phi\left(\frac{T_s - T_z}{\sqrt{\sum_i \sigma_i^2}}\right) \tag{7-7}$$

式中 T_s——给定的完工要求时间；

T_z——关键路径上各道工序的平均工时之和；

σ_i^2——关键路径上工序 i 的方差；

$N(0, 1)$——标准正态分布；

ϕ——标准正态分布函数；

i——关键路径上的工序编号。

例 7-6 某企业第一次尝试生产 A 产品，有关产品的各项工序信息见表 7-15，假定各个工序的作业时间近似服从 β 分布，表中给出了各个工序的最短时间 a、最可能时间 m 和最长时间 b 三个参数。要求绘制出产品生产的工序网络图，设法求出网络时间和关键路线，若产品要求 16 周内生产完成，请计算该产品如期完工的概率。

表 7-15 A 产品工序关系及时间参数信息

工序	紧前工序	工序最短时间 a/周	工序最可能时间 m/周	工序最长时间 b/周
a	—	1.5	2.0	2.5
b	a	2.0	2.5	6.0
c	—	1.0	2.0	3.0
d	c	1.5	2.0	2.5
e	b，d	0.5	1.0	1.5
f	e	1.0	2.0	3.0
g	b，d	3.0	3.5	7.0
h	g	3.0	4.0	5.0
i	f，g	1.5	2.0	2.5

解：根据工序时间数据计算工序平均时间和方差，结果见表 7-16，利用平均时间代替工序时间的网络，如图 7-16 所示。

表 7-16 A 产品工序关系及时间参数信息

工序	工序最短时间 a/周	工序最可能时间 m/周	工序最长时间 b/周	工序平均时间 $[(a+4m+b)/6]$/周	时间估计的方差 σ^2 $[(b-a)/6]^2$
a	1.5	2.0	2.5	2	0.028
b	2.0	2.5	6.0	3	0.444

续表 7-16

工序	工序最短时间 a/周	工序最可能时间 m/周	工序最长时间 b/周	工序平均时间 $[(a+4m+b)/6]$/周	时间估计的方差 σ^2 $[(b-a)/6]^2$
c	1.0	2.0	3.0	2	0.111
d	1.5	2.0	2.5	2	0.028
e	0.5	1.0	1.5	1	0.028
f	1.0	2.0	3.0	2	0.111
g	3.0	3.5	7.0	4	0.444
h	3.0	4.0	5.0	4	0.111
i	1.5	2.0	2.5	2	0.028

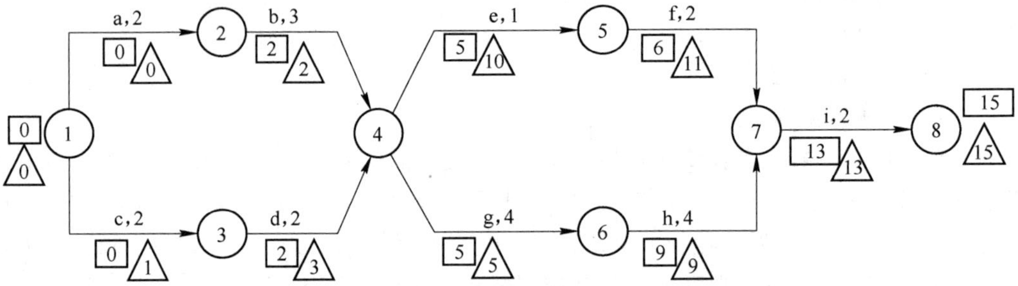

图 7-16 A 产品的工序网络图及参数计算

图 7-16 中关键路线为①→②→④→⑥→⑦→⑧，关键工序为 a、b、g、h、i。完成时间近似服从正态分布，均值为关键路线上各关键工序时间均值之和（15），方差为关键路线上各关键工序时间方差之和（1.05）。若产品要求 16 周内生产完成，则 $T=16$，$E(T)=15$，相应地：

$$u=\frac{T-E(T)}{\sigma}=\frac{16-15}{\sqrt{1.05}}=0.976$$

查询正态分布表可知完工概率为 0.8355，即 16 周内完工的概率为 83.55%。

7.6 作业排序

7.6.1 作业排序概念

作业排序（sequencing）是指为每台设备、每位员工具体确定每天的工作任务和工作顺序的过程。一般来说，作业排序只是确定工件在机器设备上的加工顺序，而作业计划则不仅要确定工件的加工顺序，还要确定机器设备加工每个工件的开始时间和完成时间。制造业的生产作业排序可以按机器、工件和目标函数的特征等进行分类。

（1）按照机器种类和数量不同，可以分为单台机器的排序问题和多台机器的排序问题。对于多台机器的排序问题，按工件加工的路线特征可以分成单件车间（job-shop）排序问题和流水车间（flow-shop）排序问题。

（2）按参数性质不同，可以划分为确定型排序和随机型排序。

（3）按工件到达车间情况不同，可以分成静态排序问题和动态排序问题。

（4）按目标函数性质不同，可以划分为单目标排序问题和多目标排序问题。

7.6.2 作业排序目标

（1）满足交货日期。

（2）极小化提前期。

（3）极小化准备时间或成本。

（4）极小化在制品库存。

（5）极大化设备或劳动力的利用。

7.6.3 作业排序方法

7.6.3.1 作业排序符号定义

为了便于分析研究，建立排序问题数学模型，有必要对作业排序问题提出一些典型假设条件：一个工件不能同时在几台不同的机器上加工；每台机器在同一时间内只能处理一个工件；不允许中断。当一个工件一旦开始加工，必须一直进行到完工，不得中途停止插入其他工件；每道工序只在一台机器上完成；工件数、机器数和加工时间已知，加工时间与加工顺序无关；工件在加工过程中采取平行移动方式，即当上一道工序完工后，立即送下道工序加工。

为了便于排序问题的描述，下面对有关符号进行列表说明，见表 7-17。

表 7-17 作业排序符号定义及说明

符号名称	符号说明
J_i	工件 i，$i=1, 2, \cdots, n$
M_j	机器 j，$j=1, 2, \cdots, m$
p_{ij}	J_i 在 M_j 上的加工时间，J_i 的总加工时间为 $P_i=\sum p_{ij}$
r_i	J_i 的到达时间，指 J_i 从外部进入车间，可以开始加工的最早时间
d_i	J_i 的完工期限
w_{ij}	J_i 在 M_j 上的等待时间，J_i 的总等待时间为 $W_i=\sum w_{ij}$
a_i	J_i在车间允许停留的时间，$a_i=d_i-r_i$
C_i	J_i 的完工时间，$C_i=r_i+\sum(p_{ij}+w_{ij})=r_i+W_i+P_i$
C_{max}	最长完工时间，$C_{max}=\max\{C_i\}$
F_i	J_i 的流程时间，即工件在车间的实际停留时间，$F_i=C_i-r_i=W_i+P_i$
F_{max}	最长流程时间，$F_{max}=\max\{F_i\}$
L_i	J_i 的延迟时间，$L_i=C_i-d_i=r_i+P_i+W_i-d_i=P_i+W_i-(d_i-r_i)=F_i-a_i$
L_{max}	最长延迟时间，$L_{max}=\max\{L_i\}$

参考 Conway 等人提出的方法来表示排序问题，这个方法只用四个参数就可以表示大

多数不同的排序问题。四参数表示方法为：

工件数 n/机器数 m/车间类型 A/目标函数 B

其中，若在 A 的位置标以“F”，则代表流水作业排序问题。若标以“P”，则表示流水作业排列排序问题。若标以“G”，则表示一般单件作业排序问题。当 $m=1$，则 A 处为空白。B 为目标函数，通常是使其值最小。

7.6.3.2 作业排序规则

在进行作业排序时，需用到优先调度规则，这些规则可能很简单，仅需根据一种数据信息对作业进行排序。还可使用多个优先规则的组合。下面列出几个常用的优先调度规则，见表 7-18。

表 7-18 常用的优先调度规则定义及说明

规则名称	规则说明
FCFS	first come first served，按订单送到的先后顺序进行加工
SPT	shortest processing time，优先选择加工时间最短的工件
EDD	earliest due date，优先选择完工期限最紧（即交货期最短）的工件
SCR	smallest critical ratio，优先选择临界比最小的工件。临界比为工件允许停留时间与工件余下加工时间之比
LWKR	least work remaining，优先选择余下加工时间最短的工件
MWKR	most work remaining，优先选择余下加工时间最长的工件
MOPNR	most operations remaining，优先选择余下工序数最多的工件
STR	剩余松弛时间短的作业优先，STR＝交货期前所剩余时间－剩余的加工时间
CR	关键比率最小的任务先执行，关键比率是用交货日期减去当前日期的差值除以剩余的工作日数
QR	排队比率最小的任务先执行，排队比率是用计划中剩余的松弛时间除以计划中剩余的排队时间
LCFS	后到先服务，常作为缺省规则使用，因为后来的工单放在先来的上面

7.6.3.3 单台设备 $n/1/F_{max}$ 排序优化

单台设备 $n/1/F_{max}$ 排序优化问题，是指由一台设备完成 n 项加工任务，它实际上是 n 项任务的一个全排列问题，是最简单的排序问题。在单台设备上不论做何种安排，n 项任务中最大流程时间总是一个定值。作业排序的目标优化，通常使平均流程时间趋向于最小或是最大延期量最小。

例 7-7 在一周开始有 5 位客户提交了他们的 YZP 电机订单，企业目前只有一个工作中心 WC01 来处理这些订单，订单相关数据见表 7-19，请对客户订单进行优化排序。

表 7-19 WC01 工作中心 YZP 电机订单信息表

订货排序	订单编号	订货数量/台	加工时间/天	交货时间/天
1	A	30	3	5
2	B	40	4	6
3	C	20	2	7
4	D	60	6	9
5	E	10	1	2

解：利用典型的 FCFS、SPT、EDD、LCFS、STR 等规则排序，得到的加工顺序开始时间和结束时间见表 7-20。以 FCFS 为例按订货排序的加工顺序为 A—B—C—D—E，对应的开始时间分别为 0—3—7—9—15 天，结束时间分别为 3—7—9—15—16 天，延期时间分别为 0—1—2—6—14 天，平均流程时间为（3+7+9+15+16）/5 = 10（天），平均延期为（0+1+2+6+14）/5 = 4.6（天）。

表 7-20　不同优先规则对应的加工顺序及统计指标　（天）

规则	加工顺序	开始时间	结束时间	延期时间	平均流程时间	平均延期
FCFS	A—B—C—D—E	0—3—7—9—15	3—7—9—15—16	0—1—2—6—14	10	4.6
SPT	E—C—A—B—D	0—1—3—6—10	1—3—6—10—16	0—0—1—4—7	7.2	2.4
EDD	E—A—B—C—D	0—1—4—8—10	1—4—8—10—16	0—0—2—3—7	7.8	2.4
LCFS	E—D—C—B—A	0—1—7—9—13	1—7—9—13—16	0—0—2—7—11	9.2	4
STR	E—A—B—D—C	0—1—4—8—14	1—4—8—14—16	0—0—2—5—9	8.6	3.2

从表 7-20 中统计指标来看，单规则排序中 SPT 规则比其他规则要好。经过数学证明在 N 个作业 1 台设备的情况下，SPT 准则最优。

如果存在延误期为 0 的排序方案，则采用 EDD + SPT 混合规则排序可以使平均流程时间最小，混合规则排序步骤如下：

（1）$d_H \geqslant \sum p_i$（d_H 表示 H 零件的交货期）；

（2）$d_j \geqslant \sum p_i$ 的所有 j，当 $p_H \geqslant p_j$，H 排在 j 之后。

例 7-8　同类型 5 个工件 J_1、J_2、J_3、J_4、J_5 要在一台设备上加工，已知单件加工时间和交货期要求（见表 7-21），请用 SPT、EDD 规则及二者混合规则排序，找出最优的加工方案。

表 7-21　工件加工及交货信息表　（天）

工件名称	J_1	J_2	J_3	J_4	J_5
加工时间 p_i	3	7	1	5	4
交货时间 d_i	23	20	8	6	14

解：按 EDD 规则得到的工件加工顺序为 J_4—J_3—J_5—J_2—J_1，此时平均延期为 0。对本题来讲，$\sum p_i = 3 + 7 + 1 + 5 + 4 = 20$(天)，$J_1$ 和 J_2 交货期符合要求，J_2 排最后面第 5 位；剩下工件 $\sum p_i = 3 + 1 + 5 + 4 = 13$(天)，$J_1$ 和 J_5 交货期符合要求，J_5 排第 4 位；剩下工件 $\sum p_i = 3 + 1 + 5 = 9$(天)，J_1 交货期符合要求，J_1 排第 3 位；剩下工件 $\sum p_i = 1 + 5 = 6$(天)，J_3 和 J_4 交货期符合要求，J_4 排第 2 位，最后剩下 J_3 排第 1 位。最终加工顺序为：J_3—J_4—J_1—J_5—J_2。方案对比见表 7-22，可以看出 EDD+SPT 混合规则在延期为 0 的情况下，平均流程时间相对 EDD 规则减少 1.8 天。

表 7-22 不同规则的工件加工顺序及统计指标 （天）

规则	加工顺序	开始时间	结束时间	平均流程时间	平均延期
SPT	J_3—J_1—J_5—J_4—J_2	0—1—4—8—13	1—4—8—13—20	9.2	1.4
EDD	J_4—J_3—J_5—J_2—J_1	0—5—6—10—17	5—6—10—17—20	11.6	0
SPT+EDD	J_3—J_4—J_1—J_5—J_2	0—1—6—9—13	1—6—9—13—20	9.8	0

7.6.3.4 2 台设备 $n/2/F/F_{max}$ 优化方法

对于 $n/2/F/F_{max}$ 问题，F 表示流水线作业排序问题，2 台设备按先后加工顺序分别命名为 M_1 和 M_2，各个工件按 M_1 到 M_2 的顺序流水加工。著名的 Johnson 算法是 Johnson 于 1954 年提出的一个有效算法，按 Johnson 法则得出的比较简单的求解步骤如下。

（1）列出每个作业在 2 台设备上的作业时间，从加工时间矩阵中找出最短的加工时间。

（2）若最短的加工时间出现在 M_1 上，则对应的工件尽可能往前排；若最短加工时间出现在 M_2 上，则对应工件尽可能往后排。然后，从加工时间矩阵中划去已排序工件的加工时间。若最短加工时间有多个，则任意选择一个。

（3）若所有工件都已排序，停止。否则，转步骤（1）。

例 7-9 求表 7-23 所示的 $6/2/F/F_{max}$ 问题的最优解。

表 7-23 加工时间矩阵 （h）

J_i	J_1	J_2	J_3	J_4	J_5	J_6
$M_1(p_{i1})$	5	1	8	5	3	4
$M_2(p_{i2})$	7	2	2	4	7	4

解： 应用 Johnson 算法。从加工时间矩阵中找出的最短加工时间为 1 个时间单位，它出现在 M_1 上，相应的工件 2 应尽可能的往前排，即将工件 2 排在第 1 位。划去工件 2 的加工时间。余下加工时间中最小者为 2，它出现在 M_2 上，相应的工件 3 应尽可能往后排，于是排到最后一位第 6 位，划去工件 3 的加工时间，继续按 Johnson 算法安排余下工件的加工顺序。最后求得最优加工顺序为 J_2—J_5—J_6—J_1—J_4—J_3，画出加工甘特图，如图 7-17 所示，求得最优方案的最大流程时间为 $F_{max}=28$ h，平均流程时间 $=(3+11+15+22+26+28)/6=13.21$ （h）。

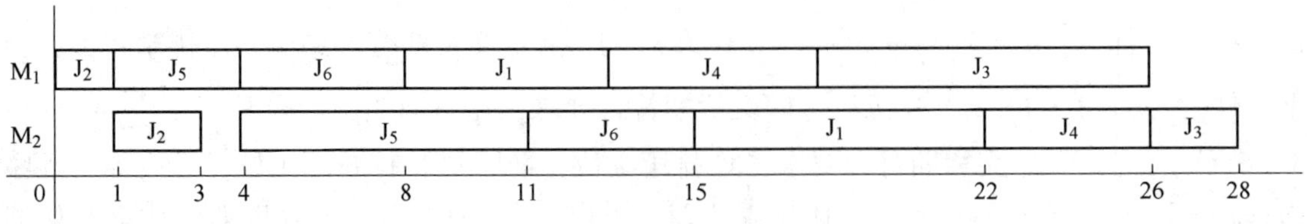

图 7-17 最优顺序对应的加工甘特图

7.6.3.5 一般 $n/m/F/F_{max}$ 问题的启发式算法

对于一般的 $n/m/F/F_{max}$ 问题，可以用分支定界法求得最优解，但计算量很大。实际中可以用下列启发式算法求近优解。

A 帕尔姆（Palmer）法

1965 年 Palmer 提出了按斜度指标排列工件的启发式算法，称之为 Palmer 法。工件的斜度指标可按式（7-8）计算：

$$\lambda_i = \sum_{k=1}^{m}\left[k - \frac{(m+1)}{2}\right] \times p_{ik} \quad (k = 1,\ 2,\ \cdots,\ n) \tag{7-8}$$

式中 m——机器数；

p_{ik}——工件 i 在 M_k 上的加工时间。

按照各工件 λ_i 不增的顺序排列工件，可得出令人满意的顺序。

例 7-10 有一个 $4/3/F/F_{max}$ 问题，其加工时间见表 7-24，用 Palmer 法求解。

表 7-24 加工时间矩阵 (h)

J_i	J_1	J_2	J_3	J_4
$M_1(p_{i1})$	1	2	6	3
$M_2(p_{i2})$	8	4	2	9
$M_3(p_{i3})$	4	5	8	2

解： 对于本例，公式（7-8）变成为

$$\lambda_i = \sum_{k=1}^{m}[k - (m+1)/2] \times p_{ik}(k = 1,\ 2,\ 3)$$

$$\lambda_i = -p_{i1} + p_{i3},\ k = 1,\ 2,\ 3$$

$$\lambda_1 = -p_{11} + p_{13} = -1 + 4 = 3$$

$$\lambda_2 = -p_{21} + p_{23} = -2 + 5 = 3$$

$$\lambda_3 = -p_{31} + p_{33} = -6 + 8 = 2$$

$$\lambda_4 = -p_{41} + p_{43} = -3 + 2 = -1$$

按 λ_i 不增的顺序排列工件，得到加工顺序 $J_1—J_2—J_3—J_4$ 和 $J_2—J_1—J_3—J_4$，恰好这两个顺序都是最优顺序。如果不是这样，则从中挑选较优者。在最优顺序 $J_1—J_2—J_3—J_4$ 下，画出加工甘特图，如图 7-18 所示，求得最优方案的最大流程时间为 $F_{max}=28$ h，平均流程时间 $=(13+18+26+28)/4=21.25$（h）。

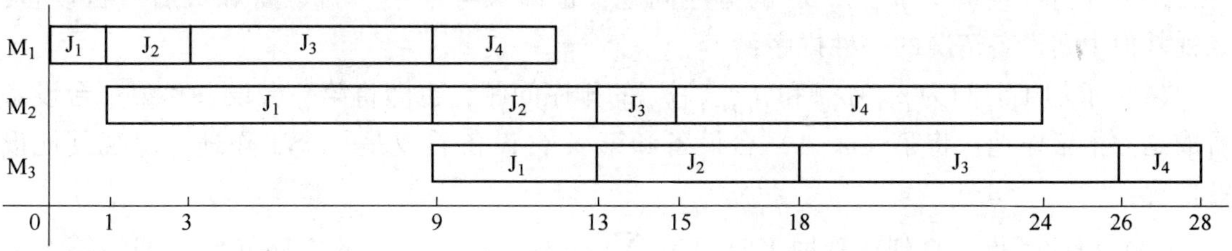

图 7-18 最优顺序对应的加工甘特图

B　关键工件法

关键工件法是陈荣秋教授1983年提出的一个启发式算法。其步骤如下：

（1）计算 $P_i=\sum p_{ij}$，其中 $j=1, 2, 3, \cdots, m$，找出 P_i 最长的工件，将之作为关键工件 C；

（2）对其余工件，$p_{i1}\leqslant p_{im}$，则按 p_{i1} 由小到大排成序列 S_a，若 $p_{i1}>p_{im}$，则按 p_{im} 由大到小排成序列 S_b；

（3）顺序（S_a，C，S_b）即为近优解。

按例7-10中的数据，对 $4/3/F/F_{max}$ 问题计算出工件在每台设备上的单件工时与总工时，见表7-25。

表7-25　加工时间及总工时矩阵　（h）

J_i	J_1	J_2	J_3	J_4
$M_1(p_{i1})$	1	2	6	3
$M_2(p_{i2})$	8	4	2	9
$M_3(p_{i3})$	4	5	8	2
$P_i=\sum p_{ij}$	13	11	16	14

（1）总加工时间最长的工件为3号工件 J_3，总加工时间 $P_3=16$ h。

（2）余下的工件为1、2、4号工件，$p_{i1}\leqslant p_{i3}$ 的工件为1，2号；按 p_{i1} 不减（相等或增加，$p_{11}=1$，$p_{21}=2$）的顺序排成一个序列 $S_a=(J_1, J_2)$；$p_{i1}>p_{i3}$ 的工件为4号工件，按 p_{im} 不增（相等或减少）顺序排成一个序列 $S_b=(J_4)$。

（3）近优解的顺序（S_a，C，S_b）即为（J_1—J_2—J_3—J_4），求得该近优解的最大流程时间为 $F_{max}=28$ h。若有多个选择方案则选择最优的一个方案。

C　CDS法

Campbell、Dudek、Smith三人于1970年共同提出了一个启发式算法，简称为CDS法。他们把Johnson算法用于一般的 $n/m/P/F_{max}$ 问题，得到 $(m-1)$ 个加工顺序，取其中优者。假设 p_{ik} 为第 i 种工件在第 k 台设备上的加工时间，利用CDS法的基本思路是加工时间为 $\sum p_{ik}(k=1, 2, \cdots, l)$ 和 $\sum p_{i,m-k+l}(l=1, 2, \cdots, m-1)$，用约翰逊规则求从 $l=1$ 到 $l=m-1$ 的共 $(m-1)$ 次 $n/2$ 排序问题的最优解，然后取其中最好的结果，作为 n/m 排序问题的近似最优解。CDS的基本步骤为：

（1）求加工时间为 p_{i1} 和 p_{im} 的排序问题，也即只考虑第一台设备和最后一台设备，忽视其他中间设备情况的一种排序；

（2）求加工时间为 $p_{i1}+p_{i2}$ 和 $p_{i,m-1}+p_{im}$ 的排序问题，也即将第一台设备和第二台设备看成是一个工作地，将第 $(m-1)$ 台设备和第 m 台设备看成是一个工作地，忽视其他设备情况；

（3）以此类推，直到计算加工时间为 $\sum p_{ik}$ 和 $\sum p_{i,m-k+1}$ 的排序问题，即将第 $1\sim(m-1)$ 台设备看成是一个工作地，将第 $2\sim m$ 台设备看成是另一个工作地；

（4）取以上（$m-1$）次排序中的最好结果，即为 n/m 排序问题的近似最优解。

按例题 7-10 数据，对 $4/3/F/F_{max}$ 问题采用 CDS 法，结果见表 7-26。

表 7-26　用 CDS 法求解　　　　(h)

J_i		J_1	J_2	J_3	J_4
$M_1(p_{i1})$		1	2	6	3
$M_2(p_{i2})$		8	4	2	9
$M_3(p_{i3})$		4	5	8	2
$l=1$	p_{i1}	1	2	6	3
	p_{i3}	4	5	8	2
$l=2$	$p_{i1}+p_{i2}$	9	6	8	12
	$p_{i2}+p_{i3}$	12	9	10	11

当 $l=1$ 时，按 Johnson 算法得到的加工顺序为 J_1—J_2—J_3—J_4，此时 $F_{max}=28$ h。

当 $l=2$ 时，按 Johnson 算法得到的加工顺序为 J_2—J_3—J_1—J_4，此时 $F_{max}=29$ h。

相应地取加工顺序为 J_1—J_2—J_3—J_4 的排序为最优结果。

7.7　生产作业控制

7.7.1　生产作业控制概念

生产作业控制是指在生产计划和生产作业计划的执行过程中，按照事先制定的作业控制标准，对生产活动进行的一系列监督检查及纠正偏差等工作。生产作业控制主要内容包括以下几点。

（1）生产调度管理。对生产作业计划的执行进行日常组织、检查和调节。

（2）生产进度控制。包含投入进度控制、出产进度控制和工序进度控制。

（3）在制品占用量控制。

7.7.2　生产作业控制方法

生产作业控制方法主要有进度分析（坐标图、甘特图）、倾向分析、统计分析和日程分析等方法。

（1）坐标图。用来直观地描绘作业数据的变化趋势，如图 7-19 所示。具有简单、方便、直观、现场工人易于掌握等优点。但对于统计过程控制，尚缺乏科学性及分析判断的准确性。

（2）甘特图。又称横道图，是一种安排计划和检查计划完成情况的图表，如图 7-20 所示。

（3）平衡线法。平衡线法是一种运用平衡线形式来对产品生产进度计划安排与作业控

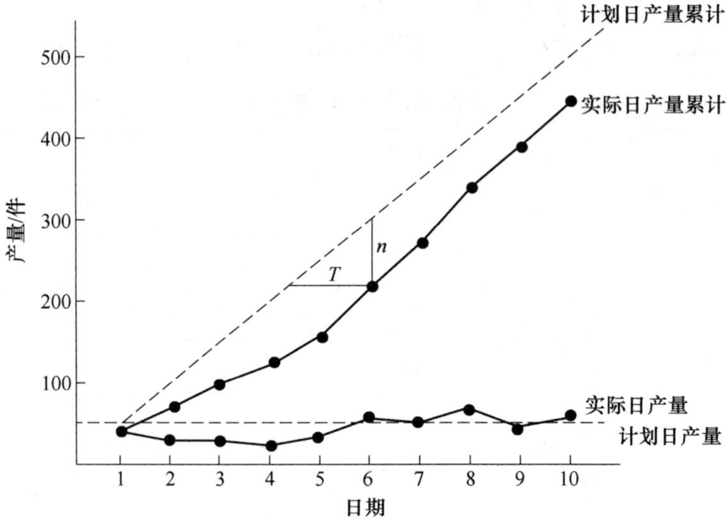

图 7-19 生产作业控制坐标图法

T—工期延迟；*n*—产量亏欠（或超额）

产品名称	各制造阶段的期限						完成日期及进度								
	时间		铸造车间	锻造车间	机加工车间	装配车间	一月			二月			三月		
							上	中	下	上	中	下	上	中	下
电机产品	计划	投入	3/1	8/1	18/1	16/2									
		产出	22/1	8/2	15/2	15/3									
	实际	投入	5/1	10/1	18/1	19/2									
		产出	25/1	10/2	15/2	20/3									

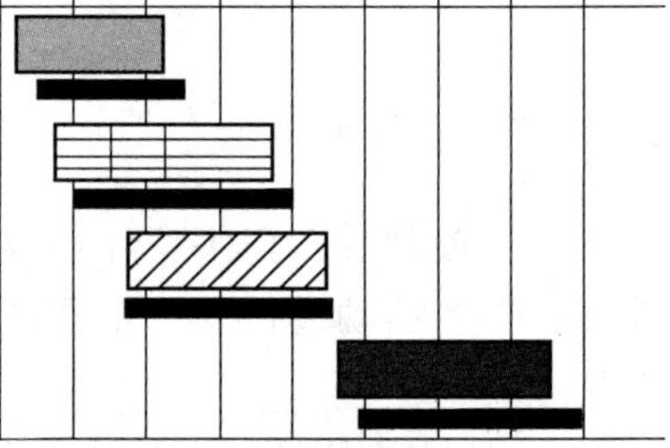

图 7-20 生产作业控制甘特图法

制的方法，它适用于同一产品重复生产、一次订货、分期交货、合同期限较短的订货生产项目，如图 7-21 和图 7-22 所示。

（4）统计分析法。当每日产量围绕计划指标上下波动时，可以取若干平均值，描绘在坐标图中，发现有超出控制界限的值，则采取措施纠正，如图 7-23 所示。

（5）精益生产控制方式。日本丰田公司通过长年的研究与应用提出了“拉动式”的生产组织方式，采用“倒过来”的形式，从生产物流的相反方向来组织生产，即后道工序在必要的时刻到前道工序去领取必要数量的必要零部件（或物料），接着前道工序只生产被领取走的那部分零部件（在数量和种类上相同）。

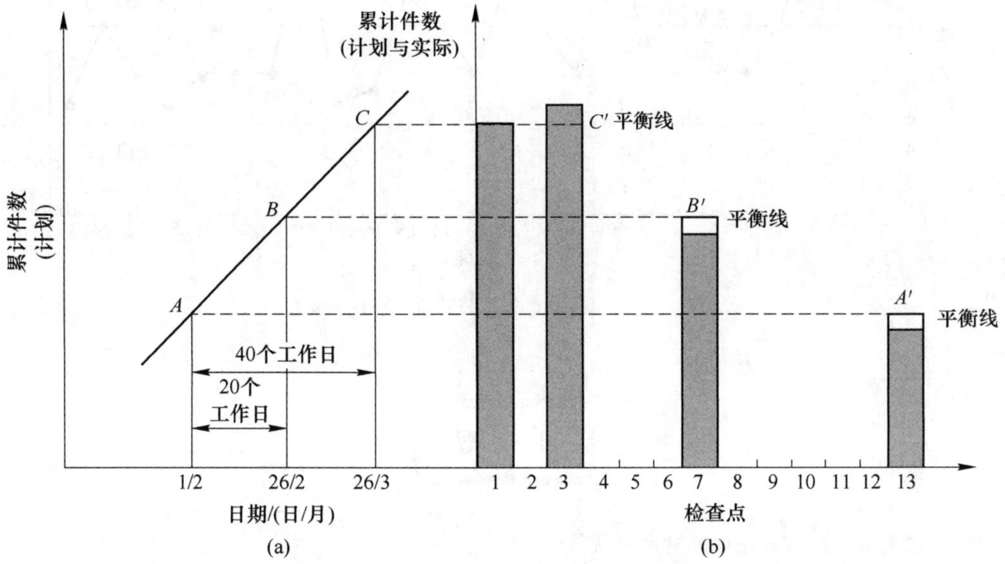

图 7-21　计划交货期控制
（a）计划交货期控制；（b）任务完成情况检查

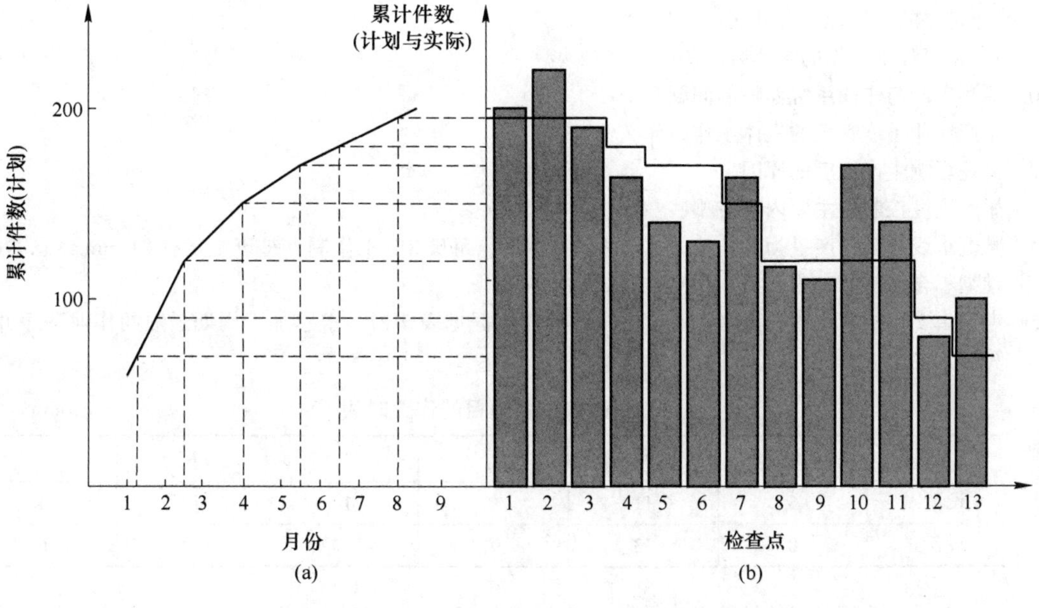

图 7-22　作业控制平衡线法
（a）计划交货期控制；（b）任务完成情况检查

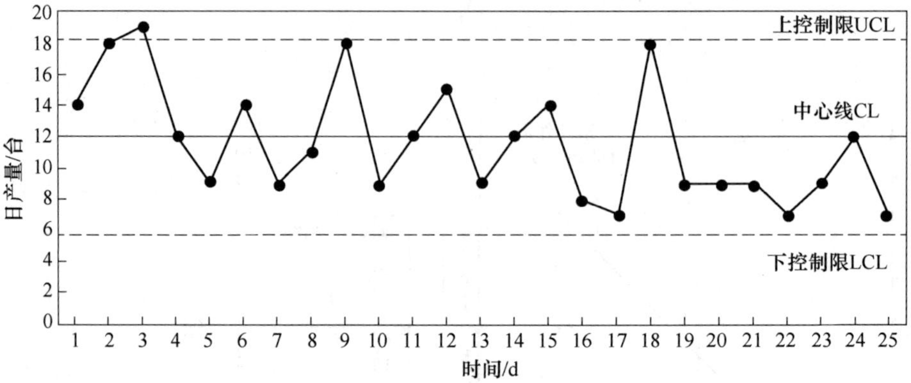

图 7-23 某电机产品日产量统计分析

习 题

7-1 为什么说大量生产方式正面临着严峻挑战？

7-2 大量流水生产方式有什么特点？

7-3 生产中的在制品对企业经济效益有什么影响？

7-4 降低在制品库存可以采取哪些措施？

7-5 大量生产、成批生产和单件生产各有什么特点？

7-6 生产进度控制常见的方法有哪些？

7-7 常用的作业排序规则有哪些？

7-8 作业排序的评价标准有哪些？

7-9 生产作业计划工作的内容有哪些？

7-10 简述生产与作业系统面临的问题。

7-11 生产作业进度管理的具体工作是什么？

7-12 简述影响生产进度的原因。

7-13 生产进度控制的主要内容有哪些？

7-14 某流水线计划日产量为 150 件，采用两班制生产，每班 8 h 工作制，每班规定有 21 min 休息时间，计划不合格产品率为 2%，计算该流水线的节拍。

7-15 考虑由 2 台机器组成的流水作业生产线，具体数据见表 7-27。求总加工周期最短的作业顺序并计算出作业最大流程时间。

表 7-27 各项目的作业时间 (min)

项目	J_1	J_2	J_3	J_4	J_5	J_6
设备 A	5	11	9	10	12	4
设备 B	8	13	7	13	12	6

7-16 某批产品，装配车间的批量为 40 件，生产周期是 20 天，生产间隔期是 10 天；机加工车间的批量是 120 件，生产周期为 40 天，生产间隔期是 30 天，保险期为 10 天；毛坯车间的批量是 240 件，生产周期为 30 天，生产间隔期是 60 天，保险期为 5 天，计算各车间的投入和产出提前期。

7-17　表 7-28 为一铸件制造过程，计算各项作业时间和工期，找出关键路线。若使工期在 15 h 内结束，且已知为完成各项工作的最短工作时间和比原计划缩短 1 h 所需增加的费用，见表 7-29。为使全部作业能在 15 h 内完成，分析计划应如何调整使得增加的费用最少。

表 7-28　各项目的作业时间

作业	作业内容	计划完成时间/h	紧前作业
A	型砂准备	2.0	—
B	造型	4.0	A
C	砂型烘干	4.0	B
D	芯砂准备	4.7	—
E	芯骨浇铸	7.2	—
F	芯骨装配	2.0	E
G	造 4 个 1 号泥芯	6.2	D、F
H	造 4 个 2 号泥芯	4.0	D、F
I	2 号泥芯干燥	4.3	H

表 7-29　各项目的作业赶工费用

作业	作业内容	计划时间/h	可缩短时间/h	缩短 1 h 所增加费用/元
A	型砂准备	2.0	—	—
B	造型	4.0	—	—
C	砂型烘干	4.0	—	—
D	芯砂准备	4.7	1.2	2
E	芯骨浇铸	7.2	3.0	5
F	芯骨装配	2.0	1	4
G	造 4 个 1 号泥芯	6.2	2.2	2.5
H	造 4 个 2 号泥芯	4.0	3	3
I	2 号泥芯干燥	4.3	1.5	6

7-18　一条装配线的预定日产量为 360 单位，该装配线每天运行 450 min。表 7-30 为生产该产品的作业及各作业的时间和紧前作业。请绘制装配作业网络图，计算该装配线的生产节拍；用后续作业最多规则为第一规则和作业时间最长为第二规则平衡该装配线，计算平衡后的流水线效率。

表 7-30　装配线作业关系及时间数据

作业	作业时间/s	紧前作业	作业	作业时间/s	紧前作业
A	30	—	E	15	C
B	35	A	F	65	C
C	30	A	G	40	E、F
D	35	B	H	25	D、G

7-19　某工程项目的各项作业、作业顺序和作业时间见表 7-31。试求该工程项目的总工期，该项目的关键路线，按最早开始时间绘制作业甘特图。

表 7-31 某工程项目的作业顺序和作业时间

作业名称	H	J	G	D	F	C	E	B	A	I	K
先行作业	C、E	F、A、E	—	—	G	B	G	—	D	F、A、E	J
作业时间/d	20	20	20	15	11	24	20	18	13	10	10

8 精益生产管理

8.1 JIT 生产方式

8.1.1 JIT 概念

准时化生产方式（Just in Time，JIT）是20世纪50年代初日本丰田公司研究和开始实施的生产管理方式，也是一种制造管理优化的哲理思想。它的基本思想可用现在已广为流传的一句话来概括，即只在需要的时候，按需要的量生产所需的产品。这种生产方式的核心是追求一种无库存的生产系统，或使库存达到最小的生产系统。为此开发了包括看板在内的一系列具体方法，并逐渐形成了一套独具特色的生产经营体系。准时生产方式在最初引起人们的注意时曾被称为丰田生产方式，后来随着这种生产方式被人们越来越广泛地认识、研究和应用，特别是引起西方国家的广泛注意以后，人们开始把它称为JIT生产方式。从20世纪70年代，丰田汽车公司将丰田的交货期和产品质量提高到了全球领先的地位，充分展示了JIT生产方式的力量。

虽然JIT诞生在丰田汽车公司，但它并不是仅适用于汽车生产。事实上，通过JIT思想的应用，使企业管理者将精力集中于生产过程本身，通过生产过程整体优化、改进技术、理顺物流、杜绝超量生产、消除无效劳动和浪费，有效地利用资源、降低成本、改善质量，达到用最少的投入实现最大产出的目的。JIT生产方式作为一种彻底追求生产过程合理性、高效性和灵活性的生产管理技术，已被广泛应用于汽车、机械、电子、计算机和飞机制造等行业中。

8.1.2 JIT 生产方式原则

JIT生产方式的最终目标即企业的经营目的：获取最大利润。为了实现这个最终目的，“降低成本”就成为基本目标。在福特时代，降低成本主要是依靠单一品种的规模生产来实现的。但是在多品种小批量生产的情况下，这一方法是行不通的。因此，JIT生产方式力图通过“彻底消除浪费”来达到这一目标。所谓浪费，在JIT生产方式的起源地丰田汽车公司，被定义为“只使成本增加的生产诸因素”，也就是说，不会带来任何附加价值的诸因素。为了达到降低成本这一基本目标，对应于这一基本目标的降库（降低库存成本）、减费（减少浪费）、提质（提高质量）等目标，JIT生产方式也可以概括为下述3个方面。

（1）适时适量生产。即“just in time”本来所要表达的含义为“在需要的时候，按需要的量生产所需的产品”。当今的时代已经从“只要生产得出来就卖得出去”进入一个“只能生产能够卖得出去的产品”的时代，对于企业来说，各种产品的产量必须能够灵活地适应市场需求的变化；否则的话，由于生产过剩会引起人员、设备、库存费用等一系列的浪费。而避免这些浪费的方法就是实施适时适量生产，只在市场需要的时候生产市场需要的产品。JIT 的这种思想与历来的有关生产及库存的观念截然不同。

（2）弹性配置作业人数。在劳动费用越来越高的今天，降低劳动费用是降低成本的一个重要方面。达到这一目的的方法是“少人化”。所谓少人化，是指根据生产量的变动，弹性地增减各生产线的作业人数，以及尽量用较少的人力完成较多的生产。这里的关键在于能否将生产量减少了的生产线上的作业人员数量减下来。这种“少人化”技术一反历来的生产系统中的“定员制”，是一种全新的人员配置方法。实现这种少人化的具体方法是实施独特的设备布置，以便能够将需求减少时各作业点减少的工作集中起来，便于统筹安排人力。但这从作业人员的角度来看，意味着标准作业时间、作业内容、范围、作业组合以及作业顺序等的一系列变更。因此，为了适应这种变更，作业人员必须是具有多种机能的“多面手”。

（3）雇员保证。通常认为，质量与成本之间是一种负相关关系，即要提高质量，就得花人力、物力来加以保证，从而加大成本。但在 JIT 生产方式中，却一反这一常识，通过将质量管理贯穿于每一工序之中来实现提高质量与降低成本的一致性，具体通过生产组织中的两种机制实现：1）使设备或生产线能够自动监测不良产品，一旦发现异常或不良产品，可以自动停止的设备运行机制。为此在设备上开发、安装了各种自动停止装置和加工状态监测装置。2）生产第一线的设备操作人员发现产品和设备的问题时，有权自动停止生产的管理机制。依靠这样的机制，不良产品一出现马上就会被发现，防止了不良产品的重复出现或累计出现，从而避免了由此可能造成的大量浪费。而且，由于一旦发生异常生产线或设备就立即停止运行，比较容易找到异常的原因，从而能够针对性地采取措施，防止类似异常情况的再次发生，杜绝类似不良品的再次产生。

8.1.3 实现 JIT 生产具体手法

为了实现适时适量生产，首先需要致力于生产的同步化。即工序间不设置仓库，前一工序的加工结束后，使其立即转到下一工序去，装配线与机械加工几乎平行进行。在铸造、锻造、冲压等必须成批生产的工序，则通过尽量缩短作业更换时间来尽量缩小生产批量。生产的同步化通过“后工序领取”这样的方法来实现，即“后工序只在需要的时间到前工序领取所需的加工品；前工序按照被领取的数量和品种进行生产”。这样，制造工序的最后一道即总装配线成为生产的出发点，生产计划只下达给总装配线，以装配为起点，在需要的时候，向前工序领取必要的加工品，而前工序提供该加工品后，为了补充生产被领走的量，必向更前道工序领取物料，这样把各个工序都连接起来，实现同步化生产。这样的同步化生产还需通过采取相应的设备配置方法以及人员配置方法来实现，即不能采取通常的按照车、铣、刨等工艺专业化的组织形式，而按照对象专业化来布置设备。这样也带来人员配置上的不同做法。

生产均衡化是实现适时适量生产的前提条件。所谓生产的均衡化，是指总装配线在向前工序领取零部件时应均衡地使用各种零部件，生产各种产品。为此在制定生产计划时就必须加以考虑，然后将其体现于产品生产顺序计划之中。

8.1.4 看板管理

8.1.4.1 看板的概念

看板方式作为一种进行生产管理的方式，在生产管理史上是非常独特的，看板方式也可以说是 JIT 生产方式最显著的特点。但决不能把 JIT 生产方式与看板方式等同起来。JIT 生产方式说到底是一种生产管理技术，而看板只不过是一种管理手段。看板只有在工序一体化、生产均衡化、生产同步化的前提下，才有可能运用。如果错误地认为 JIT 生产方式就是看板方式，不对现有的生产管理方法作任何变动就单纯地引进看板方式的话，是不会起到任何作用的。

8.1.4.2 看板的机能

（1）生产以及运送的工作指令。看板中记载着生产量、时间、方法、顺序以及运送量、运送时间、运送目的地、放置场所、搬运工具等信息，从装配工序逐次向前工序追溯，在装配线将所使用的零部件上所带的看板取下，以此再去前工序领取。“后工序领取”以及“适时适量生产”就是这样通过看板来实现的。

（2）防止过量生产和过量运送。看板必须按照既定的运用规则来使用。其中一条规则是：“没有看板不能生产，也不能运送。”根据这一规则，看板数量减少，则生产量也相应减少。由于看板所表示的只是必要的量，因此通过看板的运用能够做到自动防止过量生产以及适量运送。

（3）进行“目视管理”的工具。看板的另一条运用规则是：“看板必须在实物上存放”“前工序按照看板取下的顺序进行生产”。根据这一规则，作业现场的管理人员对生产的优先顺序能够一目了然，易于管理。并且只要一看看板，就可知道后工序的作业进展情况、库存情况等。

（4）改善的工具。在 JIT 生产方式中，通过不断减少看板数量来减少在制品的中间储存。在一般情况下，如果在制品库存较高，即使设备出现故障，不良品数目增加也不会影响到后道工序的生产，所以容易把这些问题掩盖起来；而且即使有人员过剩，也不易察觉。根据看板“不能把不良品送往后工序”的运用规则，如果后工序所需得不到满足，就会造成全线停工，由此可使问题立即暴露，从而必须立即采取改善措施来解决问题。这样通过改善活动不仅使问题得到了解决，也使生产线的“体质”不断增强，带来了生产率的提高。JIT 生产方式的目标是要最终实现无储存生产系统，而看板提供了一个朝着这个方向迈进的工具。

8.1.4.3 看板的种类

实际生产管理中使用的看板形式很多。常见的有塑料夹内装着的卡片或类似的标识牌、运送零件小车、工位器具或存件箱上的标签、指示部件吊运场所的标签、流水生产线上各种颜色的小球或信号灯、电视图像等。使用最多的看板有两种：传送看板（即拿取看板）和生产看板（订货看板）。传送看板标明后一道工序向前一道工序拿取工件的种类和数量，生产看板标明前一道工序应生产的工件的种类和数量。

8.1.4.4 看板的使用规则

为使看板系统有效运行，必须严格遵循使用规则，培训全体操作人员理解规则，并设立一定的奖惩制度认真贯彻规则。规则主要内容有以下 5 点。

（1）不合格不交后工序。JIT 方式认为制造不合格件是最大的浪费，如果不能及时解决不合格品问题，后工序就会停产。不合格件积压在本工序，本工序的问题就很快暴露出来，使管理人员、监督人员不得不共同采取对策，防止再发生类似问题。

（2）后工序来取件。改变生产“供给后工序”的传统做法，由后工序向前工序取件，不能领取超过看板规定的数量，领取工件时，须将看板系在装工件的容器上。

（3）只生产后道工序领取的工件数量。超过看板规定的数量不生产，同时完全按看板出现的顺序生产。

（4）均衡化生产。如果后道工序在领取工件的时间和数量方面没有规律，波动较大，前道工序就需按后道工序最大需求来安排其设备能力和人力，这是很不经济的。因此，看板管理只适用于需求波动较小和重复性生产系统。

（5）利用减少看板数量来提高管理水平。在生产系统中库存水平由看板数量来决定，因为每一块看板代表着一个标准容器容量的工件，用减少看板数量、减少标准容量的方法，可降低库存水平。

采用看板进行生产管理的方法，如图 8-1 所示。

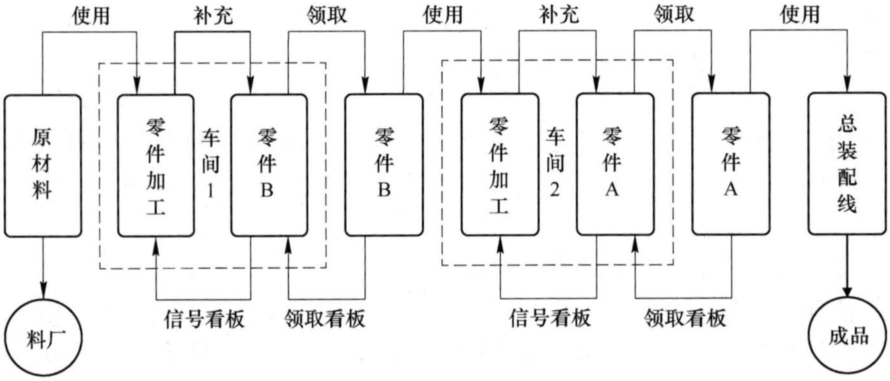

图 8-1　采用看板进行生产管理的方法

8.2　精益生产方式

8.2.1　精益生产概念

精益生产（Lean Production，LP）是美国麻省理工学院在一项名为“国际汽车计划”的研究项目中提出来的。在做了基于对日本丰田生产方式的大量调查和对比后，于 1990 年提出了一种生产管理方法，其核心是追求消灭包括库存在内的一切“浪费”，精简并消除一切不增值的岗位。精简产品开发设计、生产、管理中一切不产生附加值的工作，以最优品质、最低成本和最高效率对市场需求作出最迅速的响应；并围绕此目标发展了一系列具体方法，逐渐形成了一套独具特色的生产经营管理体系。

8.2.2 精益生产的核心——精益思想

“精益思想”一词源于 James P. Womack 和 Daniel T. Jones 1996 年的名著《精益思想》一书，该书集中系统地阐述了关于精益的一系列原则和方法。精益思想是精益生产的核心思想，它包括精益生产、精益管理、精益设计和精益供应等一系列思想，其核心是以较少的人力、较少的设备，在较短的时间和较小的场地内创造出尽可能多的价值；同时也越来越接近客户，提供给他们确实需要的东西。精益思想要求企业找到最佳的方法确立提供给顾客的价值，明确每一项产品的价值流，使产品在从最初的概念至到达顾客的过程中流动顺畅，让顾客成为生产的拉动者，在生产管理中精益求精、尽善尽美。价值观、价值流、流动、拉动和尽善尽美的概念进一步发展成为应用于产品开发、制造、采购和服务顾客各个方面的精益方法。

（1）价值观。精益思想认为企业产品（服务）的价值只能由最终用户来确定，价值也只有满足特定用户需求才有存在的意义。精益思想重新定义了价值观与现代企业原则，它同传统的制造思想，即主观高效率地大量制造既定产品向用户推销，是完全对立的。

（2）价值流。价值流是指从原材料到成品赋予价值的全部活动。识别价值流是实行精益思想的起步点，并按照最终用户的立场寻求全过程的整体最佳。精益思想的企业价值创造过程包括：从概念到投产的设计过程、从订货到送货的信息过程、从原材料到产品的转换过程、全生命周期的支持和服务过程。

（3）流动。精益思想要求创造价值的各个活动（步骤）流动起来，强调的是“动”。传统观念是“分工和大量才能高效率”，但是精益思想却认为成批、大批量生产经常意味着等待和停滞。精益思想将所有的停滞作为企业的浪费。精益思想号召“所有的人都必须和部门化的、批量生产的思想做斗争，因为如果产品按照从原材料到成品的过程连续生产的话，工作几乎总能完成得更为精确有效”。

（4）拉动。“拉动”的本质含义是让用户按需要拉动生产，而不是把用户不太想要的产品强行推给用户。拉动生产通过正确的价值观念和压缩提前期，保证用户在要求的时间得到需要的产品。实现了拉动生产的企业具备当用户需要时，就能立即设计、计划和制造出用户真正需要的产品的能力；最后实现抛开预测，直接按用户的实际需要进行生产。流动和拉动将使产品开发周期、订货周期、生产周期降低 50% ~ 90%。

（5）尽善尽美。精益制造的目标是通过尽善尽美的价值创造过程（包括设计、制造和对产品或服务的整个生命周期的支持）为用户提供尽善尽美的价值。精益制造的尽善尽美有 3 个含义：用户满意、无差错生产和企业自身的持续改进。

8.2.3 精益生产的实施

精益生产是一个永无止境的精益求精的过程，它致力于改进生产流程和流程中的每一道工序，尽最大可能消除价值链中一切不能增加价值的活动，提高劳动利用率，消灭浪费，按照顾客订单生产的同时也最大限度地降低库存。精益生产实施成功的 5 个步骤如下。

（1）选择要改进的关键流程。精益生产方式不是一蹴而就的，它强调持续的改进。首先应该先选择关键的流程，力争把它建成一条样板线。

（2）画出价值流程图。价值流程图是一种用来描述物流和信息流的方法。在绘制完目前状态的价值流程图后，可以描绘出一个精益远景图（future lean vision）。在这个过程中，更多的图标用来表示连续的流程、各种类型的拉动系统，均衡生产以及缩短工装更换时间，生产周期被细分为增值时间和非增值时间。

（3）开展持续改进研讨会。精益远景图必须付诸实施，否则规划得再巧妙的图表也只是废纸一张。实施计划中包括什么（What），什么时候（When）和谁来负责（Who），并且在实施过程中设立评审节点。这样使全体员工都参与到全员生产性维护系统中。在价值流程图、精益远景图的指导下，流程上的各个独立的改善项目被赋予了新的意义，使员工十分明确实施该项目的意义。持续改进生产流程的方法主要有以下几种：消除质量检测环节和返工现象、消除零件不必要的移动、消灭库存、合理安排生产计划、减少生产准备时间、消除停机时间、提高劳动利用率。

（4）营造企业文化。虽然在车间现场发生的显著改进，能引发随后一系列企业文化变革，但是如果想当然地认为由于车间平面布置和生产操作方式上的改进，就能自动建立和推进积极的文化改变，这显然是不现实的。文化的变革要比生产现场的改进难度更大，两者都是必须完成并且是相辅相成的。许多项目的实施经验证明，项目成功的关键是公司领导要身体力行地把生产方式的改善和企业文化的演变结合起来。

（5）推广到整个企业。精益生产利用各种工业工程技术来消除浪费，着眼于整个生产流程，而不只是个别或几个工序。所以成功的样板线要推广到整个企业，使操作工序缩短，推动式生产系统被以顾客为导向的拉动式生产系统所替代。

精益生产管理系统体系，如图 8-2 所示。

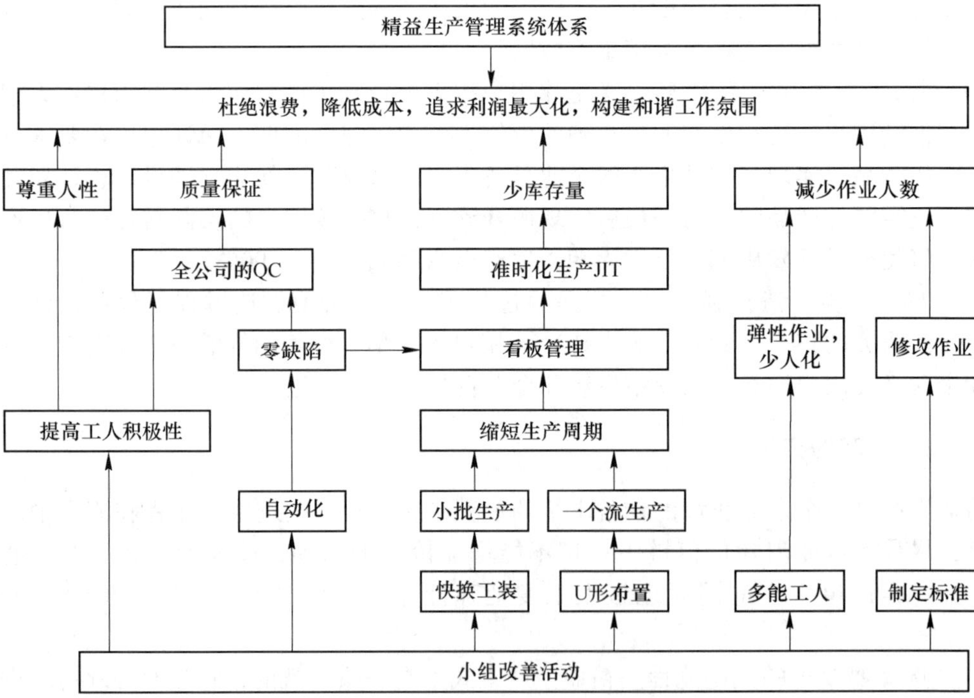

图 8-2　精益生产管理系统体系

8.3 约束理论

8.3.1 约束理论概念

约束理论（Theory of Constraints，TOC）是一种管理哲学和改进方法，旨在识别并消除组织中的瓶颈，从而提升整体系统的表现。TOC 由以色列物理学家兼企业管理顾问艾利·高德拉特（Eliyahu M. Goldratt）提出，并在其著作《目标》（The Goal）中首次介绍。约束理论的核心思想认为系统中的最强环节决定整体的性能，而“最弱环节”（即瓶颈）则限制了系统的产出。因此，改善系统的整体表现应首先聚焦于消除瓶颈。约束理论广泛应用于生产计划制定、项目管理、供应链管理、软件开发等多个领域，其目的是帮助组织找到并移除阻碍它们达成目标的障碍，从而提升效率和效果。约束理论的核心理念包括以下 3 个方面。

（1）系统思考。将组织视为一个整体，强调各个部分之间的相互作用和依赖关系，鼓励管理者从全局视角出发，关注各个组件之间的动态关系，而不是孤立地看待每个部分。在 TOC 框架下，系统思考不仅是一种分析问题的方法，更是一种理解和改进复杂系统的哲学。

（2）识别与管理约束。TOC 理论中的约束（瓶颈）是指任何限制系统达到更高性能水平的因素，它是系统中最薄弱的一环，决定了整个系统的最大产出能力。约束可以出现在任何类型的系统中，可以是物理性的约束（设备能力、原材料供应不足、空间限制等），也可以是非物理性约束（政策、程序、组织文化、人员技能水平、市场对产品的需求量等）。约束的存在直接影响了系统的整体效率和效益，带来诸如产能受限、成本增加、交付延迟、资源浪费和质量下降等一系列问题。可以通过历史数据统计分析、工作现场观察、员工反馈和思维过程工具分析等多种方法来识别约束，找出系统中的瓶颈环节；为确保瓶颈资源能得到最充分的利用，可以调整非瓶颈活动以服务于瓶颈的最大化使用，通过增加资源或改进流程来消除瓶颈；持续监控并重复优化过程，不断寻找新的约束进行优化，形成一个持续改进的良性循环。

（3）持续改进。每次成功地消除一个瓶颈后，系统性能得到提升，但同时也意味着其他部分可能会成为新的瓶颈因素。通过对瓶颈的识别、剥削、服从、提升和重新评估这一持续重复过程，组织可以实现螺旋式的上升发展；不断寻找和消除新的瓶颈有助于更高效地使用现有资源，能够更快地响应外部变化，调整内部运作以满足新的需求，帮助组织更好地实现其战略目标。

8.3.2 约束理论的工具与方法

约束理论的工具与方法主要有五步聚焦流程、鼓-缓冲器-绳子（DBR）排程法、吞吐量会计法、六盒模型等多种。

8.3.2.1 五步聚焦流程

TOC 提供了一套系统化的方法来识别和管理组织中的瓶颈或约束，其中最著名的工具之一就是五步聚焦流程，它为解决系统内的约束提供了一个清晰的步骤指南，主要包括以下5个步骤。

（1）识别约束。明确系统的最终目标（如最大化利润、提高生产率或增强客户满意度等），通过数据分析、现场观察和员工反馈等手段，对整个业务流程进行全面分析，找出限制目标实现的主要因素；使用现状树（Current Reality Tree，CRT）等思维过程工具分析问题背后的根本原因，并确定哪些是真正的约束因素。

（2）剥削约束。优先安排瓶颈资源，确保瓶颈设备或工序不会因为不必要的停机或等待而闲置，优先保证瓶颈的最大化利用，因为它是决定系统整体性能的关键因素。

（3）服从约束。根据瓶颈的可用性调整计划，调整非瓶颈活动，避免在瓶颈前形成过多库存积压；为非瓶颈岗位上的员工提供必要的技能训练，使他们能够在需要时支援瓶颈区域的工作，从而更好地服务于瓶颈的最大化利用。

（4）提升约束。如果经过前面的步骤后约束仍然存在，则考虑采取增加资源或优化现有流程等措施来消除约束。

（5）重复过程。当前约束被打破后，立即开始新一轮的约束识别和管理循环，持续地应用这个循环可以帮助企业不断进步和逐步接近其最终目标。

8.3.2.2 鼓-缓冲器-绳子（DBR）排程法

DBR排程法是约束理论中用于管理和优化生产流程的一项重要技术，它旨在确保系统中最慢或最关键的资源即“鼓”能够得到最有效的利用，同时通过设置适当的缓冲区来保护这些关键资源不受其他变量的影响，并使用“绳子”信号控制原材料或其他输入进入系统的速度。

（1）鼓（drum）。鼓代表了生产流程中的瓶颈资源或最慢的步骤，所有的生产活动都围绕这个瓶颈资源进行调度，它是限制整个系统产能的关键点，其速度决定了整个系统的产出速度。

（2）缓冲器（buffer）。缓冲器位于瓶颈之前，确保瓶颈始终有工作可以做，从而防止任何停机时间导致的产出损失。缓冲器有库存缓冲器和时间缓冲器两种类型：库存缓冲器是指在瓶颈前维持一定量的原材料或半成品库存，时间缓冲器则是为任务预留提前期使其在瓶颈资源可用时准时到达。

（3）绳子（rope）。绳子是一个比喻，表示从流程的起点到瓶颈的一种信号机制。它控制着原材料的释放速度，使得原材料按照瓶颈能够处理的速度进入生产流程，避免过多的投入造成浪费或堵塞。

DBR排程法的主要目的是确保瓶颈资源的最大利用率，并且减少非瓶颈资源的闲置时间，同时通过缓冲器保护瓶颈不受其他不确定因素的影响。DBR排程法有助于提高生产效率、降低库存水平以及缩短交货周期。

8.3.2.3 吞吐量会计法

吞吐量会计法关注企业整体的盈利能力以及如何通过优化瓶颈资源来增加利润，强调系统思考和全局优化。吞吐量会计的目标是最大化吞吐量、最小化库存和最小化运作费用。

（1）吞吐量（throughput）。吞吐量定义为销售价格减去直接材料成本后的金额，它是从客户收到的收入中扣除用于购买制造产品所需原材料的成本之后剩下的金额，它反映了将原材料转化为成品后的价值增值。

（2）库存（inventory）。库存指的是所有投资于采购的物料、在制品及未售出的成品，包括物理上的存货和任何形式的投资。

（3）运作费用（Operating Expense，OE）。运作费用包括除了直接材料以外的所有运营成本，例如劳动力、设备折旧、能源消耗等，它是维持业务运作所必需支付的固定和变动成本。

吞吐量会计提供了一种全新的视角来看待企业的经营成果，促使管理层采取行动以确保企业能够在长期获得更高的回报。

8.3.2.4 六盒模型

六盒模型（the six box model）是由管理顾问埃德加·沙因提出的一种组织分析框架，旨在帮助管理者和咨询顾问评估组织的有效性，识别可能存在的问题，并为改进提供指导。六盒模型强调了6个关键领域（6个盒子），每个领域都对组织的成功至关重要。

（1）使命（mission）。代表了组织存在的根本目的和意义。明确的使命可以帮助组织成员理解他们的工作为何重要，并为决策提供方向指引。

（2）结构（structure）。涉及组织内部的正式关系、职责分配以及层级设置。合理的结构可以确保任务被有效地分派和执行，并促进信息流通。

（3）关系（relationships）。关注的是人与人之间如何互动，包括沟通模式、团队协作和个人之间的信任程度。良好的人际关系能够提升工作效率并营造积极的工作氛围。

（4）奖励（rewards）。包括薪酬、晋升机会和其他形式的认可机制。有效的奖励系统应该能够激励员工发挥最佳表现，并且与组织的目标保持一致。

（5）领导（leadership）。强调领导者在设定愿景、指导变革和支持员工发展方面的作用。强有力的领导可以激发团队潜力，并带领组织克服挑战。

（6）帮助机制（helping mechanisms）。指的是那些支持日常运作的政策、程序和技术等基础设施。这些机制应当简化工作流程，而不是增加负担。

六盒模型提供了一个综合性的视角来审视组织运作，鼓励从多个角度思考问题，从而实现更深层次的理解和更有针对性的解决方案。通过这种方法，组织不仅能够解决眼前的问题，还能构建起更加稳健的基础，以应对未来的挑战。

8.3.3 约束理论应用

约束理论主要用于识别并克服组织中的瓶颈或制约因素，以提高系统的整体效能，在生产计划中应用约束理论可以使企业更加敏捷、高效和更具竞争力。

（1）识别瓶颈。TOC帮助管理者识别生产流程中的瓶颈，通过聚焦和解决瓶颈问题，可以更有效地分配资源和优化流程。

（2）优化资源配置。基于瓶颈约束，企业可以将有限资源集中用来解决瓶颈问题，而不是平均地分散精力在整个生产线上，可以通过重新安排工作顺序、调整机器设置或增加额外的人力来支持瓶颈环节。

（3）提升效率。通过集中解决瓶颈问题，可以减少等待时间、库存积压和其他形式的浪费，从而提高整个生产过程的效率。

（4）改善决策制定。TOC提供了一系列逻辑工具帮助管理者面对复杂的多变量问题时能做出更好的决策。

（5）增强响应能力。当企业能够更好地理解和管理其内部的制约因素时，它就能更快地适应市场需求的变化。

（6）促进跨部门协作。TOC 关注整个系统的性能改善，它促进了不同部门之间通过合作来解决系统的瓶颈。

（7）降低库存成本。通过优化生产和物流流程，TOC 可以帮助企业保持较低水平的安全库存，同时确保材料供应能满足生产需求，进而降低库存持有成本。

（8）提高客户满意度。最终，通过提高生产效率和服务质量，企业能够更准时地交付产品，提高客户的满意度。

例 8-1 某航空航天零部件制造企业为跨国企业，在全球设有多个生产基地和销售中心，产品为多种高精度航空发动机部件和其他关键组件。目前企业多样化的产品需求导致频繁切换生产线，增加了准备时间和资源消耗；不同客户对交货期的要求严格，任何延迟都可能导致高额罚款或合同终止；供应商原材料供应不稳定，尤其是某些特殊合金材料，依赖少数供应商；企业内部物流复杂，不同工厂之间的协调困难，信息流通不畅。尝试应用 TOC 理论及方法对目前企业存在的问题进行优化改善。

解：（1）全局视角下的瓶颈识别。选取生产、采购、物流和客户服务等相关部门的专家成立跨职能团队，通过全面的数据收集与分析，确定整个供应链中最关键的瓶颈是位于某特定供应商的热处理工序，由于高温炉数量有限且维护周期长，成为制约企业整体产能提升的主要因素。

（2）多层次缓冲器策略制定。针对热处理这一瓶颈工序，在其上游设置了时间和库存两级缓冲机制。在粗加工后设置了一个时间窗口作为时间缓冲器，确保即使有轻微延误也不会影响到热处理工序的连续性；对于需要长时间等待热处理的半成品，在仓库中保持适量库存作为库存缓冲器，防止因设备故障或其他意外情况造成停工；在原材料采购环节针对供应不稳定的特殊材料，设置一定比例的安全库存，降低外部不确定性带来的风险。

（3）DBR 机制与需求拉动系统。根据热处理工序的实际能力来控制原材料的采购量和进入生产线的速度，避免过多投入造成的浪费；采用需求拉动系统控制生产物流，即下游工序只在真正需要时才向上游请求物料，这样可以更好地匹配生产和客户需求，减少不必要的库存积压。

（4）多地点协同优化。该企业在多个国家和地区都有生产基地，可以开发和应用生产计划与调度管理软件，用于实时监控各地的生产进度和库存水平，基于最大化可用资源利用目标优化调整各工厂间的任务分配，面对突发状况带来的新瓶颈问题，进行动态资源调度优化有效解决突发问题的应急响应能力。

（5）持续改进与创新。企业针对现有热处理工序瓶颈问题，通过投资研发新型高效能热处理技术或购买热处理设备等手段，缩短热处理工序时间；针对交货延迟问题，加强员工培训，提高技能水平，减少因人为因素导致的效率损失；针对供应不稳定问题，与供应商建立更加紧密的合作关系，共同探索稳定原材料供应的具体措施。

（6）吞吐量会计与绩效评估。引入吞吐量会计重新定义财务指标体系，更加关注净收益财务指标，有助于管理层做出更有利可图的决策，比如优先处理高附加值订单、合理安排生产批（次）等。

（7）结果与成效。通过集中资源解决瓶颈问题，使得企业全球范围内的总产出得到了一定程度的提升；新的生产计划与调度系统和需求拉动机制让企业产品的平均交货周期得到了大幅缩短，增强了灵活性与响应速度；精准控制原材料流入速度，减少了过量库存的积压，库存周转率大幅度提高，降低了运营成本；准时交货率得到较大提升，产品质量和合格率持续提高，客户投诉显著减少，提升了客户满意度。

（8）持续改进。面对市场和技术环境不断变化，企业将持续优化生产流程和解决新的瓶颈问题，并根据实际情况灵活调整生产计划和资源配置策略，确保企业的运营效率和长期的市场竞争力。

8.4 敏捷制造方式

8.4.1 敏捷制造概念

第二次世界大战后，日本和西欧各国的经济遭受战争破坏，工业基础几乎被彻底摧毁，只有美国作为世界上唯一的工业国，经济独秀，向世界各地提供工业产品。所以美国的制造商们在20世纪60年代以前的策略是扩大生产规模。到了20世纪70年代，西欧发达国家和日本的制造业已基本恢复，不仅可以满足本国对工业的需求，甚至可以依靠本国廉价的人力、物力，生产廉价的产品打入美国市场，致使美国的制造商们将策略重点由规模转向成本。到了20世纪80年代，联邦德国和日本已经可以生产高质量的工业品和高档的消费品并源源不断地推向美国市场，与美国的产品竞争，又一次迫使美国的制造商将制造策略的重心转向产品质量。进入20世纪90年代，当丰田生产方式在美国产生了明显的效益之后，美国人认识到只降低成本、提高质量还不能保证赢得竞争，还必须缩短产品开发周期，加速产品的更新换代。当时美国汽车更新换代的速度已经明显慢于日本，因此，速度问题成为美国制造商们关注的重心，“敏捷”从字面上看，正是表明要用灵活的应变去对付快速变化的市场需求。

美国机械工程师学会（American Society of Mechanical Engineers，ASME）对敏捷制造作了如下定义：敏捷制造就是指制造系统在满足低成本和高质量的同时，对变幻莫测的市场需求的快速反应。敏捷制造的企业，其敏捷能力表现在以下4个方面。

（1）反应能力。判断和预见市场变化并对其快速地作出反应的能力。

（2）竞争力。企业获得一定生产力、效率和有效参与竞争所需的技能。

（3）柔性。以同样的设备与人员生产不同产品或实现不同目标的能力。

（4）快速。以最短的时间执行任务（如产品开发、制造、供货等）的能力。

8.4.2 敏捷制造的基本特征

敏捷制造强调企业快速响应市场的变化，根据市场需求，能够在最短时间内开发制造出满足市场需求的高质量的产品。因此，敏捷制造具有如下特征。

（1）敏捷制造是信息时代最有竞争力的生产模式。它在全球化的市场竞争中能以最短的交货期、最经济的方式，按用户需求生产出用户满意的具有竞争力的产品。

（2）敏捷制造具有灵活的动态组织机构。它能以最快的速度把企业内部和企业外部不同企业的优势力量集中在一起，形成具有快速响应能力的动态联盟。因为在企业内部它将多级管理模式变为扁平结构的管理方式，把更多的决策权下放到项目组；在企业外部，它重视企业之间的协作，通过高速网络通信能充分调动、利用分布在世界各地的各种资源，所以能保证迅速、经济地生产出有竞争力的产品。

（3）敏捷制造采用了先进制造技术。敏捷制造一方面要“快”，另一方面要“准”，其核心就在于快速地生产出用户满意的产品。因此，敏捷制造必须在其各个制造环节都采用各种先进的制造技术，例如产品设计，如果采用传统的人工设计方法，不但做不到“快”，也很难做到“准”，所以就要采用“计算机辅助工程设计”“并行工程”，甚至“虚拟产品开发”等先进技术，只有在设计阶段就考虑到下游的制造、装配、使用、维修，才能做到一次成功。还应采用其他先进制造技术，例如柔性制造、计算机辅助管理、企业经营过程重构、计算机辅助质量保证、产品数据管理以及产品数据交换标准等。

（4）敏捷制造必须建立开放的基础结构。因为敏捷制造要把世界范围内的优势力量集成在一起，所以敏捷制造企业必须采取开放结构，只有这样，才能把企业的生产经营活动与市场和合作伙伴紧密联系起来，使企业能在一体化的电子商业环境中生存。

（5）敏捷制造适用范围较广。它主要通过敏捷化企业组织、并行工程环境、全球计算机网络或国家信息基础设施，在全球范围内实现企业间的动态联盟和拟实制造，使全球化生产体系或企业群能迅速开发出新产品，响应市场，赢得竞争。敏捷制造的关键技术包括敏捷虚拟企业的组织及管理技术、敏捷化产品设计和企业活动的并行运作、基于模型与仿真的拟实制造、可重组/可重用的制造技术、敏捷制造计划与控制、智能闭环加工过程控制、企业间的集成技术、全球化企业网、敏捷后勤与供应链等。

8.4.3 实现敏捷制造的措施

企业实现敏捷制造可以增强其应变能力和竞争力。通过以下 8 种措施可以有效地实现敏捷制造。

（1）把继续教育放在实现敏捷制造的首位，高度重视并尽可能创造条件使员工能获取新信息和知识。未来的竞争，归根结底是人才的竞争，是人才所掌握的知识和创造力的竞争。企业的员工知识面广、视野宽，才有可能不断产生战胜竞争对手的新思想。

（2）虚拟企业的组成和工作。从竞争走向合作，从互相保密走向信息交流，实际上会给企业带来更大利益。实施敏捷制造的基础是全国乃至全球的通信网络，在网上了解到有专长的合作伙伴，在网络通信中确定合作关系，又通过网络用并行工程的做法实现最快速和高质量的新产品开发。

（3）计算机技术和人工智能技术的广泛应用。未来制造业强调人的作用，并不是贬低技术所起的作用。计算机辅助设计（CAD）、辅助制造（CAM），计算机仿真与建模分析技术，都应在敏捷企业中加以应用。另外，还要提到“团件”（Groupware）作为一种重要的软件类型，受到了广泛的关注，这是近来研究比较多的一种计算机支持协同工作的软件，强调作为分布式群决策软件系统，它可以支持两个以上用户以紧密方式共同完成一项任务。人工智能在生产和经营过程中的应用，是另一个重要的先进技术的标志。从底层原始数据检测和收集的传感器，到过程控制的机理乃至辅助决策的知识库，都需要应用人工智能技术。

（4）方法论的指导。就是在实现某一目标、完成某一项大工程时，所需要使用的一整套方法的集合。实现企业的整体集成，是一项十分复杂的任务。对每一时期每一项具体任务，都应该有明确的规定和指导方法，这些方法的系统性整合即为“集成方法论”。这样的方法论能帮助人们少走弯路、避免损失。这种效益，比一台新设备、一个新软件所能产生的有形的经济效益要大得多、重要得多。

（5）环境美化的工作。环境美化不仅指企业范围内的绿化，更主要是对废弃物的处理，有专门的组织主动地、积极地开展对废物的利用或妥善的销毁。

（6）绩效测量与评价。传统的企业评价总是着眼于可计量的经济效益，而对生产活动的评价则看一些具体的技术指标。这种方法基本上属于短期行为的做法。对于敏捷制造、系统集成所提出的战略考虑，如缩短提前期对竞争能力有多少好处，如何度量企业柔性，企业对产品变异的适应能力会导致怎样的经济效益，如何检测员工和工作小组的技能，技能标准对企业柔性又会有什么影响，这一系列问题都是在新形势、新环境下提出来并需要解决的。又如会计核算方法，传统的会计核算主要适合于静态产品和大批量生产过程，用核算结果来控制成本，减少原材料和直接劳动力的使用，是一种消极防御式的核算方法。这些方法均无法满足敏捷企业的核心要求，当前要采用一种支持这些变化的核算方法。如ABC法把成本计算与各种经营活动相关联，是未来企业中很有希望的一种核算方法。合作伙伴资格预评是另一种评价问题，因为虚拟企业的成功必须要合作伙伴确有所长，而且应有很好的合作信誉。

（7）标准和法规的作用。目前产品和生产过程的各种标准还不统一，而未来的制造业的产品变异又非常突出，如果没有标准，不论对国家、对企业、对企业间的合作、对用户都非常不利。因此必须要强化标准化组织，使其工作能不断跟上环境和市场的改变。现行法规也应该随着国际市场和竞争环境的变化而演进，其中包括政府贷款、技术政策、反垄断法规、税法、税率、进出口法和国际贸易协定等。

（8）组织实践。外部形势要求变，内部条件也可以变，这时的关键就在于领导能否下决心组织变革，引进新技术，实现组织改革，实现放权，进行与其他企业的新形式的合作。现在不仅要求个人富于革新精神和善于根据敏捷制造的概念进行变革，更需要而且是必然需要这样的小组，才能推动企业的变革。

习　　题

8-1　物料库存成本包括哪些内容？

8-2　JIT的含义和主要思想是什么？

8-3　库存有哪些作用和弊端？

8-4　简述零库存管理的目的。

8-5　为什么说JIT是一种理想的生产方式？

8-6　JIT的目标是什么？

8-7　什么是浪费，制造过程中有哪些浪费？

8-8　简述精益生产的特点。

8-9　精益生产的基本原理是什么？

8-10　什么是约束理论，它的主要目标是什么？

8-11 约束理论中提到的“瓶颈”具体指什么？
8-12 如何在生产过程中识别瓶颈资源？
8-13 在非生产环境中如何应用约束理论？
8-14 解决瓶颈问题的策略有哪些？
8-15 约束理论中的五步聚焦过程是什么？
8-16 六盒模型是什么，它在组织分析中有什么作用？
8-17 什么是敏捷制造？
8-18 敏捷制造的核心特征是什么？
8-19 看板系统如何运作？
8-20 看板系统对库存控制有何影响？
8-21 如何识别并消除生产过程中的非增值活动？
8-22 在服务行业中如何应用精益生产的原理？

9 生产计划与控制信息化技术

9.1 MRP Ⅱ计划控制与管理技术

9.1.1 MRP Ⅱ基本概念

制造资源计划（Manufacturing Resource Planning，MRP Ⅱ）是美国著名管理专家奥列弗·怀特在物料需求计划 MRP 的基础上提出的一种新的现代企业生产管理模式。MRP Ⅱ基于企业经营规划目标制定生产计划，围绕物料转化组织制造资源，实现按需要按时进行生产。MRP Ⅱ将企业产品中的各种物料分为独立需求物料和相关需求物料，并按时间段确定不同时期的物料需求，从而解决库存物料订货与组织生产问题；按照基于产品结构的物料需求组织生产，根据产品完工日期和产品结构制定生产计划；根据产品结构的层次从属关系，以产品零件为计划对象，以完工日期为计划基准倒排计划，按各种零件与部件的生产周期反推出它种物料下达订单的优先级，从而保证在生产需要时所有物料都能配套齐备，达到减少库存量和占用资金的目的。

MRP Ⅱ系统将企业计划管理分为经营规划、生产计划大纲、主生产计划、物料需求计划和车间作业计划等多个有序层次。MRP Ⅱ计划层次体现了由宏观到微观、由战略到战术、由粗到细的深化过程。从一定意义上讲，MRP Ⅱ系统实现了物流、信息流与资金流在企业管理方面的有机集成，并能够有效地对企业各种制造资源进行周密计划和合理利用。MRP Ⅱ工作原理，如图 9-1 所示。

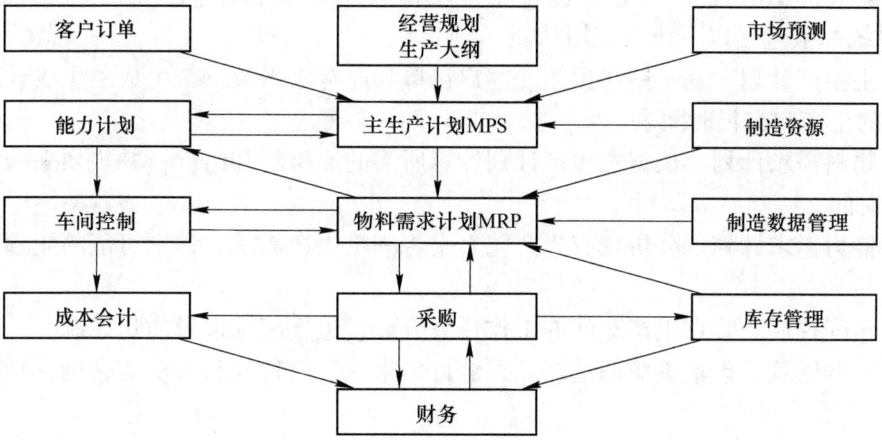

图 9-1　MRP Ⅱ工作原理

9.1.2　MRP Ⅱ作用

MRP Ⅱ以生产计划与控制为主线，集中协调和优化企业内部的各种生产活动，确保所有必要的物料、人力、设备等资源都能在正确的时间以正确的数量送到所需要的地方。MRP Ⅱ对提高制造企业的整体运作效率、降低成本、提高产品质量和服务水平具有非常重要的作用。

（1）优化生产规划。MRP Ⅱ系统能够根据销售预测、客户订单和现有库存情况，制定详细有效的生产计划，确定每种产品在何时需要多少物料以及何时开始生产，以满足客户交货期要求。

（2）有效利用资源。MRP Ⅱ系统不仅考虑了物料需求，还考虑了机器、劳动力等生产能力，帮助企业在生产运行过程中合理分配和有效利用资源，避免资源闲置或过度使用。

（3）降低库存成本。MRP Ⅱ系统通过需求预测来进行生产安排，可以大量减少原材料和成品库存积压，从而降低企业库存持有成本。

（4）信息集成与共享。MRP Ⅱ系统能够有效地对企业内部各部门的数据进行集成管理，实现信息的实时共享，增强部门间的协作，提高决策的响应速度和准确性。

（5）支持战略规划。MRP Ⅱ系统可以为企业管理层提供详细的运营数据和分析报告，能有效辅助企业进行长期战略规划和决策。

（6）提升客户服务。MRP Ⅱ系统能更加准确地预测交货期并及时响应客户需求变化，可以帮助企业提供更可靠的产品交付服务，提高客户的满意度。

（7）促进持续改进。MRP Ⅱ系统可以收集生产过程中物料使用情况、设备性能、生产周期时间等方面的大量数据，通过记录和分析生产过程中的各项指标，识别潜在的问题点或瓶颈，推动企业实施精益生产和持续改进措施。

9.1.3　MRP Ⅱ应用功能

MRP Ⅱ扩展了早期物料需求计划的概念，将生产、财务、销售、采购、库存管理等进行有机集成，MRP Ⅱ系统通常包含多个功能模块以支持不同方面的业务应用需求，MRP Ⅱ系统一般包括以下典型应用功能。

（1）主生产计划。基于销售预测、客户订单和库存水平数据来生成主生成计划，确定最终产品的生产和交付时间表。

（2）物料需求计划。根据主生产计划计算所需的原材料和组件，并规划采购或生产这些物料的时间。

（3）能力需求计划。分析现有生产能力是否满足生产需求，识别可能的瓶颈并调整生产安排。

（4）车间控制。管理生产车间的工作任务分配、进度跟踪以及质量控制。

（5）采购管理。包括供应商选择、采购订单生成、收货检验等功能，确保物料按时按质到达。

（6）库存管理。监控库存水平，处理入库、出库事务，进行库存盘点等，优化库存成本。

（7）财务与会计。提供成本核算、预算编制、账务处理等财务相关功能，支持企业财务管理。

（8）客户服务和支持。处理客户咨询、售后服务等请求，提升客户满意度。

9.2　ERP 计划控制与管理技术

9.2.1　ERP 基本概念

企业资源计划 ERP 是 20 世纪 90 年代初由美国著名咨询公司 Gartner 基于 MRP Ⅱ的发展趋势而提出的一种全面企业管理模式。ERP 是一种用于管理和优化企业内部各种业务流程的信息系统，它通过集成财务、制造、销售、人力资源、供应链管理等关键业务功能来提高企业的运作效率和决策能力。ERP 系统的核心在于其能够集成不同部门的数据信息，形成统一的信息平台，确保数据的一致性和实时性，有效辅助管理层作出更加准确和及时的决策。ERP 不仅仅是一套软件工具，更是一种全面的企业管理模式，通过融入人工智能、机器学习、大数据等先进技术，ERP 能为企业提供更加智能化的支持和提高企业的核心竞争力。

9.2.2　ERP 作用

ERP 系统在现代企业管理中扮演着至关重要的角色，其作用主要体现在以下几个方面。

（1）提高运营效率。通过集成化的管理平台，ERP 消除了信息孤岛，实现了数据的集成和实时更新管理，有助于企业简化业务流程，减少重复劳动和人为错误，从而大幅提升企业运营效率。

（2）优化资源配置。ERP 能辅助企业更好地进行人力、物力和财力等资源的规划和分配，提供精确有效的库存管理、生产调度等功能，确保企业在满足客户需求的同时，最大程度地降低资源浪费。

（3）优化客户关系管理。ERP 系统通过追踪客户的交互历史、偏好和服务请求帮助销售团队更有效地找到潜在机会，并提供个性化的客户服务，最终提高客户的满意度和忠诚度。

（4）加强供应链协同。通过供应商、制造商、分销商和零售商之间信息的集成和共享，提高整个供应链的响应速度和灵活性，降低供应链总成本和缩短客户交货时间。

（5）全球化运营的支持。对于跨国公司而言，ERP 系统可以处理多语言、多货币及不同地区的法律法规差异，支持全球范围内的业务扩展和协调运作。

（6）成本控制与分析。ERP 系统通过记录和分析实际发生的生产成本，辅助企业找出成本超支的原因，并提出改进方案。同时 ERP 还能模拟不同生产方案的成本效益，辅助决策者选择最优的生产方案。

（7）增强决策支持。借助于 ERP 系统的报表生成功能和商业智能工具，管理层可以及时获取详细的业务分析报告，为管理层制订战略规划和日常决策提供数据信息和决策依据。

9.2.3 ERP 应用功能

ERP 系统通常由覆盖企业运营全过程的多个功能模块组成，旨在通过集成和自动化业务流程来提高效率和决策质量，ERP 系统一般包括以下典型应用功能。

（1）财务管理。涵盖了总账、应收账款、应付账款、现金管理、固定资产管理、预算与成本控制、税务管理和财务报表分析等功能，帮助企业管理财务相关事务。

（2）人力资源管理。涵盖了人力资源规划、招聘、培训和发展、绩效评估、薪酬福利管理等人事相关事务，帮助企业优化人力资源流程、提高员工满意度和降低运营成本。

（3）供应链管理。涵盖了需求预测、采购管理、库存控制、供应商关系管理、物流管理等供应链管理事务，优化和协调从供应商到最终客户的整个供应链流程，确保原材料和其他物资的有效供应和成本控制。

（4）生产管理。支持从订单处理到产品生产的整个过程，包括主生产计划、物料需求规划、生产能力规划、工单管理、车间控制、物料管理和质量管理等生产管理相关事物。

（5）销售和分销管理。涵盖了产品报价、客户订单处理、信用检查、定价与折扣管理、发票开具、发货和运输安排、退换货管理等销售相关事物，有效支持企业优化销售流程和促进销售增长。

（6）客户服务管理。涵盖了客户信息管理、客户问题、投诉、退货、服务请求与工单管理、客户反馈与满意度调查等客户服务事务，确保企业提供高效和一致的服务体验。

（7）项目管理。涵盖了项目规划、预算与成本管理、进度跟踪与报告、任务与工时管理、风险管理、文档与知识管理、合规性与审计等项目管理事物，特别适用于需要进行项目化运作的企业，可以帮助企业更好地控制成本、优化资源分配和提高项目成功率。

（8）质量管理。涵盖了质量规划、质量检验、质量改进、统计过程控制等质量管理相关事物，通过集成质量控制、检验、改进等流程，帮助企业构建一套高效的质量管理体系。

（9）商业智能与数据分析。涵盖了数据集成与管理、数据报表、数据分析与挖掘、数据可视化、实时监控与警报、高级分析等功能，整合来自不同业务流程的数据，通过数据分析技术提供深入的洞察力，帮助企业更好的决策支持。

（10）电子商务。涵盖了在线交易、电子支付、网络营销等功能，帮助企业整合线上线下销售渠道和优化客户体验，与 ERP 系统财务、库存、物流等模块有效对接，确保数据一致性和操作透明度。

9.3 MES 作业计划管理技术

9.3.1 MES 基本概念

制造执行系统（Manufacturing Execution System，MES）是面向生产制造车间的生产管理技术与实时信息同步系统，它位于企业上层生产计划系统和底层工业控制层之间，是连接工厂管理层与生产车间操作层之间的桥梁，它专注于车间级别的生产和运营管理。MES系统可以将企业的高层战略转化为具体的生产任务，并监控这些任务的执行情况，确保它们符合既定的质量和时间要求。同时，MES 还为管理层提供了宝贵的反馈信息，帮助他们作出更明智的决策。MES 的主要目标是优化生产过程，确保从订单到成品的整个制造流程高效、准确地运行。通过实时数据采集、处理和分析，MES 为企业提供了对生产活动的全面可见性和控制能力。

9.3.2 MES 作用

MES 在现代制造业中扮演着至关重要的角色，它通过优化生产流程、提高生产透明度、增强质量控制和降低生产成本等方面全方位为企业带来显著的价值。

（1）优化生产流程。实时监控与反馈：MES 通过实时收集和处理来自生产线的数据，确保生产线信息的实时监控和反馈，企业管理者可以针对生产实际情况优化生产流程。MES 将企业的生产计划转化为具体的作业指令，通过动态调度与排程优化技术，减少生产等待时间和提高设备的利用率。

（2）提高生产透明度。MES 提供了一个透明的数据视图，让管理者可以实时查看生产过程中的设备性能、产品质量、物料流动等信息，有助于企业快速识别问题并采取纠正措施。基于收集的生产过程数据，MES 可以智能化生成各类报表和分析报告，帮助管理层评估生产效率、发现瓶颈并制定改进策略。

（3）增强质量控制。MES 可以在线监测产品质量，及时发现质量问题并改进优化，确保每个工序都符合质量标准。MES 记录每个产品的生产历史，包括使用的原材料批次、加工参数、测试结果等信息，实现对产品生命周期的全程追踪，便于在出现质量问题时进行及时召回和调查。

（4）降低生产成本。MES 管理和跟踪用于生产的劳动力、工具、设备等各种资源，并监控其可用性和健康状况，减少不必要的浪费；通过精确的物料需求预测和库存管理，减少了库存积压和缺货现象，降低了库存持有成本；通过对生产设备运行状态的监控，可以帮助企业识别和改进高能耗环节，降低能源消耗成本。

（5）促进跨部门协作。MES 在不同部门之间建立了有效的沟通渠道，确保生产计划、物流配送、质量保证等部门之间的紧密协作，打破信息孤岛和提高工作效率。

（6）支持合规性与风险管理。MES 帮助企业遵守行业标准和法规要求，并保持良好的记录保存习惯以备审计；通过设定关键控制点和预警机制，提前识别潜在的风险因素，采取预防措施避免问题发生。

（7）推动智能制造发展。MES 融入人工智能、大数据分析、云计算等先进技术，积极推动智能制造技术的发展。利用机器学习算法预测设备故障，优化维修计划安排，实现基于 AI 驱动的预测维护；通过对大量生产数据的分析，发现隐藏的问题和优化机会，持续改进生产工艺。

9.3.3 MES 应用功能

根据 ISA—1995 国际标准《工业企业控制系统的集成》，MES 涵盖了多个生产调度、资源管理、质量管理、维护管理等多个关键功能领域，是企业实现精细化管理和智能化转型的重要工具。

（1）生产调度与排程。将企业的生产计划转化为具体的作业指令，指导现场操作人员进行生产活动，确保每个工序按时按质完成。通过优化排程算法减少了等待时间和提高了设备利用率。

（2）资源分配与状态管理。管理和跟踪用于生产的各种资源（如劳动力、工具、设备），并监控其可用性和健康状况，确保资源的有效利用。

（3）产品跟踪与谱系管理。记录每个产品的生产历史，包括使用的原材料批次、加工参数、测试结果等信息，实现全程追溯。

（4）绩效分析与报告生成。基于收集的数据进行统计分析，生成各类报表，帮助管理者评估生产效率和发现问题点，提供决策支持。

（5）质量管理。实施严格的质量控制措施，在线监测产品质量，及时发现并纠正偏差，保证产品质量的一致性和可靠性。

（6）维护管理。规划和执行预防性维护任务，减少非计划停机时间，延长设备寿命，并记录每次维护活动的历史记录。

（7）文档与规程管理。管理和分发所有必要的技术文件和工作指南，确保员工遵循正确的操作流程，提高工作效率和安全性。

9.4 MOM 制造运营管理技术

9.4.1 MOM 基本概念

制造运营管理（Manufacturing Operations Management，MOM）的概念最早由美国仪器、系统和自动化协会（ISA）于 2000 年通过发布 ISA-SP95 标准首次确立，该标准为制造运营管理划定了边界，构建了应用于生产、维护、质量和库存 4 类主要运行区域的通用活动模型。此后，随着 IEC/ISO 62264 标准的推出，MOM 的定义得到了进一步的明确和发展，即负责定义实现生产最终产品的工作流活动，包括生产记录的维护和生产过程的协调与优化。根据 IEC/ISO 62264 标准，制造运营管理被定义为通过协调管理企业的人员、设备、物料和能源等资源把原材料或零件转化为产品的活动。MOM 旨在扩展和深化制造管理的范围和深度，它不仅涵盖了传统 MES 系统的功能，还包括了更广泛的制造运营领域，如生产管理、质量管理、库存管理和维护管理等。MOM 的目标是通过信息技术和业务流程的结合，实现制造过程的透明化、标准化和最优化。

9.4.2 MOM 核心特征

MOM 系统是用于管理和优化制造业企业内部所有与生产相关的活动的软件解决方案，

其核心特征可以概括为以下几个方面。

（1）全面覆盖。MOM 系统不仅涵盖了生产管理、质量管理、库存管理和维护管理，还包括人力资源管理等多个方面，提供全方位的制造管理解决方案，实现了生产全过程的端到端的集成管理。

（2）实时监控。MOM 系统能够实时收集和分析生产数据，提供实时的生产状态报告，帮助企业快速识别和解决问题。

（3）高度集成。MOM 系统可以与企业上层的 ERP 系统无缝集成，实现数据的双向流动和共享；MOM 系统还可以与生产设备、传感器和其他自动化设备连接，实现生产过程的全面自动化和智能化。

（4）全程可追溯。MOM 系统记录生产过程中的详细信息，包括生产日期、操作人员、设备状态等，实现生产信息的全程可追溯。

（5）标准化。MOM 系统设计时遵循国际标准和行业规范，如 ISA-95 标准，确保系统的先进性和可靠性。

（6）用户友好。MOM 系统提供直观的用户界面，通过图表和仪表盘 MOM 系统可以将复杂的生产数据以直观的方式展示，方便管理者快速掌握生产状况。

（7）高安全性。MOM 系统采用先进的数据加密和备份技术，确保数据的安全性和完整性；系统提供细粒度的权限管理功能，确保只有授权用户才能访问和操作特定数据和功能。

9.4.3 MOM 应用功能

从系统层次上来划分，MOM 系统一般包括企业整体运营环境层、系统核心层、数据采集与集成层、网络传输层、系统集成层和用户交互层等多个层次。MOM 系统各层次功能模块协同工作以支持和优化制造企业的日常运营。MOM 系统功能框架，如图 9-2 所示。

（1）企业整体运营环境层。MOM 系统所处的整体环境，包括企业的各种资源、业务流程和外部联系。

（2）系统核心层。包含生产计划与调度、库存管理、质量管理、设备管理、人员管理等功能模块，实现对企业制造运营的全面管理。

（3）数据采集与集成层。负责采集来自工厂设备、业务系统和外部数据源的数据，并进行集成处理。

（4）网络传输层。这一层负责数据的传输，包括工厂内网、工厂外网和数据传输协议。它确保数据能够在企业内部和外部进行高效、安全的传输。

（5）系统集成层。完成 MOM 系统与 ERP 等系统的集成，以实现信息的共享和流程的协同。

（6）用户交互层。用户与 MOM 系统进行交互的界面和工具，包括操作界面、数据可视化工具、报告与分析工具和移动应用等。

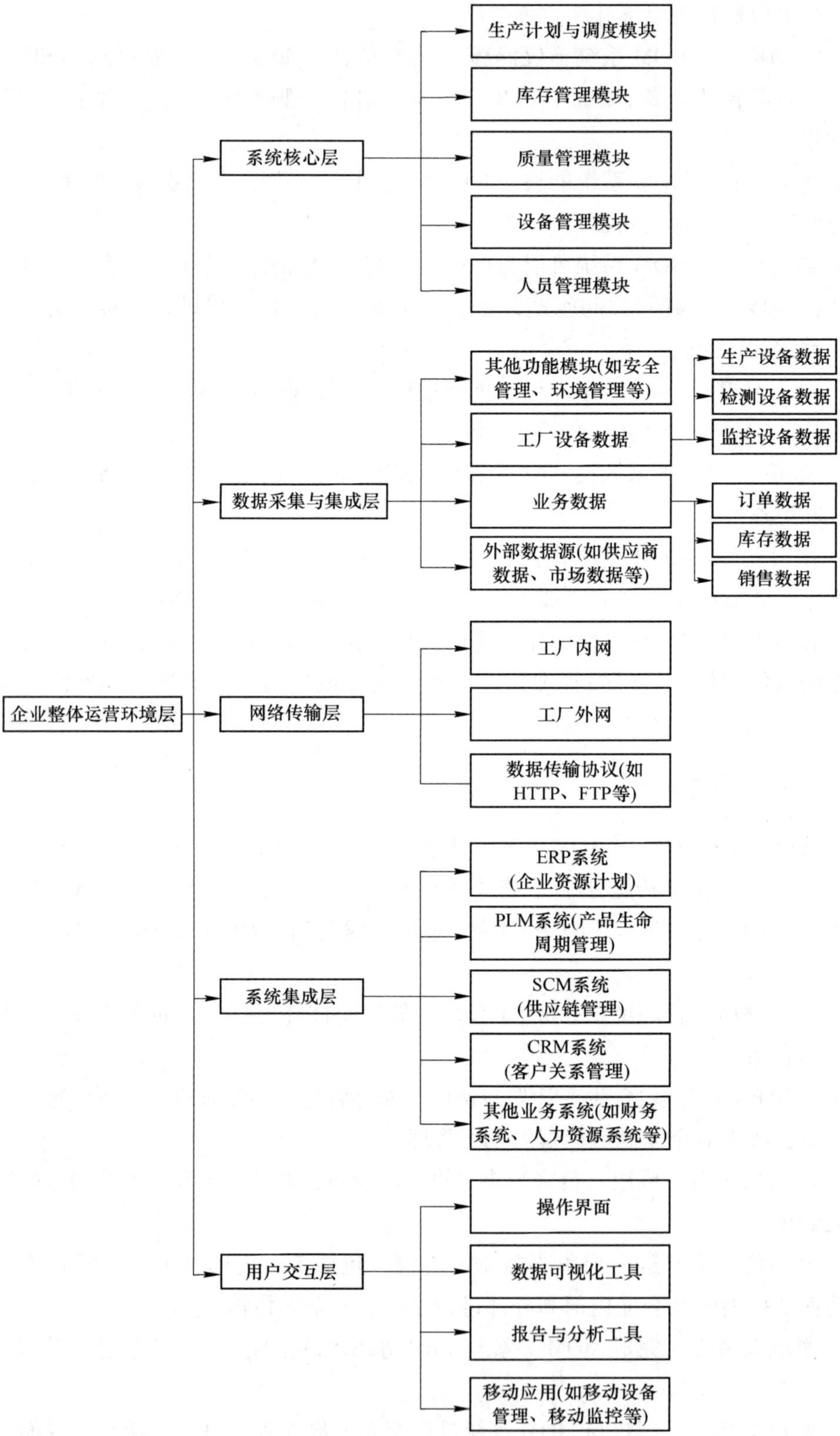

图 9-2 MOM 系统功能框架

9.5　生产计划与控制系统开发

9.5.1　生产计划与控制系统需求分析

需求分析是指理解用户需求，就功能与客户达成一致，估计和评估项目代价，最终形成开发计划的一个复杂过程，包括需求的获取、分析，规格说明、变更、验证、管理的一系列需求工程。需求分析工程师负责整理用户需求，为之后的设计打下基础。

生产计划与控制是企业生产管理的主线，随着企业资源管理范围的不断扩大和拓展，企业信息管理和处理量呈指数级增长，传统的手工管理方式和电子数据报表格式难以满足企业更高层次运作管理的需要，许多企业积极引入 ERP 等系统来提高企业各个运作层次的信息化管理水平。对于生产计划与控制系统来说，根据管理水平的高低和数据精度要求，不同企业的管控模式和方式可能有所不同。

某电机企业主要经营范围为电动机、发电机及发电机组、通用设备、水轮机及辅机、液压和气压动力机械及元件、专用设备、建筑工程用机械、模具、金属制品的制造和销售，随着企业发展的壮大，迫切需要提升企业的计划与控制管理水平，提高订单的响应速度，降低管理成本。下面以该电机制造企业为例来进行生产计划与控制系统的需求分析、功能设计和功能开发等工作。

9.5.1.1　系统目标

（1）加强制造计划管理及控制，提高计划准确性，保证按时按量交货。

（2）规范并固化工作流程，避免工作的随意性，使得公司各个岗位的责权利清清楚楚，管理不再混乱。

（3）发挥计算机系统的优势，避免重复及烦琐的工作，大幅度提升工作效率、降低运营成本，提高企业敏捷制造的能力。

（4）提高数据的准确性与及时性，为领导决策提供科学依据。

（5）增强库存的优化配置，降低库存管理水平和成本。

（6）提升企业的计划管理与控制信息管理水平，增强公司的核心竞争力。

9.5.1.2　系统技术需求

（1）软硬件环境需求。系统应可运行于 Windows、Unix 等平台，基于 B/S 架构可通过浏览器访问完成全部系统操作。运行于局域网环境中，能进行数据共享方位和操作。需要与其他系统有机集成或保留升级接口。

（2）系统性能需求。在正常的网络环境下，应能够保证系统的及时响应：统计报表模块相应功能响应时间不超过 30 s，其他模块相应功能响应时间不超过 15 s，支持 1000 人（次）的并发访问。

（3）安全保密需求。系统架构以及权限机制可以保证系统的安全性。采用 B/S 架构，从而使服务器数据源与客户端分离，保证了数据的物理独立性；系统的用户授权机制通过角色的定义管理实现，通过定义某些角色能进行的操作权限和定义用户拥有的角色，限定用户的操作权限，实现对用户的授权。

（4）可维护性和可扩展性。采用基于 JAVA 技术并且符合 J2EE 开发规范的系统应用平台，并采用三层结构，使系统具有良好的可维护性和可扩展性。

9.5.1.3 系统功能需求

（1）实现部门、机构和人员及其工资等基础信息设置；实现产品的需求预测和优化对比，为计划制定作决策参考。

（2）实现供应商及其采购订单的跟踪管理，及时反馈采购进度；实现客户及其产品订单的跟踪管理，及时反馈订单进度。

（3）实现企业从战略层到作业层各层计划的编制、修改和汇总统计功能；实现企业从综合生产计划到生产作业计划层各层计划的能力核算和调整功能，保证计划的可行性。

（4）实现各类物料的入库、出库、移库和盘点，对库存不足或超限预警；实现各类物料的属性和物料清单的管理、产品工艺路线的设定。

（5）实现产品质量的数据收集和统计分析，为制造质量改进提供参考；实现各类统计报表的自定义生成、报表的导出和统计分析。

（6）实现企业固定资产的管理、设备维修计划的制定和管理。

（7）实现应收、应付款的管理和统计；实现其他系统的接口定义设置。

（8）实现系统的账号、权限和数据安全管理。

9.5.2 生产计划与控制系统功能设计

基于模块化设计方法，电机制造企业生产计划与控制系统功能概要设计如下。

（1）基础信息设置。主要包括企业通知公告的发布，部门、班组、职务、工种、货币等信息的管理，制造日历、工作中心的设置，供应商信息、客户信息的管理等功能。

（2）订单预测管理。预测方面主要包括销售历史数据的记录、预测方法库的构建、需求预测结果管理等功能，订单管理方面主要包括销售报价、客户订单受理、销售定金登记、订单结清、出货单维护和订单统计等功能。

（3）物料库存管理。主要包含物料类别、物料基本信息、物料清单、物料出库、物料入库、物料移库、物料盘点、报损管理和物料统计等功能。

（4）APP 计划管理。主要包含产品开发决策、年度销售预测、年度订单信息、综合计划策略、APP 计划维护、工作中心产能和资源需求计划等功能。

（5）MPS 计划管理。主要包含 MPS 预测信息、MPS 订单信息、批量规则设置、MPS 生产计划、粗能力需求计划、MPS 生产单、MPS 采购计划和 MPS 采购单等功能。

（6）MRP 计划管理。主要包含 MRP 生产计划、MRP 生产单、MRP 生产进度、MRP 采购计划、MRP 采购单、采购合同进度、采购到货通知和细能力需求计划等功能。

（7）作业计划管理。主要包含作业计划单、作业派工单、作业汇报单、作业转移单、作业领料单、作业入库单、外协领料、外协入库和作业成本管理等功能。

（8）质量信息管理。主要包含质量计划、质量检验、质量统计、质量分析和质量预测等功能。

（9）应收应付管理。主要包含客户应收账款查询、客户收款管理；供应商应付账款查询、付款管理和统计分析等功能。

（10）人力资源管理。主要包含员工信息管理、工资信息管理、培训管理、考勤管理、人员招聘和统计分析等功能。

（11）系统设置管理。主要包含系统用户管理、权限管理、角色管理、角色权限维护、数据备份和审批流程定义等功能。

综上所述，生产计划与控制系统详细功能模块设计汇总，如图 9-3 所示。

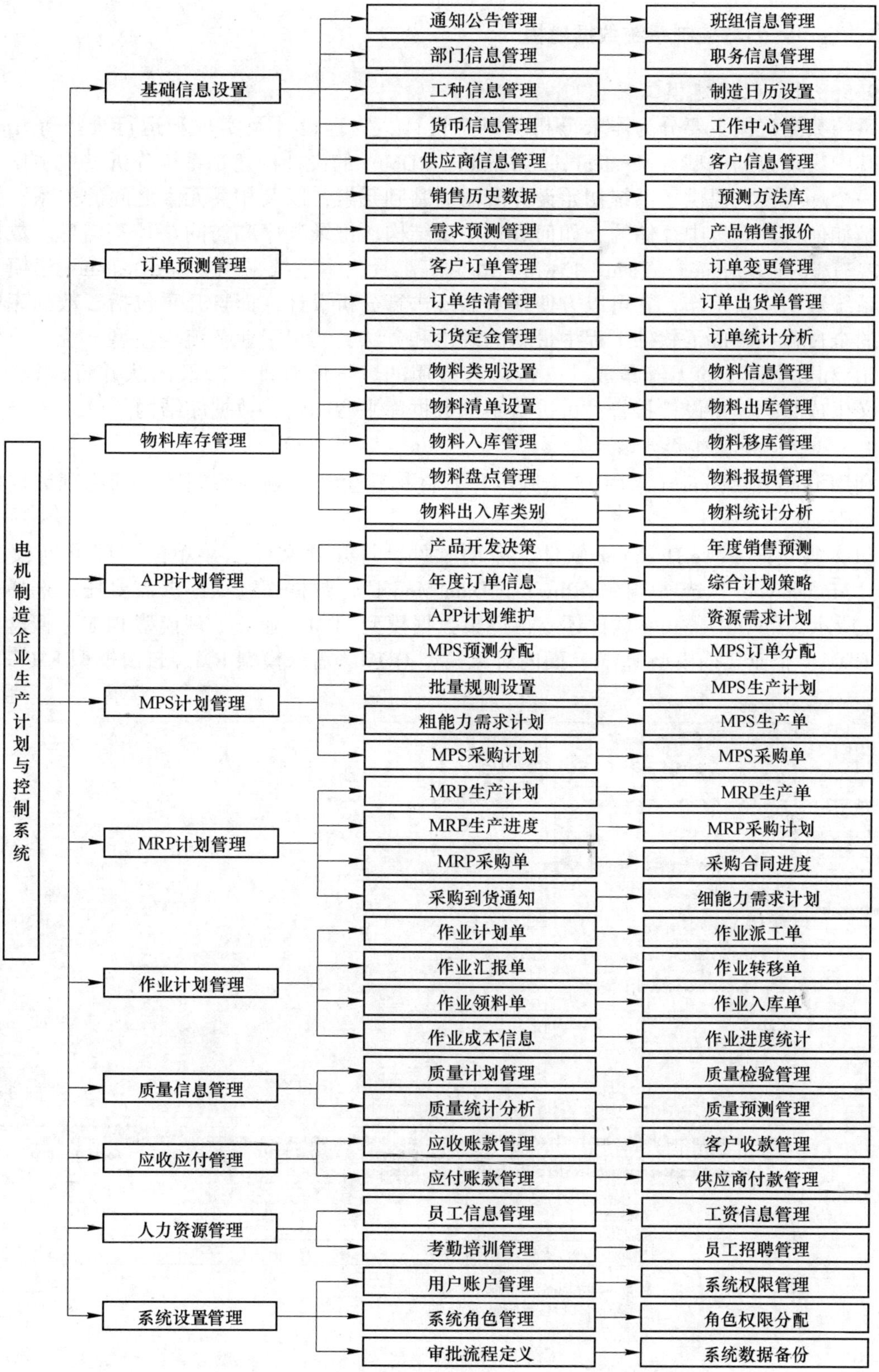

图 9-3 电机制造企业生产计划与控制系统功能模块设计汇总

9.5.3 生产计划与控制系统数据建模

9.5.3.1 数据建模工具

系统数据建模主要分为需求分析、概念设计、物理设计及实现和运行维护等几个阶段，其中物理数据模型（physical data model，PDM）的设计构建是系统分析过程中比较关键的一个环节，它提供了系统初始设计所需的基础元素，以及相关元素之间的关系，描述数据是如何在计算机中存储的，如何表达记录结构、记录顺序和访问路径等信息。数据建模主要有 PowerDesigner、Visio、Erwin、Rose 等工具，本系统采用 PowerDesigner 建模工具进行系统数据建模工作，它可以方便地对系统进行分析设计，而且几乎包括了数据库模型设计的全过程；集成了软件工程中最新的理论和方法，实现了业务流程模型、统一建模语言 UML 和数据模型的无缝集成；支持多种常用的数据库管理系统及团队并行建模工作，自定义生成数据模型设计报告，可进行不同数据库平台间转移数据库结构。

9.5.3.2 数据建模步骤

利用 PowerDesigner（采用 15.1 版本）软件构建生产计划与控制系统的物理数据模型步骤如下。

（1）安装好 PowerDesigner 软件，启动软件，打开“文件”菜单的“建立新模型”，选择“Model types”选项中的“Physical Data Model”，数据库选项根据需要任意选择，如图 9-4 所示。PowerDesigner 软件还支持逻辑数据模型 LDM、业务处理模型 BPM、概念数据模型 CDM、企业架构模型 EAM、面向对象模型 OOM、需求模型 RM、自由模型 FM、XML

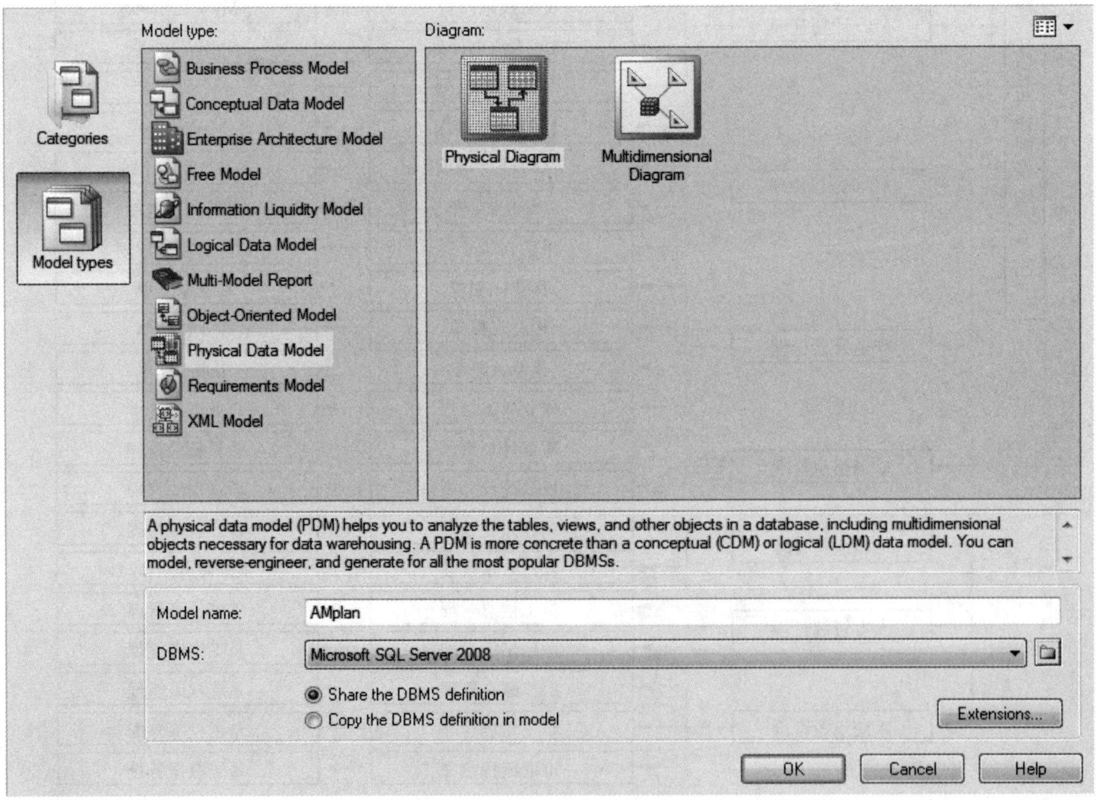

图 9-4 新建物理数据模型 PDM

模型、多模型报告 MMR 等模型的构建。

（2）选择工具栏“Palette”中的“Table”命令构建表，如图 9-5 所示。如果有多个表，可以选择复制或利用“Table”命令多次构建。新建表格完成后，可以点击对应表格，进行表格的名称定义和对应字段定义，如图 9-6 所示。表格名称定义中，Name 表示该表

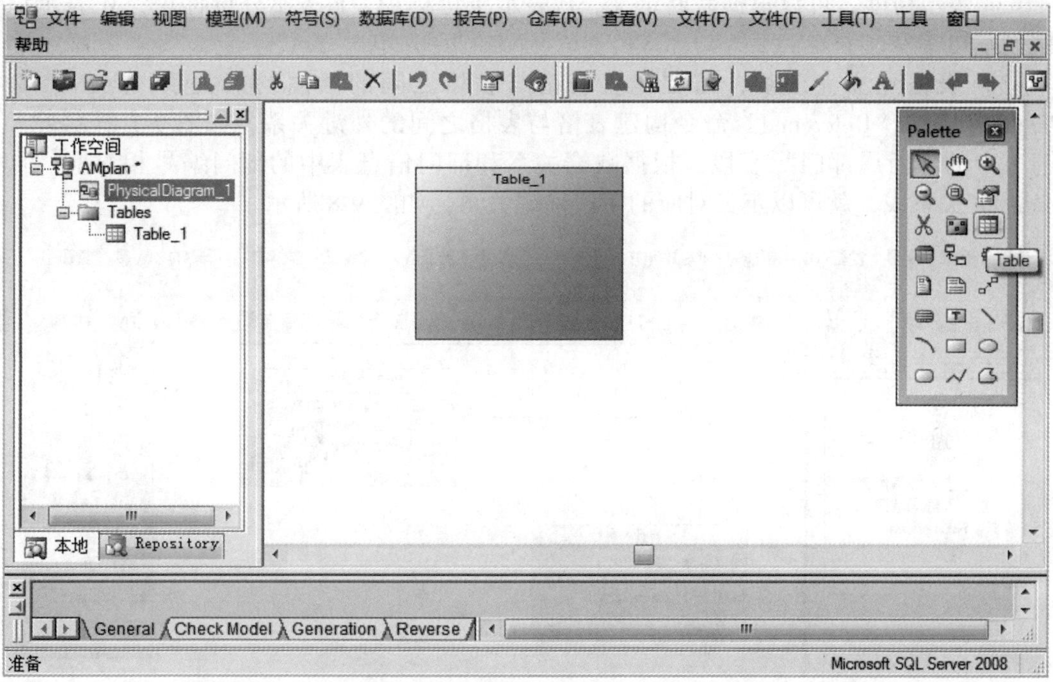

图 9-5　新建 Table

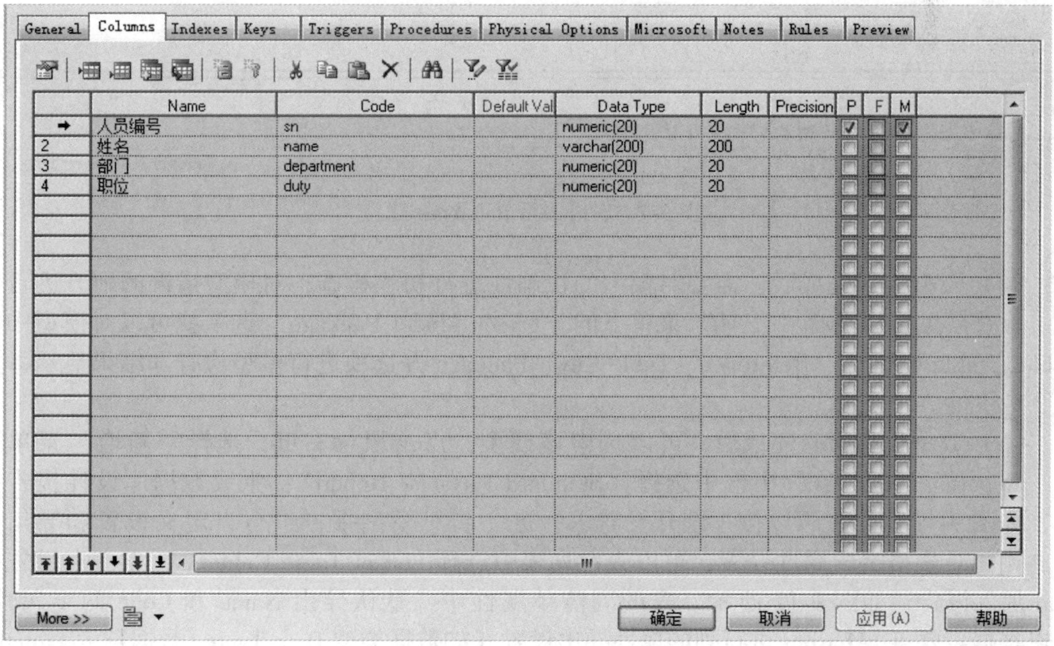

图 9-6　Table 字段及属性定义

格的名称，为便于阅读及共用，建议用中文名称；Code 表示该表格的代码，一般用来编程使用的字段代码，建议用英文字段，并应符合相应编程所用语言的变量标识规范。表格字段属性定义中，Name 和 Code 的含义与表格含义类似，Default Value 表示该字段的缺省值，Data Type 表示该字段的数据类型，可以在下拉框中选择类型和设置字段长度，Precision 表示精度，可以根据需要定义，P 表示主键标识，F 表示外键标识，M 表示该字段强制不可为空。

(3) 表格建立完成后，需要建立表格与表格之间的数据约束关系，点击工具栏“Palette”中的“Reference”命令构建表格与表格之间的外键关系，如图 9-7 所示。人员信息表中的“所属部门”字段，根据数据关系和部门信息表中的部门编号相对应，点击 Reference 关系线，就可以定义对应的字段外键关系，如图 9-8 所示。

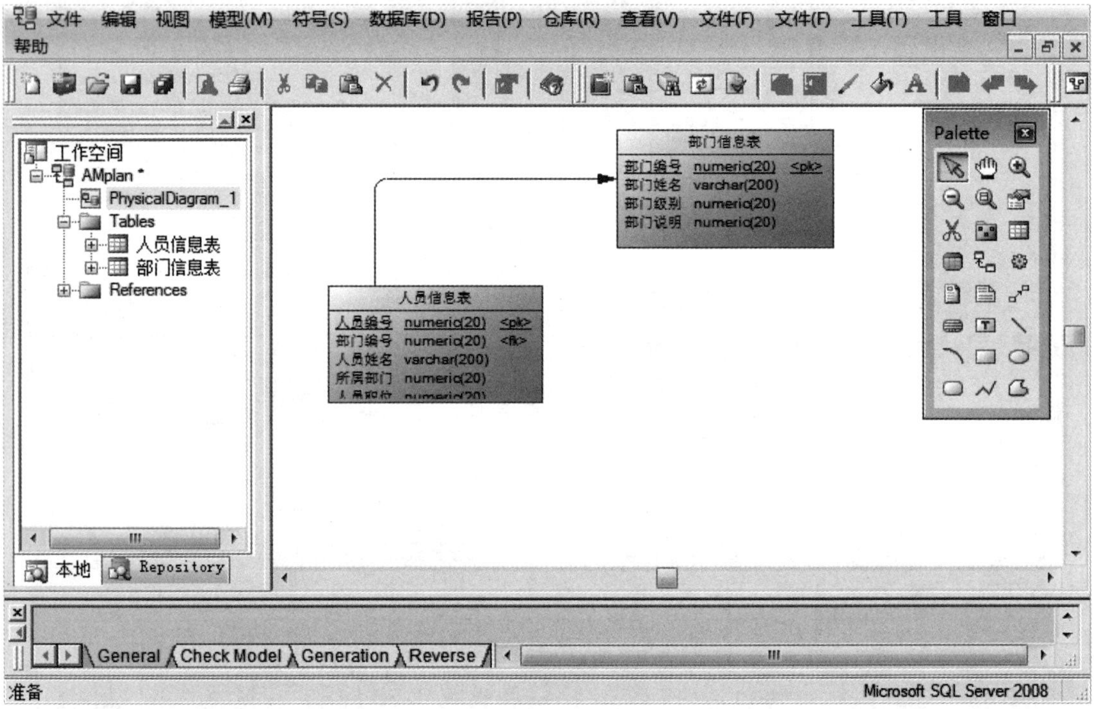

图 9-7 表格关系 Reference 建立

(4) 模型构建完成后，需要对模型的正确性进行初步检查，对模型错误的地方进行修改。检查模型可以选择“工具”菜单下的“Check Model Package”选项就可以对模型中的 Table、Table Column、Reference、Table Key、Package 等选项进行模型检查和结果显示，如图 9-9 和图 9-10 所示。

(5) 数据模型检查完成后，可以选中该模型，点击鼠标右键，选择“新增”菜单下的“Report”选项，在弹出框中选择“Standard Physcial Report”，生成数据库设计报告文档，如图 9-11 所示。可以按系统开发需求，进一步对模型报告进行自定义设置和导出报告，比如对表格字段属性设置，可以先在列表中选择 List of Table Columns，点击右键选择 Add 加入报告，如图 9-12 所示。表的列清单属性中，默认导出 Name 和 Code 两个属性，可以根据需要点击 Layout 进行列的属性导出设置（如数据类型 Data Type、数据长度 Length、

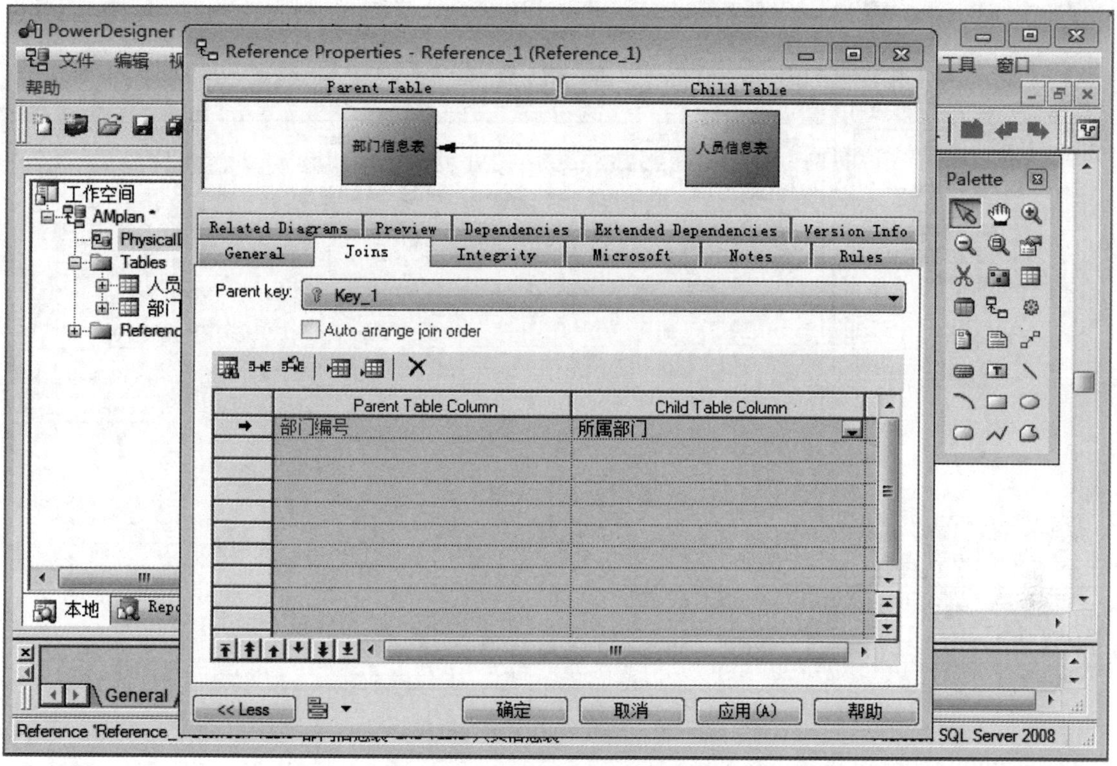

图 9-8 表格关系 Reference 定义

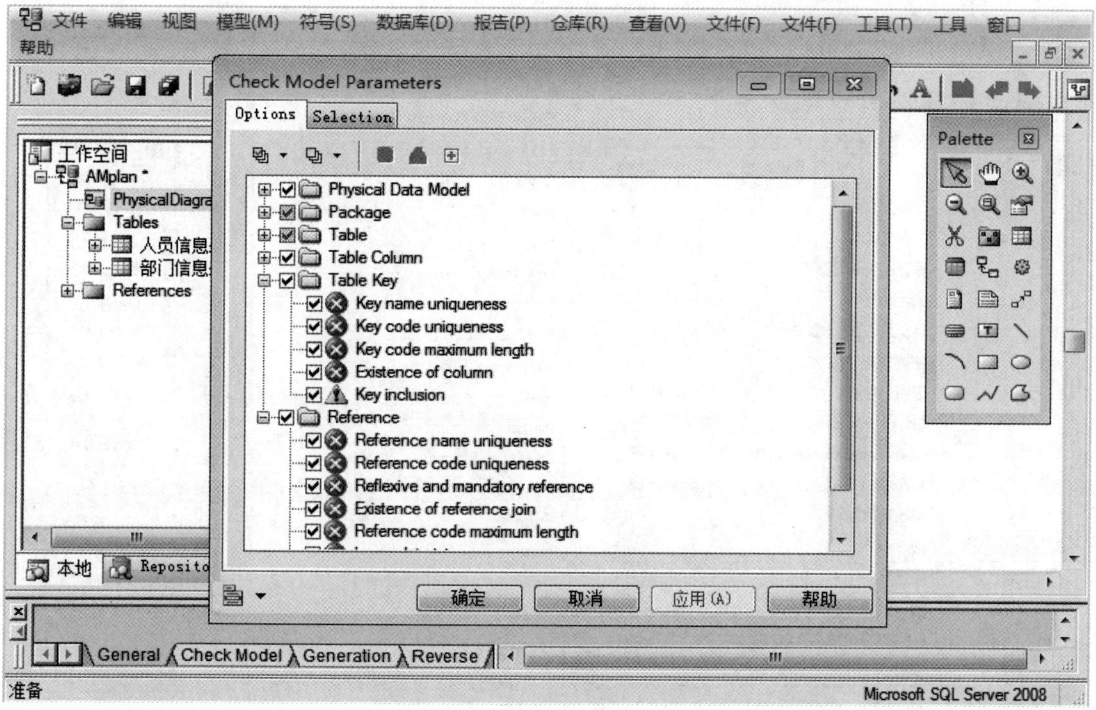

图 9-9 物理数据模型检查定义

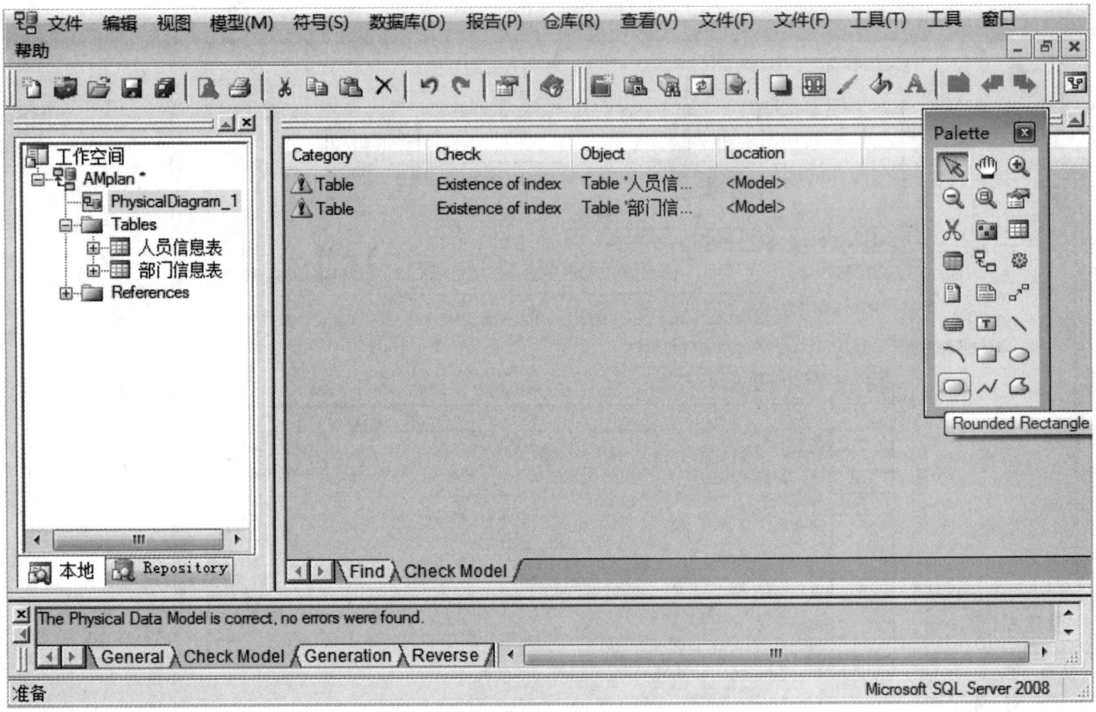

图 9-10　物理数据模型检查结果

缺省值 Default Value，最大值 Maximum Value、最小值 Minimum Value 等)，如图 9-13 及图 9-14 所示。

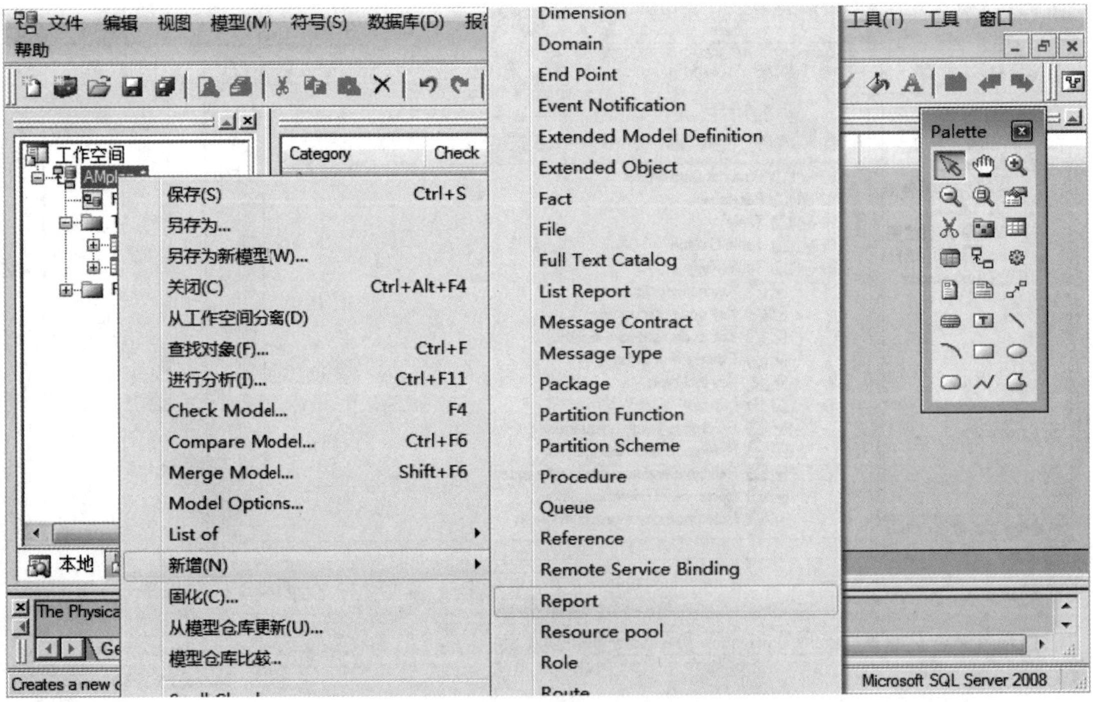

图 9-11　新增物理数据模型设计报告

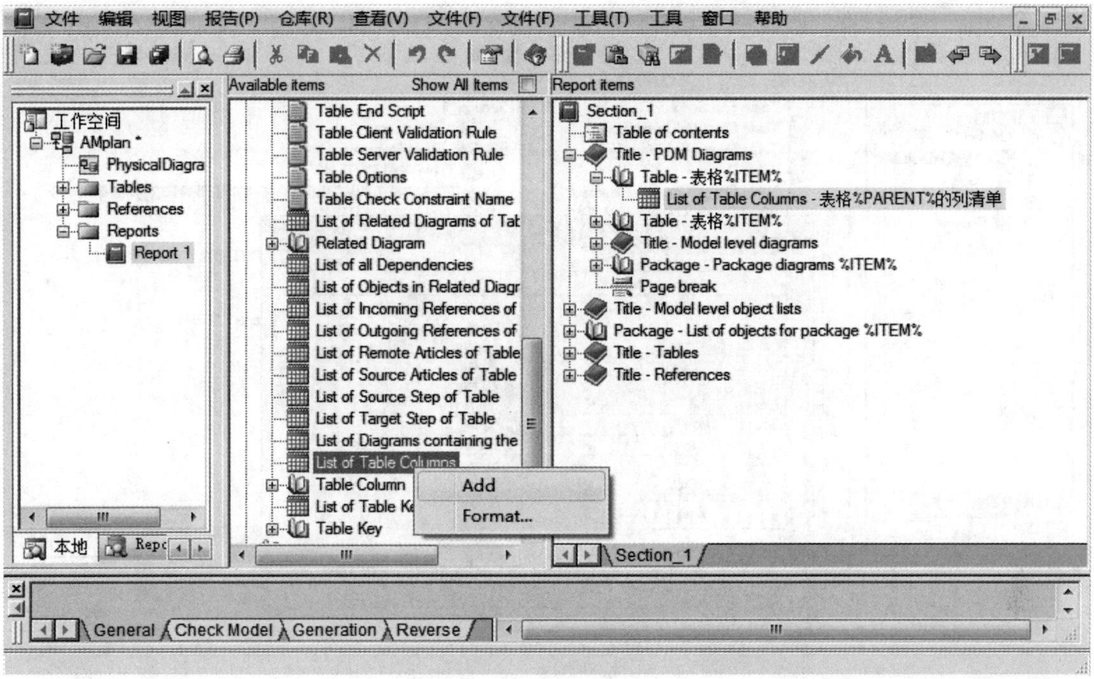

图 9-12　增加表格字段列到报告文档

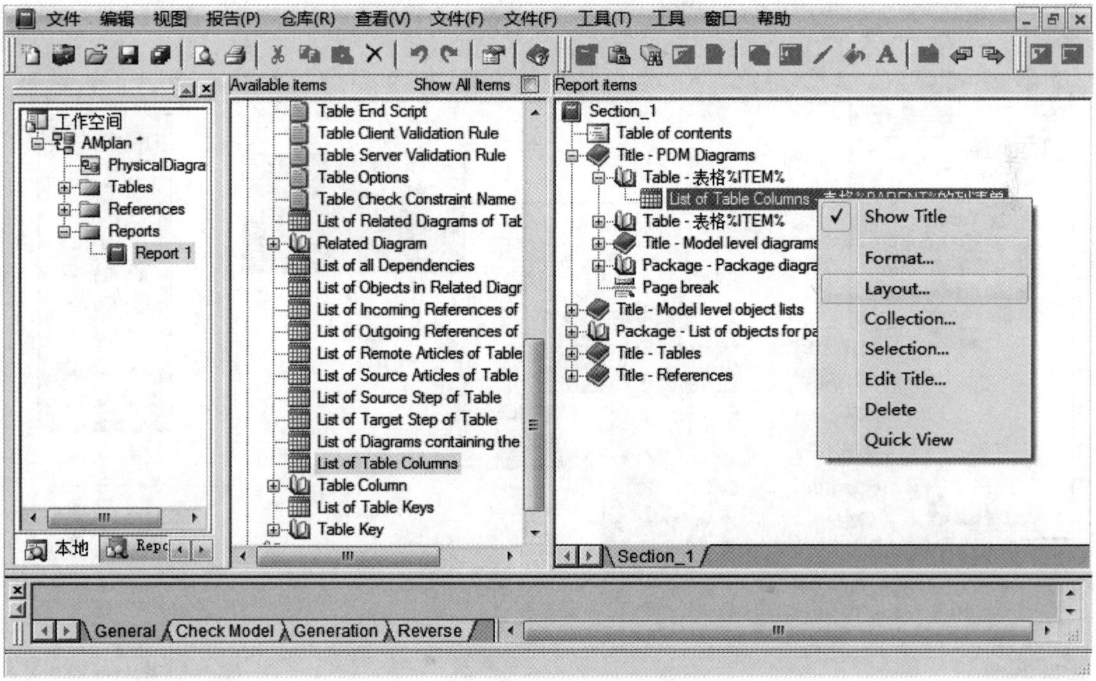

图 9-13　表格字段属性布局设置 Layout

（6）report 报告自定义完成后，可以选中该报告，点击鼠标右键，选择“生成”菜单下的“RTF”或“HTML”选项生成数据库模型报告，如图 9-15 所示。

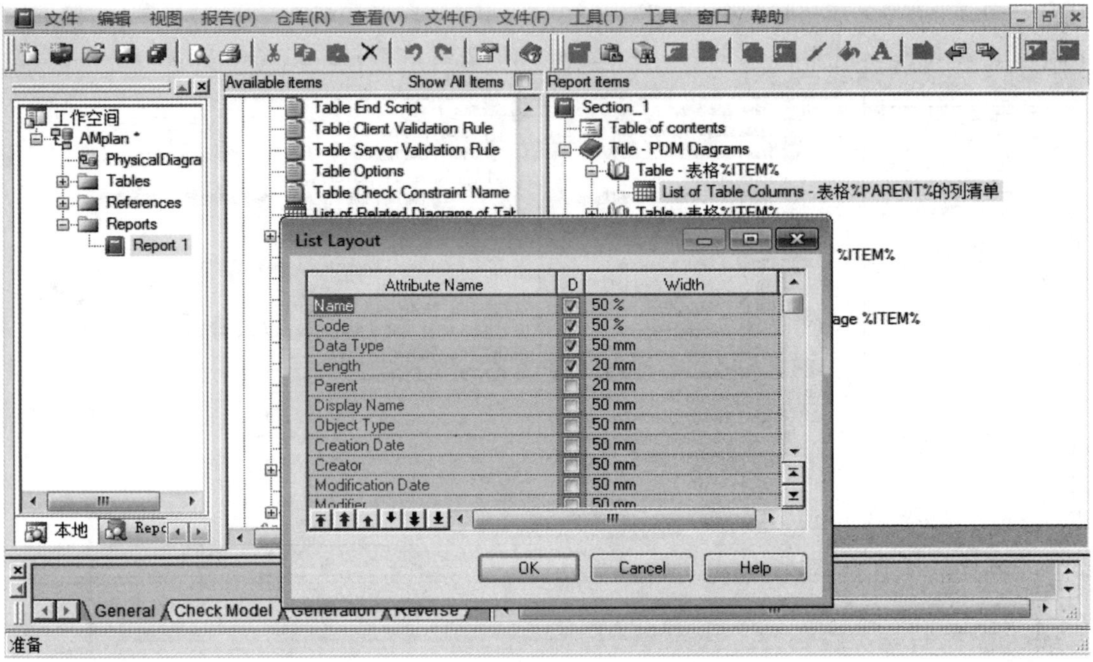

图 9-14　表格字段属性选择设置 List Layput

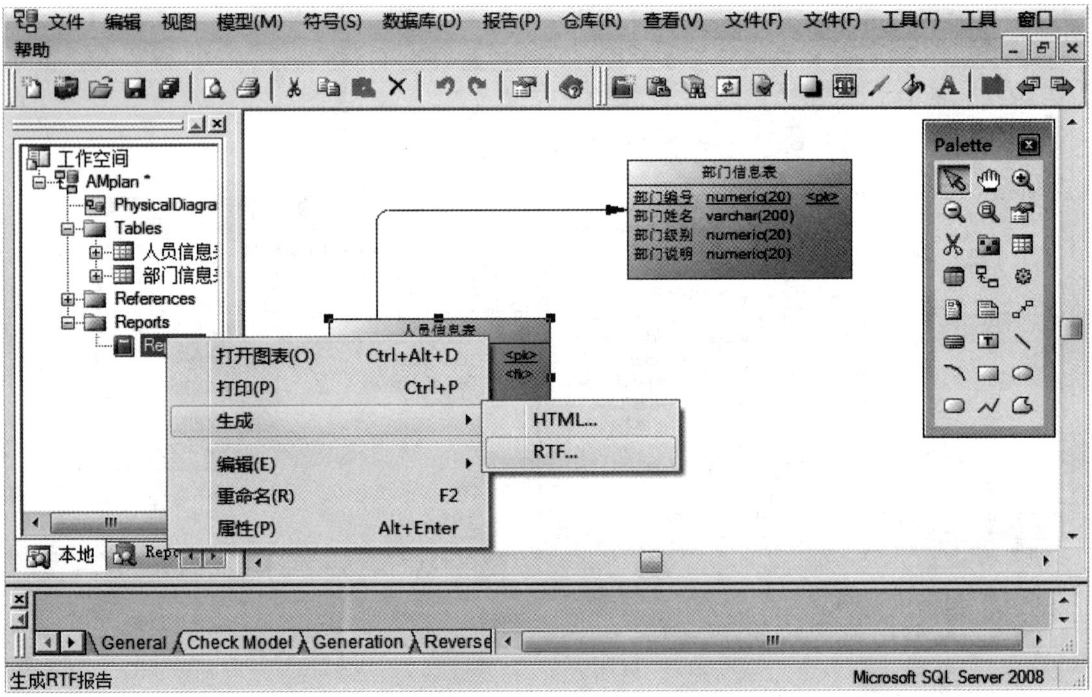

图 9-15　数据库模型报告 report 生成为 RTF 格式文档

（7）利用物理数据模型 PDM 导出数据库脚本 SQL，点击“数据库（D）”菜单下的“Generate Database”选项，可以导出模型的数据库脚本 SQL，如图 9-16 所示。

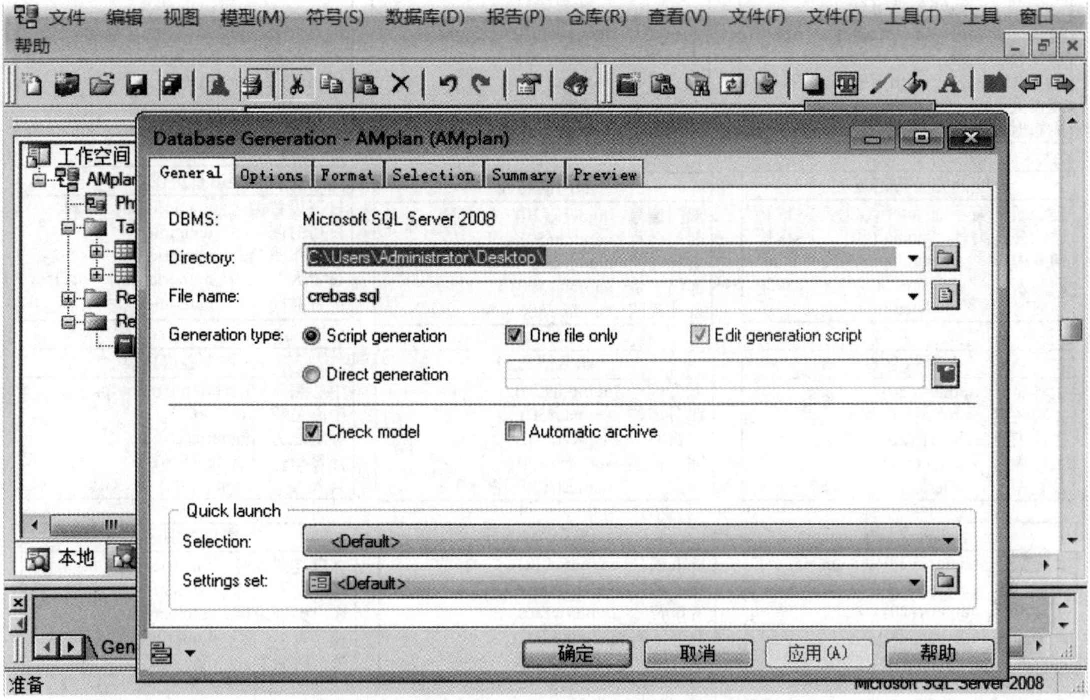

图 9-16　物理数据模型 PDM 导出数据库脚本 SQL

9.5.3.3　数据模型图

由于系统数据实体对象比较多，部分代表性功能模块物理数据模型，如图 9-17 和图 9-18 所示。

9.5.4　生产计划与控制系统功能开发

9.5.4.1　系统开发技术分析

随着 WEB 技术的出现及迅速普及，企业与企业之间、企业与客户之间信息交换和共享的需求越来越迫切，导致基于 Internet 的企业信息管理系统快速发展。目前基于网络平台的动态信息开发技术主要有 Asp、Php、Jsp、C#等技术。Jsp 是 SUN 公司的新一代站点开发语言，因为融合了 Java 语言的强大优势，具有平台和服务器的独立性，一处编写，多处运行，较强的可移植性和组件可重用性等特点，具有很高的开发效率，可以实现视图显示与业务逻辑的分离，脱离了硬件平台的束缚，并且编译后大大提高了运行速度。针对电机制造企业的经营特点和网络化发展趋势，采用 J2EE 集成框架模式（J2EE+Struts+Hibernate+Spring）来进行系统开发，系统框架结构被细化为客户端、业务层、访问层和资源层 4 个层次，如图 9-19 所示。

使用 J2EE 平台的组件化开发技术可以大大简化系统开发，B/S 多层架构将显示、业务运算、数据库操作等功能完全分离，杜绝彼此的耦合与影响，从而实现松耦合和良好的可维护性，可以提高软件的开发效率。

9.5.4.2　开发环境配置

（1）Java 支持环境：jdk 12.0 版本。

图 9-17 基础信息+订单预测模块 PDM 模型

图 9-18 物料库存+APP 计划模块 PDM 模型

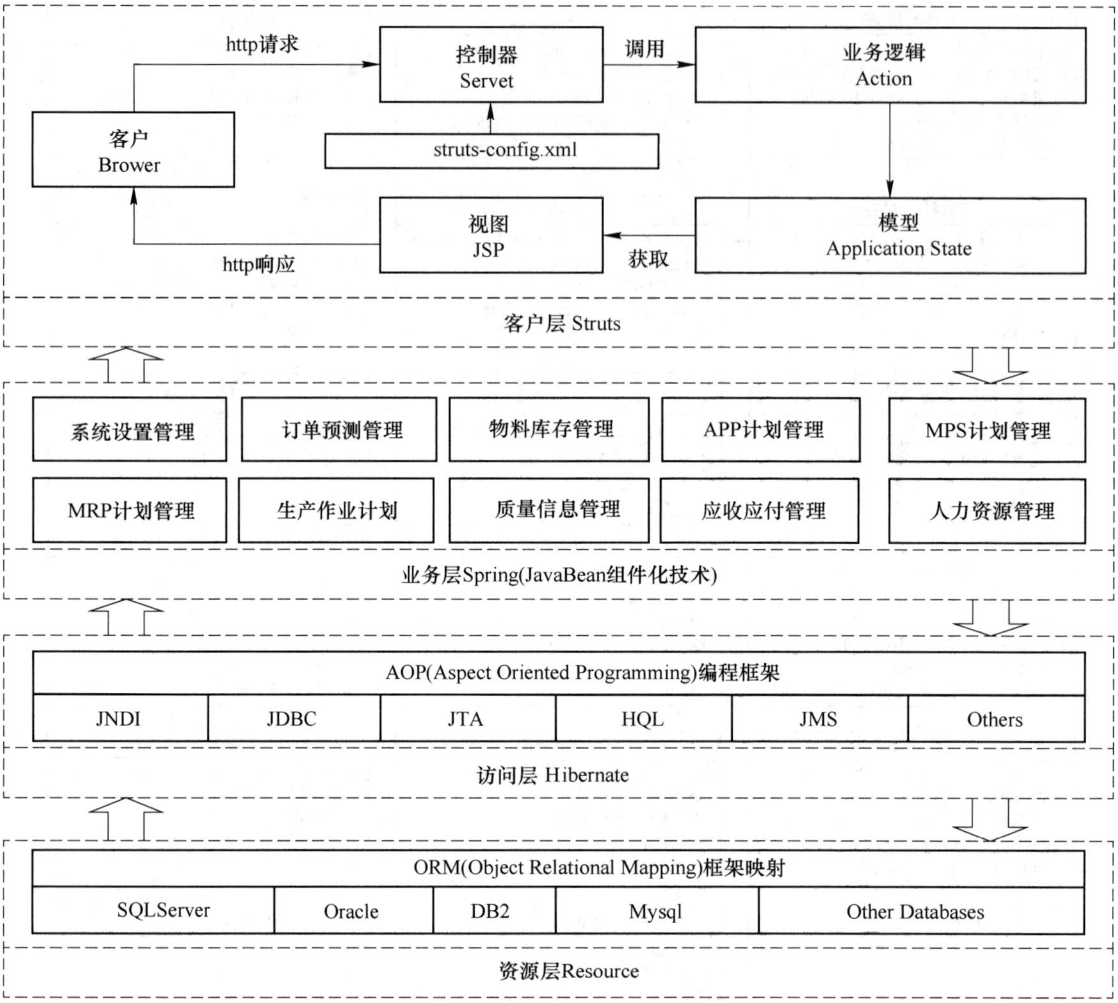

图 9-19 基于 J2EE 的系统集成框架结构

（2）WEB 服务器：Tomcat 9.0 版本。

（3）数据库服务器：SQLServer 2018 版本或 Access 等关系数据库。

（4）系统集成开发环境：MyEclipse 2018 8.0 版本。

9.5.4.3 系统功能模块开发

（1）系统主界面。电机制造企业生产计划与控制系统功能模块较多，在系统首页用户可以根据个性化需求，将常用功能的快捷链接设置到首页方便操作；同时还将通知公告、待办公文、个人任务和计划信息进行首页显示，提高信息查询和处理的效率，系统主界面，如图 9-20 所示。

（2）基础信息管理。基础信息管理模块主要针对系统运行的一些基础数据进行预先定义和录入，包括企业组织机构信息、货币信息、工作岗位信息、客户信息和供应商信息等基础信息。基础信息管理代表性功能界面，如图 9-21 所示。

（3）生产计划制定。生产计划制定是系统的核心功能模块，主要包括需求预测分析、年度生产计划、主生产计划、物料需求计划和车间作业计划的制定及相应的能力需求核

图 9-20　生产计划与控制系统主界面

图 9-21　生产计划与控制系统基础信息管理界面

算。生产计划制定代表性功能界面，如图 9-22 所示。

（4）物料库存管理。在系统运行过程中，物料是计划管理的核心对象，主要包括物料基本信息、物料清单、物料出入库、物料报损等信息的管理。物料库存管理代表性功能界面，如图 9-23 所示。

（5）系统设置管理。系统设置主要是对系统实用者相应的账户进行权限及角色设置，系统数据备份处理，保证系统的使用安全。系统设置管理代表性功能界面，如图 9-24 所示。

图 9-22　生产计划与控制系统主生产计划查询界面

图 9-23　生产计划与控制系统物料库存管理界面

9.5.4.4　系统开发源代码文件

鉴于系统开发源代码较多，下面仅对系统数据库 AMplan. mdb 连接代码 conn. jsp 和主生产计划模块中的关键代码进行展示。

（1）系统数据库 AMplan. mdb 连接文件 conn. jsp 关键代码。

```
<% String path = "jdbc: ucanaccess: //" +request. getSession ( ). getServletContext ( ). getRealPath ("/") +"AMplan/AMplan. mdb";
Class. forName ("net. ucanaccess. jdbc. UcanaccessDriver");
```

图 9-24　生产计划与控制系统系统设置管理界面

```
Connection conn= DriverManager. getConnection (path);
Statement stmt = conn. createStatement ( ResultSet. TYPE _ SCROLL _ INSENSITIVE, ResultSet. CONCUR_UPDATABLE);
%>
```

（2）主生产计划查询功能 mps_cx. jsp 关键代码。

```
<table>
</tr>
<td>计划编号</td><td>MPS 计划名称</td><td>物料名称</td>
<td>下达日期</td><td>生产订货量</td><td>单位</td>
<td>交货日期</td><td>计划明细表</td>
<td>操作</td>
</tr>
<%
String sql="select mps_id, mps_name, mps_material, mps_xddate, mps_dhcode, mps_pit, mps_duedate, mps_dw, mps_mx, mps_checkresult from mps order by mps_id desc";
ResultSet rs=stmt. executeQuery (sql);
%>
</table>
```

（3）主生产计划增加处理 mps_add_do. jsp 关键代码。

```
<%
String sql="insert into mps (mps_name, mps_material, mps_xddate, mps_dhcode, mps_pit, mps_duedate, mps_dw, mps_mx, mps_checkresult) values ('" + mps_name +"', '" + mps_material +"', '" + mps_xddate +"', '" + mps_dhcode+"', '" + mps_pit+"', '" + mps_
```

```
duedate+"', '" + mps_dw +"', '" + mps_mx+"', '" + mps_checkresult+"')";
    stmt.executeUpdate(sql);
    stmt.close();
    conn.close();
    %>
```

(4) 主生产计划修改处理 mps_alter_do.jsp 关键代码。

```
<%
String sql="update mps setmps_name='" +d_name+"', mps_material='" + mps_material +"', mps_xddate='" + mps_xddate +"', mps_dhcode='" + mps_dhcode +"', mps_pit='" + mps_pit +"', mps_duedate='" + mps_duedate +"', mps_dw='" + mps_dw +"', mps_mx='" + mps_mx +"', mps_checkresult='" + mps_checkresult +"' where [mps_id] ='"+ mps_id +';
stmt.executeUpdate(sql);
stmt.close();
conn.close();
%>
```

(5) 主生产计划删除处理 mps_del_do.jsp 关键代码。

```
<%
String sql="delete from mps where [mps_id] ='+ mps_id+'"
stmt.executeUpdate(sql);
stmt.close();
conn.close();
%>
```

习　题

9-1 什么是 MRPII，它与传统的 MRP 有何区别？
9-2 分析 MRPII 系统的发展背景及演变过程？
9-3 MRPII 系统中主要功能模块有哪些？
9-4 MRPII 系统应用对企业生产计划有何影响？
9-5 什么是 ERP，它在企业管理中有何作用？
9-6 分析 ERP 的发展历史及主要发展趋势？
9-7 什么是 MES，它在生产计划中有何作用？
9-8 分析 MES 的发展背景及演变过程？
9-9 分析 MES 系统提供实时生产数据对生产计划的重要意义？
9-10 什么是制造运营管理（MOM）系统，它与 MES 系统有何区别？
9-11 MOM 系统的主要功能模块有哪些？
9-12 信息系统对企业管理的影响是什么？
9-13 简述物理数据模型的特点和作用。
9-14 什么是 B/S 架构，B/S 架构的特点是什么？
9-15 PowerDesigner 建模工具的主要作用是什么？
9-16 简述生产计划信息化系统开发的过程步骤。

10 生产计划与控制新发展

10.1 业务流程重组技术

10.1.1 业务流程重组概念

业务流程重组（Business Process Reengineering，BPR）是对企业的业务流程作根本性的再思考和彻底性重建，其目的是在成本、质量、服务和速度等方面取得显著性改善，使得企业能最大限度地适应以顾客（customer）、竞争（competition）和变革（change）为特征的现代企业经营环境。

10.1.2 业务流程重组原则

BPR 思想是一种着眼于长远和全局，突出发展与合作的变革理念，归纳起来有以下一些基本原则。

（1）建立扁平化组织。按照一定的流程组成的 TEAM，TEAM 可以是临时的，也可以是永久的，一个 TEAM 可以跨越许多专业部门。

（2）面向客户和供应商整合企业业务流程。当前的竞争不是单一企业与单一企业的竞争，而是一个企业的供应链与另一个企业供应链间的竞争，不仅要考虑企业内部的业务处理流程，还要对客户、企业自身与供应商组成的整个供应链业务流程进行重新设计。

（3）让执行工作者有决策的权力。BPR 要求权力下放，要求将决策点设置在业务流程执行环节，在业务流程中建立控制程序。在信息系统的支持下，让执行者有工作上所需的决策权，以消除信息传输过程中的延时和误差，并对执行者有激励作用。

（4）取得各方的参与和支持。从企业决定实施 BPR 开始，企业管理层与职工之间就要不断进行交流。要向职工宣传 BPR 带来的机会，如实说明 BPR 对组织机构和工作方式的影响，特别是对他们自身岗位的影响及企业所采取的相应解决措施，取得职工的理解与支持。

（5）利用 IT 手段协调分散与集中的矛盾。利用 IT 手段将各地分散的资源整合为一体，基于共享数据库系统、远程通信网络以及标准处理系统，企业完全可以在保持灵活服务的同时，获得规模效益。

10.1.3 业务流程重组步骤

业务流程重组的主要步骤如下。

（1）对原有流程进行全面的功能和效率分析，发现其存在的问题。根据企业现行的作业程序，绘制细致明了的作业流程图。通常原来的作业程序是与过去的市场需求、技术条件相适应的，并由一定的组织结构、作业规范作为其保证。当市场需求、技术条件发生的变化使现有作业程序难以适应时，作业效率或组织结构的效能就会降低。因此，必须从功能障碍、重要性和可行性来分析现行作业流程的问题。

（2）设计新的流程改进方案，并进行评估。对于提出的多个流程改进方案，还要从成本、效益、技术条件和风险程度等方面进行评估，选取可行性强的方案。

（3）制定与流程改进方案相配套的组织结构、人力资源配置和业务规范等方面的改进规划，形成系统的企业再造方案。企业业务流程的实施，是以相应组织结构、人力资源配置方式、业务规范、沟通渠道甚至企业文化作为保证的，所以，只有以流程改进为核心形成系统的企业再造方案，才能达到预期的目的。

（4）组织实施与持续改善。实施企业再造方案，必然会触及原有的利益格局。因此，必须精心组织，谨慎推进。企业再造方案的实施并不意味着企业再造的终结。在社会发展日益加快的时代，企业总是不断面临新的挑战，这就需要对企业再造方案不断地进行改进，以适应新形势的需要。

10.1.4　业务流程重组案例

例 10-1　某电机铸造厂对电机铸件的加工处理流程 A→B→C→D 及相应的人力资源分配，如图 10-1 所示，当前共有作业人员 11 人，综合生产能力为每天 110 件，产品返修率为 23%，空间占用为 1450m^2，现场管理环境一般，客户订单平均交货期 7d，请设计您的可行方案缩短客户订单交货期。

解：以流线化生产思想为指导，根据目标和现状分析，考虑产线平衡建立 4 条生产线；将工序及其设备按顺序集中摆放，采用单件流动方式，减少在制品数量；放弃一人一工序的单能工配置方式，采用多能工配置方式，以生产节拍为基础决定人员配置。改善后的铸造厂生产流程，如图 10-2 所示，改善效果模拟对比，如图 10-3 所示。

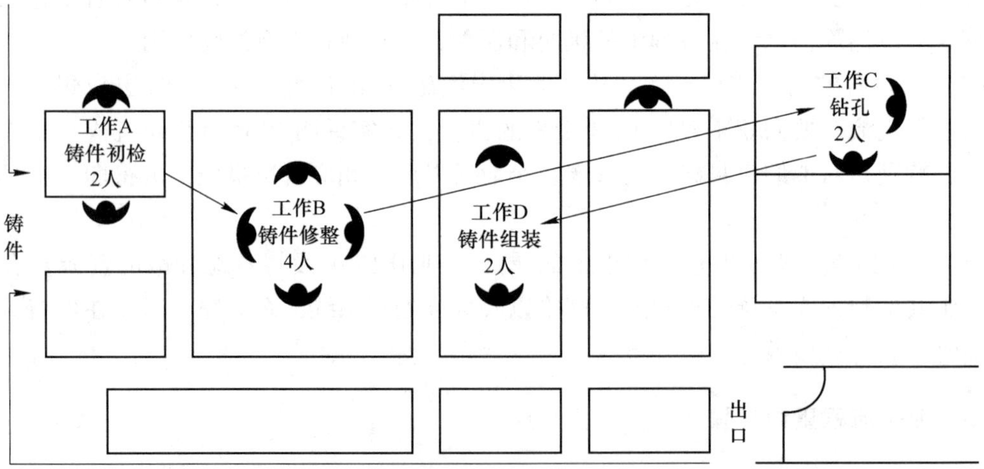

图 10-1　改善前铸造厂生产流程

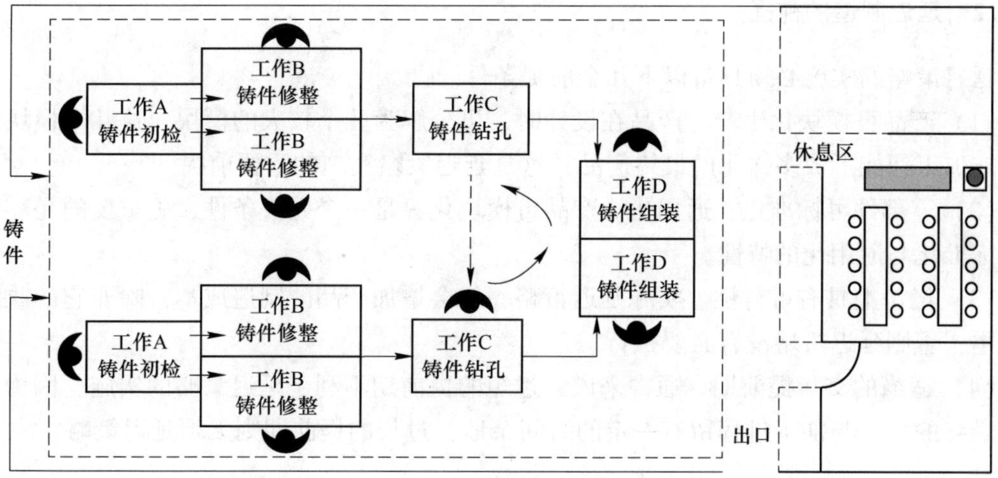

图 10-2 改善后铸造厂生产流程

项目	改善前	改善后	改善成果
交货期	7天	3天	后续持续改善目标1天
作业人员	11人	9人	减少2人，持续提高自动化水平
生产能力	110件/日	280件/日	劳动生产率提高155%
返修率	23%	13%	返修率降低43%
空间占用	1450 m^2	920 m^2	减少37%
无形成果			现场环境改善、物流顺畅距离减少、员工有效协作

图 10-3 生产流程改善效果模拟对比

10.2 延迟制造技术

10.2.1 延迟制造概念

随着科技的发展和社会的进步，顾客需求日趋个性化、多样化，产品更新节奏加快，竞争异常激烈。时间将成为市场竞争的主战场，企业柔性和快速响应能力将成为决定企业竞争实力的重要因素。延迟制造的核心思想是制造商只生产通用化、模块化的产品，尽量使产品保持中间状态，以实现规模化生产，并且通过集中库存减少库存成本，从而缩短提前期，使顾客化活动更接近顾客，增强了应对个性化需求的灵活性，使恰当的产品在恰当的时间到达恰当的位置。

10.2.2 延迟制造的前提

延迟策略的实施必须具备以下几个前提条件。

（1）产品可模块化生产。产品在设计时，可分解为几个较大的模块，这几个模块经过组合或加工便能形成多样化的最终产品，这是延迟策略实施的重要前提。

（2）零部件可标准化、通用化。产品可模块化只是一个先决条件，更重要的是零部件具有标准化与通用化的特性。

（3）经济上具有可行性。实施延迟策略一般会增加产品的制造成本，除非它的收益大于成本，否则延迟策略没有必要执行。

（4）适当的交货提前期。通常来说，过短的提前期不利于延迟策略的实施，因为它要求给最终的生产与加工过程留有一定的时间余地，过长的提前期则无须延迟策略。

10.2.3 延迟策略分类及实施关键

一般来说，多个产品在生产流程的初始阶段可以共享一些共同的工艺和（或）零部件，在工艺流程的某一点或某些点上使用确定的工艺和部件来定制加工半成品。一个通用产品到工艺流程的某个点之后就成为不同的产成品。此点通常就是产品差异点。延迟的实质就是重新设计产品和工艺以使产品差异点延迟。延迟策略主要包含以下两类。

（1）时间延迟。是指将产品差异的任务，包括制造、集成、定制、本地化和包装尽可能在时间上向后推迟。时间延迟使备货生产模式向订货生产模式转化成为成能。

（2）形式延迟。其目的在于尽可能在上游阶段实施标准化。这一过程同时伴有零部件的标准化。在形式延迟中，既可能是产品形式延迟也可能是工艺形式延迟。同时，两种形式延迟还可能同时存在，形成不同的组合。这样，产品的差异点就会被有效地延迟。目前，模块化和部件标准化程度的不断提高，使得作出延迟差异的设计更为可行。例如，上海通用汽车公司针对其客户对汽车的颜色有严格的要求，把喷漆工序延迟到接到客户订单后才立即进行，满足了客户个性化需求。如果客户对车内音响、座位等设施有具体要求，也可以采用延迟策略来满足诸如此类的需求。

在延迟策略中，将推式流程与拉式流程的分界点称为顾客需求切入点（Customer Order Post-ponement Decoupling Point，CODP），它是供应链中产品的生产从基于预测转向响应客户需求的转折点。在供应链中 CODP 的定位是延迟策略成败的关键，因为它直接影响到规模与变化的程度，若 CODP 过于偏向供应链的上游，那么通用化阶段就无法产生相应的规模经济；反之，若 CODP 过于偏向供应链下游，差异化阶段也无法获得多样化的优势。因此，CODP 的定位既要考虑到规模与变化的因素，还要结合具体产品结构与顾客需求的特点，在权衡利弊、综合分析后，才能加以确定。总体而言，在供应链中，CODP 会出现在 5 个位置，如图 10-4 所示。

10.2.4 延迟制造案例

例 10-2 惠普台式打印机供应链模式的转变。惠普（HP）公司是面向个人用户、大

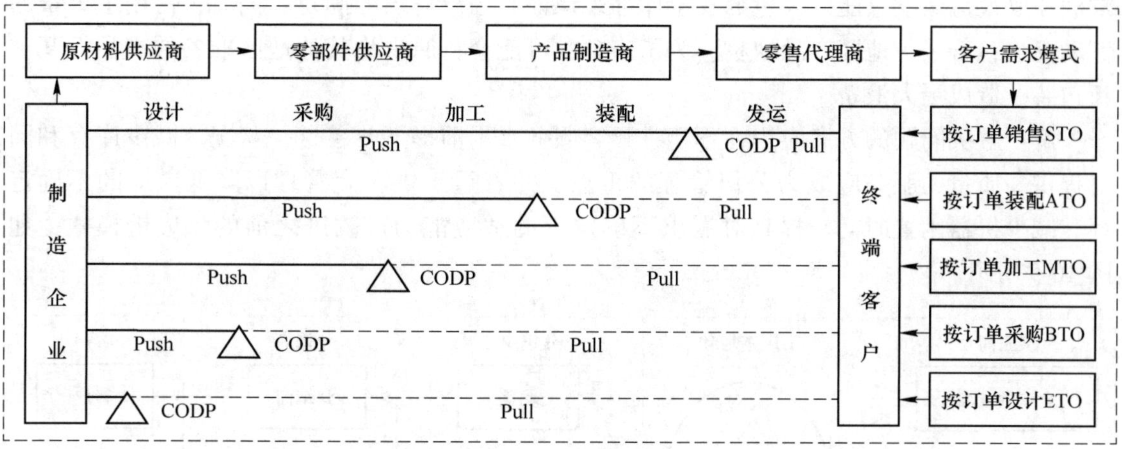

图 10-4 推动式和拉动式供应链模型中 CODP 位置

中小型企业和研究机构的全球技术解决方案提供商。HP 提供的产品涵盖了 IT 基础设施、全球服务、商用和家用计算以及打印和成像等领域。截至 2005 年 1 月 31 日的过去 4 个财季中，HP 的营业额达 818 亿美元。HP 在美国财富 500 强中名列第 11 位，在全球财富 500 强中名列第 24 位，在全球最有价值品牌中排名第 12 位。

惠普台式机于 1988 年开始进入市场，并成为惠普公司的主要成功产品之一。DeskJet 打印机是惠普的主要产品之一。该公司有 5 个位于不同地点的分支机构负责该种打印机的生产、装配和运输。从原材料到最终产品，生产周期为 6 个月。在以往的生产和管理方式下，各成品厂装配好通用打印机之后直接进行客户化包装，为了保证顾客订单 98%的即时满足率，各成品配送中心需要保证大量的安全库存（一般需要 7 周的库存量）。产品将分别销往美国、欧洲和亚洲。欧洲和亚洲地区对于台式打印机电源供应（电压 110 V 和 220 V 的区别，以及插件的不同）、语言（操作手册）等有不同的要求。以前这些都由温哥华的公司完成，北美、欧洲和亚太地区是它的 3 个分销中心。这样一种生产组织策略，称为工厂本地化（factory localization）。目前生产运行组织存在的主要问题如下。

（1）分销中心成为有大量安全库存的库存点。惠普的分销商都希望尽可能降低库存，同时尽可能快地满足客户的需求。这样导致惠普公司感到保证供货及时性的压力很大，从而不得不采用备货生产（make-to-stock）的模式以保证对分销商供货准时的高可靠性，因而分销中心成为有大量安全库存的库存点。制造中心是一种拉动式生产，生产计划的生成是为了通过 JIT 模式满足分销中心的目标安全库存，同时它本身也必须拥有一定的零部件、原材料安全库存。

（2）供应链运作存在很多不确定性因素。零部件原材料的交货质量、内部业务流程、需求等的不确定性是影响供应链运作的主要因素。这些因素导致不能及时补充分销中心的库存，需求的不确定性导致库存堆积或者分销中心的重复订货。

（3）产品的运输时间过长。需要用大约一个月的时间将产品海运到欧洲和亚太分销中心，过长的提前期导致分销中心没有足够的时间去对快速变化的市场需求作出反应，而且欧洲和亚太地区就只能以大量的安全库存来保证对用户需求的满足；同时，占用了大量的流动资金；若某一地区产品缺货，为了应急，可能会将原来为其他地区准备的产品拆开重新包装，造成更大浪费。

解：解决问题的方案应当在不牺牲顾客服务水平前提下改善这一状况。减少库存和同时提供高质量的服务应成为公司管理的重点，并着重于供应商管理以降低供应的不确定性，减少机器闲置时间，提高对需求不确定性的适应能力。改进之前的供应链模式，如图 10-5 所示。

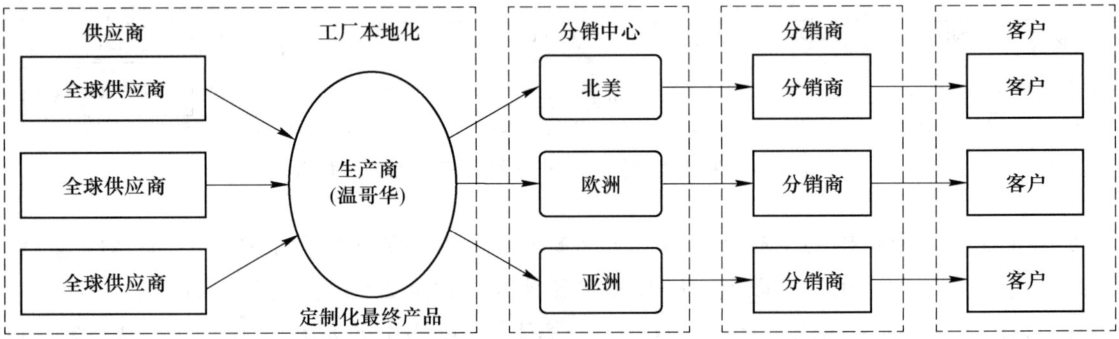

图 10-5 改进之前的惠普打印机供应链模式

针对安全库存过高、海运时间较长、供应链过程中的不确定性等问题，采用延迟制造策略，将最终产品的制造由生产商延迟到销售商处实现。在温哥华生产通用打印机（中间产品），分销中心进行定制化工作。温哥华惠普公司完成主要的生产制造过程，包括印刷电路板组装与测试（Printed Circuit Board Assembly and Test，PCBAT）和总机装配（Final Assembly and Test，FAT）。PCAT 过程中，电子组件（诸如 ASICs、ROM 和粗印刷电路板）组装成打印头驱动板，并进行相关的测试；FAT 过程中，电动机、电缆、塑料底盘和外壳、齿轮、印刷电路板总装成打印机，并进行测试。分销中心主要完成最终产品的定制化工作，所需求的各种零部件由惠普的子公司或分布在世界各地的供应商供应。改进之后的惠普打印机供应链模式，如图 10-6 所示。

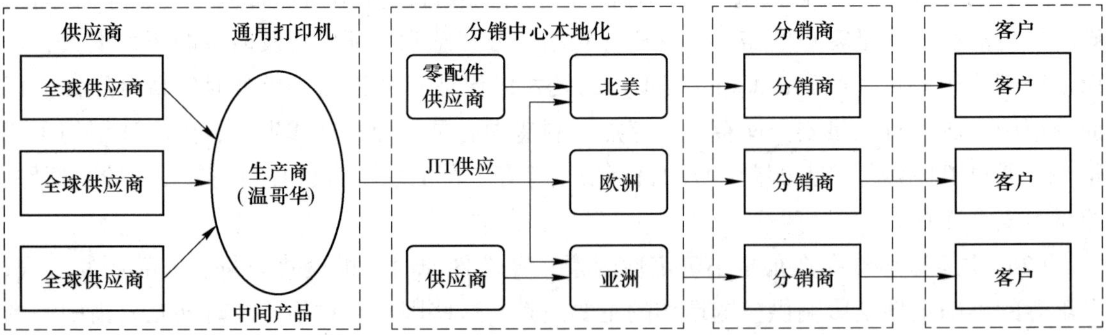

图 10-6 改进之后的惠普打印机供应链模式

采用延迟制造策略后，改变了以前由温哥华的总机装配厂生产不同型号的产品，保持大量的库存以满足不同需求的情况。成品库存量大幅度缩减，成本也相应降低，电路板组装与总装厂之间基本实现无库存生产；同时，打印机总装厂对分销中心实施 JIT 供应，以使分销中心保持目标库存量。通过供应链管理，惠普公司实现了降低打印机库存量的目标。通过改进供应商管理，减少了因原材料供应而导致的生产不确定性和停工等待时间。安全库存周期相比以前减少，减少了库存投资，降低了库存管理成本。

除了降低成本，客户化延迟使得产品在企业内的生命周期缩短，从而对需求预测不准确性或是外界的需求变化都具有很好的适应性，一旦发现决策错误，可以在不影响顾客利益的情况下以较小的损失较快地加以纠正。由于通用打印机的价格低于同类客户化产品，从而又进一步节省了运输、关税等多项费用。

10.3 APS 高级计划与排程技术

10.3.1 什么是 APS

随着个性化需求与互联网的发展和引进全球化供应链以及国际市场竞争的渗入，上下游企业关系越来越紧密，传统的粗放式生产将逐步被精益生产及敏捷制造取代；人员、物料、设备等成本不断上涨，企业利润空间越来越薄；生产方式逐渐从大批量生产转向多品种小批量，客户定制与柔性化的生产方式转变。多种小量、短交期的制造模式正在成为主流模式，其典型特点有多品种并行、资源共享、生产周期的不确定、生产瓶颈不确定，订单面临插单、改单、撤单等多变情况。面对上述制造环境和要求，现有的计划体系难以满足企业需求，面临以下问题。

（1）计划不准。计划不可执行，订单按期交付率低。

（2）计划更改困难，无法自动调整。无法插单、改单，无法进行订单交期承诺；计划人员工作量巨大。

（3）计划没有优化。制造周期长，经常性加班，在制等待时间长，产能浪费，库存浪费。

高级计划与排程（Advanced Planning and Scheduling，APS）被誉为供应链优化引擎，APS 是一种基于供应链管理和约束理论的先进计划与排程工具，包含了大量的数学模型、优化及模拟技术。在计划与排程的过程中，APS 并发考虑企业内外的资源与能力约束，用复杂的智能化运算法则，做常驻内存的计算，从成千上万，甚至百万个可行方案中选出一套最优方案来指导企业的生产、采购、库存等，帮助企业对生产中的资源利用进行计划、执行、分析、优化和决策。

10.3.2 APS 的核心特征

APS 是建立在约束理论、运筹学、计算机科学、工业工程、人工智能和其他多种管理研究成果基础上的，应用多种具体算法，从 ERP 系统下载数据到专用服务器上做常驻内存的计算处理，实现计划的反复运算或对可选方案进行评估，直至得到可行和较优的计划或进度表。

（1）综合性。APS 是整个供应链的综合计划，包括企业、企业的供应商、供应商的供应商到企业的客户、客户的客户。计划范围不限于生产，还包括采购、分销、销售等一系列计划。APS 协调各种计划，保证供应链有关各企业、部门的正常运行。

(2) 最优化。APS 定义了各种计划问题的选择、目标和约束，采用线性规划等数学模型，使用精确的或启发式的优化算法，保证计划的优化。APS 计划的优化思想和 ERP 计划有很大不同。ERP 强调计划的可行性，只限于生产和采购领域，只考虑能力约束而不做优化；而 APS 试图在直接考虑潜在瓶颈的同时，找到跨越整个供应链的可行最优计划。

(3) 层次性。供应链最优计划涉及不同的时间跨度（长期、中期、短期)、不同的业务流程（采购、制造、分销等)，甚至不同的供应链成员企业，由于需求的不确定性，不可能一次优化所有的计划。而层次计划折中考虑了实用性和计划任务之间的独立性，对于不同的计划采用分层次优化的方法。

(4) 平衡性。需求的不确定性使计划与现实之间存在偏差，因此必须进行控制，如果偏差过大，计划就要重新修改。APS 计划从不同的纬度描述互相补充的功能性计划，APS 计划模型通过年度、月度、周、日直至小时、分的多层计划，综合考虑战略计划、战术计划和运作计划，力图减少不确定性对计划的影响。

10.3.3 APS 技术应用

APS 在企业应用的流程：生产计划员通过 ERP 系统完成对各品种的 MPS 与 MRP 运算，之后通过 APS 的数据交换接口，将生产任务导入到 APS 中，与总调度、厂调度、车间管理员、工段长、工人进行交互，完成生产计划的编制与记录。APS 集成了产能及物料分析和评估、工序级生产和物料计划、模拟分析与计划调整、动态实时计算等功能，对企业具有重要使用价值。

(1) 确保订单交期。平衡资源产能和订单要求，合理制定加工顺序，给出精确到每道工序、每个机台和人员的生产和物料计划，确保订单交期。

(2) 降低库存成本。通过实现精益采购和精益生产，缩减原料、半成品、成品的在库数量及现场停留时间。

(3) 提升生产效率。减少瓶颈工序的等待时间；降低人员、设备的成本。

(4) 保留生产方式。通过继承和保留人员经验，使得管理规范化、程序化，同时又能避免“人”的问题。

(5) 提升服务能力。快速响应客户需求，积极应对紧急插单、订单变更等问题，提升服务水平和客户满意度。

(6) 提升管理水平。通过将 APS 的优化计算结果作为参照，分析计划与执行的差异，可使企业管理不断规范，竞争力逐渐加强。

(7) 管理更加透明。打开生产管理的黑盒、使得企业能够对每个人员、每个设备、每种物料精确管理，精确掌握整个生产过程。

随着智能制造的持续推进，越来越多的企业开始关注 APS，它可以帮助企业进行资源和系统整合集成优化，如图 10-7 所示。通过最优化的计划排程，实现按需生产、精益制造、柔性运作，提高企业快速响应市场的能力和竞争力。

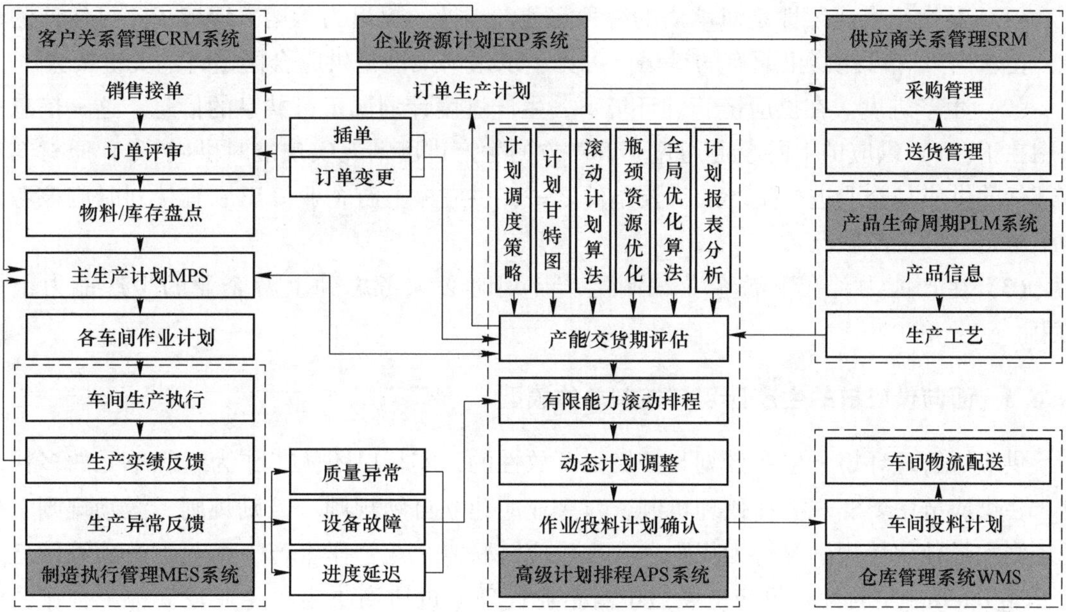

图 10-7　企业 APS 资源和系统集成框架

10.4　面向供应链的生产计划与控制

10.4.1　面向供应链的生产计划制订特点

基于供应链整体协同，以核心企业为龙头，把各个参与供应链的企业有效地组织起来，优化整个供应链的资源，以最低的成本和最快的速度生产最好的产品，最快地满足用户需求，以达到快速响应市场和用户需求的目的，这是供应链企业计划的最根本的目的和要求。在供应链管理环境下，企业的生产计划编制过程有了较大的变动，在原有的生产计划制订过程的基础上增添了新的特点。

供应链环境下的企业生产控制需要更多的协调机制（企业内部和企业之间的协调），体现了供应链的战略伙伴关系原则。

（1）生产进度控制。生产进度控制在供应链管理中有重要作用，必须研究解决供应链企业之间的信息跟踪机制和快速反应机制。

（2）供应链的生产节奏控制。严格控制供应链的生产节奏对供应链的敏捷性是十分重要的。

（3）提前期管理。建立有效的供应链提前期的管理模式和交货期的设置系统是供应链提前期管理中值得研究的问题。

（4）库存控制和在制品管理。建立供应链管理环境下的库存控制体系和运作模式对提高供应链的库存管理水平有重要作用，是供应链企业生产控制的重要手段。

10.4.2　面向供应链的生产计划制订

供应链管理环境下，制定生产计划的过程中，主要面临 3 个问题。

(1) 柔性约束。柔性是对承诺的一种完善，柔性的提出为承诺方缓解了不可估计的误差，使承诺方有可能修正原有的承诺。可见，承诺与柔性是供应合同签订的关键要素。

(2) 生产进度。在供应链管理环境下，生产进度计划属于可共享的信息。这一信息的作用在于：1）供应链上游企业通过了解对方的生产进度情况实现准时供应。2）原材料和零部件的供应是企业进行生产的首要条件之一，供应链上游企业修正原有计划时应该考虑到下游企业的生产状况。

(3) 生产能力。在下游企业编制生产计划时必须考虑到上游企业的生产能力上的约束。

10.4.3 面向供应链的生产计划与控制总体模型

供应链管理环境下生产计划与控制是开放性的，实行以团队工作为组织单元的多代理制。在供应链中要实现委托代理机制，对企业应建立自勉规则、鼓励规则、激励规则、信托规则和最佳伙伴规则等行为规则，实现供应链联盟企业合作生产。企业生产决策信息通过 EDI/Internet 实时地在供应链联盟中由企业代理通过协商决定，企业建立一个合作公告栏（在互联网上），实时地和合作企业进行信息交流。面向供应链的生产计划与控制总体模型，如图 10-8 所示。

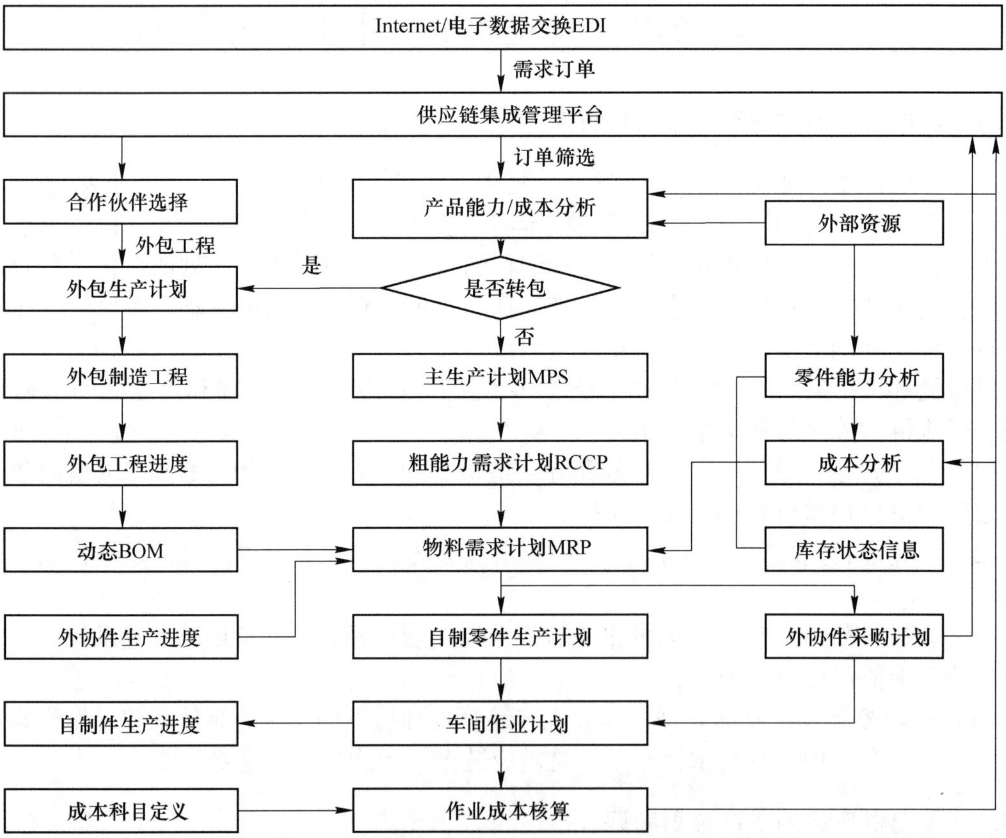

图 10-8 面向供应链的生产计划与控制总体模型

10.5　基于数字孪生技术的生产计划与控制

10.5.1　数字孪生概念

数字孪生（digital twin）是一个物理对象或系统的虚拟复制品，它通过实时数据和历史数据分析来模拟、预测和优化其对应实体的行为，这个概念最早由 Michael Grieves 在 2002 年提出，并成为工业 4.0 和智能制造领域的核心技术之一。数字孪生不仅仅是对物理实体的简单复制，而是与其保持同步更新，反映了该实体在其整个生命周期中的状态变化。数字孪生的核心要素涉及物理产品、虚拟模型、连接性和数据 4 个方面。

（1）物理产品。现实世界中存在的任何物体、设备、系统或者过程都可以看作物理产品，其构成数字孪生的基础，所有活动都围绕着如何更好地管理这些物理产品展开。

（2）虚拟模型。虚拟模型是基于物理产品的特性构建的数字化表示形式，它可以是三维模型、仿真软件或者其他类型的计算模型。虚拟模型不仅包括外观上的相似性，更重要的是能够准确反映物理产品的内部结构、工作原理以及动态行为。

（3）连接性。通过物联网传感器和其他数据收集装置，物理产品与虚拟模型之间保持着持续的数据交换，确保两者之间的信息同步。这种连接性使得虚拟模型可以实时接收来自物理产品的反馈，并据此调整自身的状态以保持一致。

（4）数据。来自物理产品的实时操作数据以及环境信息，这些数据被用来驱动虚拟模型的行为，并用于分析和决策支持。高质量的数据对于构建有效的数字孪生模型至关重要，其直接影响到模型的精度和可靠性。

数字孪生是一种强大的工具，它结合了物联网、云计算、大数据分析等多种先进技术，为企业提供前所未有的洞察力和控制力，有助于实现更加智能、高效且可持续的发展模式。数字孪生具有实时同步、双向互动、全生命周期管理、预测与优化等关键特征。

（1）实时同步。数字孪生能够实时反映物理实体的状态变化，提供即时的反馈信息，管理者可以即时掌握生产线、设备或系统的当前信息。当物理世界中的对象发生变化时，数字孪生会持续接收新的数据并相应地调整自身状态，保持与物理对象状态的一致性。

（2）双向互动。通过传感器和其他数据收集装置，物理实体的数据被传输给数字孪生模型，用于更新其模型和参数，实现从物理产品到虚拟模型的互动过程；用户也可以在虚拟环境中进行测试、模拟和优化，将模拟优化后的方案应用于实际物理系统的改进，实现从虚拟模型到物理产品的互动过程。

（3）全生命周期管理。在产品设计阶段，数字孪生可以帮助工程师更好地理解产品的设计意图，并进行早期验证；在产品制造阶段，数字孪生可用于监控生产进度、质量控制以及资源分配等；在产品运营维护阶段，数字孪生可以协助预测性维护、故障诊断和服务支持；在产品退役阶段，数字孪生还可以帮助规划合理的退役策略。

（4）预测与优化。借助于人工智能、机器学习等先进算法和技术，数字孪生可以对产品或系统的未来性能进行预测，识别潜在问题和提出优化建议。

10.5.2　基于数字孪生技术的生产计划应用

在生产计划与控制相关领域应用数字孪生技术可以极大地提升企业生产管理的效率、

灵活性和响应速度。通过创建物理系统的虚拟复制品，制造商能够在虚拟环境中进行模拟、分析和优化工作，更好地规划和控制实际生产过程。

（1）需求预测与产能规划。基于历史数据和市场趋势，结合机器学习算法，数字孪生可以帮助企业更加准确地预测未来的需求，调整优化产能规划，确保资源的最优配置和利用。

（2）生产线布局优化。通过构建虚拟工厂模型，工程师可以在不影响现场操作的情况下试验不同的生产线设计，模拟不同场景下的生产流程，评估各种改变对整体效率的影响，找到最优的生产线布局方案。

（3）供应链管理优化。数字孪生可以连接供应商、制造商和客户的动态数据信息，对供应链库存水平和交货期进行整体优化管理。支持基于实时信息的动态调度决策，提高供应链的整体灵活性。

（4）实时监控与反馈。实时收集生产设备的状态信息，包括温度、压力、速度等参数，用于监控生产和维护活动。当检测到异常情况时，系统能够自动触发警报，并提供相应的纠正措施建议。

（5）预测性维护。分析设备运行数据，提前识别可能发生的故障，安排预防性的维修保养，避免非计划停机，减少因突发故障造成的损失，延长设备寿命，降低维护成本。

（6）质量保证与改进。跟踪产品质量特性，识别生产过程中导致缺陷的因素，及时调整工艺参数。应用统计过程控制（Statistical Process Control，SPC）和其他数据分析工具来持续监控和改进产品质量。

10.5.3 基于数字孪生技术的维修计划优化案例

例 10-3 在现代航空业中，飞机的电气系统扮演着至关重要的角色，飞机电气系统中的电机作为驱动各种关键设备的核心组件，其可靠性直接关系到飞行安全与运营效率。传统基于时间或使用次数的定期维护方式往往存在过度或不足的问题，导致不必要的停机时间和高昂的维修成本。为了应对这些挑战，某航空公司决定引入先进的数字孪生技术和模拟仿真技术以及预测性维护策略，以实现对电机状态的精确预测，并优化维修计划。

解：基于数字孪生技术，从建立电机数字孪生平台、开发智能分析系统、创建电机故障模拟仿真环境、优化维修计划与资源配置和实施效果总结等方面实现电机状态的精确预测和维修计划优化。

（1）建立电机数字孪生平台。

1）数据收集与整合。为电机安装多个高精度传感器，用于监测电机的电流、电压、温度、振动等多个状态参数，传感器的数据被实时无线传输到电机状态管理数据库，形成了每台电机的“数字影子”。

2）构建虚拟模型。利用三维建模软件和工程图纸，为电机创建一个详细的数字孪生模型，动态反映电机当前的所有状态信息，包括历史数据和预测趋势。

3）集成物联网设备。除了电机上的传感器外，维修工具、仓库管理系统等相关设施也接入了同一个网络，确保所有相关数据能同步更新。

（2）开发智能分析系统。

1）大数据处理。通过 Hadoop 和 Spark 等开源框架来管理电机运行大数据。通过对历史数据的学习，系统能够有效识别出电机故障模式。

2）机器学习算法。应用深度学习算法对电机进行健康评估，采用频谱分析、倒谱分析、时频分析、小波分析等多种手段进行特征值提取和预测判断故障点，预测未来可能出现的问题和时间。

3）用户界面设计。开发一套直观易用的系统操作界面，让技术人员可以查询电机的健康状况数据和报告，获取具体有效的维护建议。

（3）创建电机故障模拟仿真环境。

1）故障场景模拟。结合实际电机运行记录和实验室测试结果，创建不同故障类型的虚拟场景，有助于培训维护人员熟悉正确的处理程序，还可以验证新的维护策略和技术方案的有效性。

2）应急演练。模拟突发情况下电机失效后的应急处理流程，包括快速诊断、临时修复措施以及后续的全面检修计划。

（4）优化维修计划与资源配置。

1）个性化维修计划。根据智能分析系统的输出结果，为每台电机量身定制一套最优的维修方案，避免过度或不足的维护。考虑到电机的重要性等级和剩余寿命，优先安排高风险电机的检查和修理。

2）资源调度优化。根据预测的故障发生概率调整库存水平，确保关键时刻有足够的备件供应。利用智能算法确定最佳的人力、物资分配方案，减少等待时间和运输成本。

3）持续改进机制。建立反馈循环定期评估现有策略的实施效果，并根据实际情况动态调整参数设置，确保始终处于最优化状态。

（5）实施效果总结。

1）设备维护效率提升。平均修复时间缩短，预防性维护比例上升，降低了因意外故障导致的航班延误或取消情况；维护安排更加精准，飞机利用率得到了明显改善，整体运营效率提高。

2）维修成本降低。随着故障预测准确率的提升，零部件更换频率下降，零部件更换成本得到降低；通过精确的需求预测，合理控制了备件库存水平，减少了资金占用；随着自动化程度的逐步提高，减少了人工需求量，降低了劳动力支出。

3）安全性和客户满意度增强。电机健康状况的掌握更加及时准确，安全管理水平得到了显著提升；航班准点率提高，服务质量得到改善，客户满意度也随之增加。

习　题

10-1　BPR 的核心理念是什么，它与传统的企业管理方式有何不同？

10-2　分析在 BPR 框架下什么是“端到端”流程优化？

10-3　BPR 如何帮助企业更好地应对快速变化的市场需求？

10-4　在 BPR 中“顾客导向原则”体现在哪些方面？

10-5　延迟制造的核心理念是什么，它如何帮助企业应对市场需求的不确定性？

10-6　在延迟制造策略中“模块化”扮演了什么样的角色？

10-7　延迟制造能否应用于服务行业？
10-8　实施延迟制造策略需要考虑哪些必要条件？
10-9　什么是 APS，它在生产计划中有何作用？
10-10　APS 如何与其他企业信息系统（如 ERP、MES）集成？
10-11　什么是面向供应链的生产计划，它与传统生产计划有何不同？
10-12　在供应链环境中生产计划的主要目标是什么？
10-13　如何理解供应链管理环境下的生产计划与控制特征？
10-14　APS 高级计划与排程系统在供应链管理中的作用是什么？
10-15　如何衡量面向供应链的生产计划的有效性？
10-16　数字孪生技术在生产计划优化中的核心作用是什么？
10-17　如何利用数字孪生实现生产过程的动态调整？
10-18　数字孪生技术如何支持设备的预防性维护？

11 精益生产系统设计与优化改善综合案例

11.1 案例资料简介

11.1.1 案例背景

在市场经济条件下，消费者的需求趋于多样化，新产品更新换代加快。外部市场对制造型企业提出了“能够生产多品种的产品，并做到快速迭代、少批量快速交付、灵活交付”的严苛挑战。与传统的大量生产方式相比，多品种小批量生产方式的效率低，成本高，不易实现自动化，生产计划与组织更复杂。企业在组织进行多品种生产时，要对有限资源进行适当调配，满足很多产品项目资源共享的要求，由于物料需求变化多变，对企业原有的计划、采购机制会有很大的挑战和压力。同时，企业每年也面临着劳动力成本上升、劳动者技能单一很难贡献高价值高绩效劳动成果输出、原材料成本上升等诸多内部问题。为了应对这些问题，越来越多的制造企业加入践行精益化、自动化、信息化、智能化转型升级的行列。精益变革是智能制造的基础。通过最大限度地减少企业在生产、产品交付等环节所占用的经营资源，降低企业管理和运营成本，使生产系统快速适应用户需求变化。精益制造运营的顶层设计将为企业节省大量在转型升级过程中的投入，是指挥企业落实自动化、信息化和智能化的必经之路。

精益变革是实现智能制造的基础，而智能制造为企业实现精益变革提供支撑。智能制造意味着除了在整个价值创造链的组织和控制上不断地进行精益迭代提升，以更好满足日益个性化的客户需求外，还要借助数字化措施将制造过程透明化，积极推进智能化设备应用，完善智慧平台发展，打造工业“大脑”，开启智造时代。

协作机器人是现阶段比较有代表性的自动化设备，更灵活、更智能化。相比于传统的机器人，协作机器人一般都会安装有防碰撞控制器，能够适应高精细要求的工作无须安全栅栏便可以有效地避免误伤工作人员，生产线变更的灵活性大大提升，同时具有安全的人机交互协作界面，使人员和机器人在应对不同的工作要求时实现功能的互补。由于人员不再承担那些危险、繁重和枯燥的工作，职业伤害以及职业病的发生会大大减少，从而为人员创造舒适、安全的工作环境，工人有机会去学习和从事一些有挑战性的工作，工作的积极性也会得到提升。

11.1.2 工厂现场资料

W 厂拥有 A 至 D 4 个车间及多个仓库。B 车间负责内部特殊加工零件，完成后存入半成品仓库供 D 车间使用。D 车间有 n 条人工装配线，负责产品组装、包装和堆栈。B 车间提供 D 车间所需的两种物料的机械加工设备，按批量切换方式生产物料，再由物流员搬运至半成品仓库，并根据生产计划领料出库。装配生产线采用传统的两班人工生产方式，需要大量人工，每条装配线工作内容相同。

机加设备车间专门设有供应 D 车间装配使用有特殊要求的两种物料的机加设备，机加设备与生产线的配合关系是 1∶1，该设备按批量切换的方式依次生产两种物料，每种物料生产完后由机加车间物流员搬运到半成品仓库，再由组装车间的物流员按生产计划要求领料出库使用。

装配生产线的生产方式是比较传统的一天两班人工生产方式，受生产工艺的限制，需要大量的人工，每条装配线完成的工作都基本相同：组装 1→组装 2→…→组装 n→品检→装箱 & 堆栈，装配生产线布局，如图 11-1 所示。

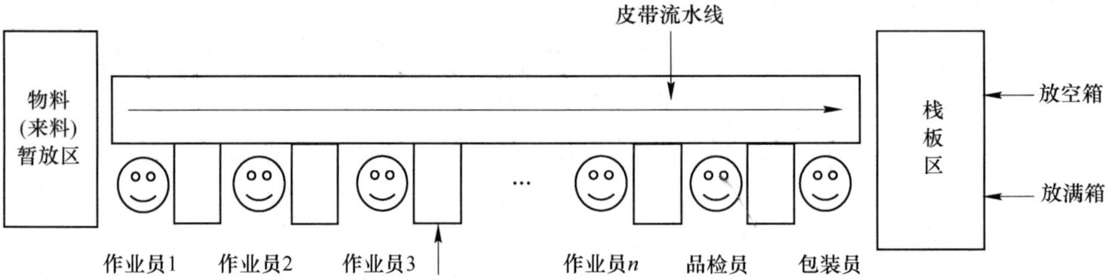

图 11-1　装配生产线布局

组装车间各个班组都有专职的物流员，主要负责从不同的仓库领取物料、耗材、半成品并搬运和放置到各班组的物料暂放区；同时等成品堆栈满 1 个栈板后，将成品栈板运送到成品仓入库，完成入库流程。受作业员工作区域的限制，物料盒采用统一规格，由作业员自行决定物料盒在工作台上的放置位置。作业员为了防止工作台上的物料使用完后无法及时补充，会在正式生产前将成箱（包括纸箱、胶箱等）的物料运送到对应工站附近，生产过程中若备料提前使用完时，则由生产班组的小组长协助补充（即临时性将对应物料从物料暂放区搬运到物料使用者附近）。

由于外部市场的需求变化，原有的专线生产模式将存在一定的产量冗余，为了提高产能利用率，需要进一步压缩厂内自制零件的库存量，决定采用 2~3 个产品共用一条生产线模式进行生产；同时，将原机加车间的加工设备搬到组装车间，生产线上的人员协同进行零件加工和人工组装生产，以减少不必要的搬运和库存。由于以上调整，需要在新生产线上进行不同产品的生产切换。

（1）人工连续作业的生产切换。上一批产品的最后一件产品经过某一工站后，作业员根据换产的要求更换所负责的工站上对应使用的新物料和管控文件（如 SOP、检查表等），撤换并清点上一批产品未使用完的物料后，交回车间小组长统一进行退库。所有准备工作完成后，从第一个工站开始生产下一批产品，完成的首件产品需要车间质检员进行首件检测，首件检测合格后，才可以大量生产。

（2）设备的生产切换。完成最后一件产品/物料加工后，作业员更换设备所使用的新物料和管控文件（如 SOP、检查表等），设备工程师协助更换设备加工需要更换的加工零部件，并进行设备调试，达到加工工艺要求后，作业员完成首件生产和检测合格后，才开始大量生产。

（3）生产线各班组每天下班前需提交班组日生产报表、出入库表等材料进行生产收尾工作。为了防止和其他班组的物料混合，当班班组会在下班前将产线清空，各班组自行保管各自的物料，次日上班后继续生产。

（4）计划部提前一周锁定生产计划，下达生产指令（生产产品类型、数量等），各生产线按生产计划顺序生产。各班组次日早会上按产品标准、人力管控表安排人员上岗，若存在机动人员变动的，则由车间内各班组协调相互支援。

11.1.3 模拟产线情况

在现代制造业中，模拟产线已成为一种不可或缺的工具，它通过虚拟环境中的仿真技术，帮助企业在实际生产前对生产线的设计、布局、流程等进行测试和优化。通过构建模拟产线，评估新生产线或改造现有生产线所需的投资，预测日常运营成本和项目的投资回报率，有效优化投资决策；基于不同布局方案的模拟，评估和优化设备和工作站的排列方式，识别工艺流程中的瓶颈和提供改进建议，减少实际生产中的调整时间和成本；通过模拟产线提前识别和评估产线潜在的风险，并制定相应的策略增强突发事件的应对能力，保障生产的连续性和稳定性；模拟产线能够帮助企业设定并跟踪单位人小时产量、设备综合效率、首次通过率等关键绩效指标，了解当前生产效率及改进空间，制定改进和优化措施，不断提高生产效率和质量；模拟产线为工程师和技术人员提供实验平台，在实际部署前通过模拟来测试新技术（如机器人、物联网、人工智能等）的应用效果，可以降低技术实施的风险和加快技术创新的步伐；通过虚拟现实或增强现实技术进行模拟训练，员工可以在一个安全的环境中学习新的操作技能，员工可以更好地理解生产线的工作原理和操作流程，提高工作效率和安全性，提高团队协调能力。

（1）模拟产品及工艺现状。由于生产现场无法进行实地摄像和操作，用乐高积木拼装产品模拟正式产品生产过程，以模拟现场组装、包装作业和流程。产品加工工艺流程，如图 11-2 所示，其中甲产品首先进行车辆底座拼装，确保结构稳固；接着组装车辆驾驶室和雷达支架，完成核心部件的固定；最后安装雷达，并依次进行检查和包装堆栈，确保产品质量和交付完整性。乙产品同样以车辆底座拼装为起点，随后组装驾驶室和车轮，完成基本结构后进入自动测试机进行性能检测，最后通过目视检查并完成堆栈，确保产品符合出厂要求。产品对应的工站信息见表 11-1 和表 11-2，产品对应的 BOM 见表 11-3 和表 11-4，产品作业指导书 SOP 见表 11-5~表 11-10，最终装配完成的甲、乙产品成品，如图 11-3 所示。

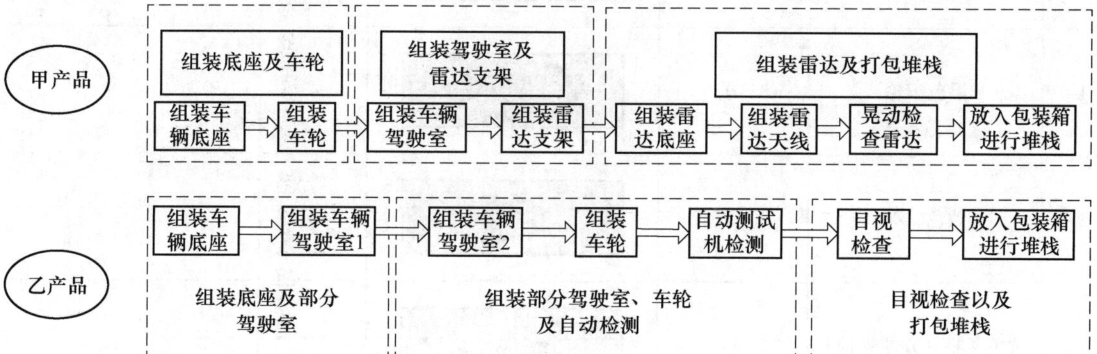

图 11-2 模拟产线工艺流程

表 11-1　甲产品工站信息

产品	工站（工作桌）	作业内容
甲产品	工站 1	组装底座及车轮
	工站 2	组装驾驶室及雷达支架
	工站 3	组装雷达及打包堆栈

表 11-2　乙产品工站信息

产品	工站（工作桌）	作业内容
乙产品	工站 1	组装底座及部分驾驶室
	工站 2	组装部分驾驶室、车轮及自动检测机检测
	工站 3	目视检查及打包堆栈

表 11-3　甲产品 BOM

序号	零件名称	零件编号	图示	用量	单位	备注
1	底座及车轮	X1		1	个	
1-1	红色 8 格立方体	A1		2	个	
1-2	红色 9 孔立方体	B1	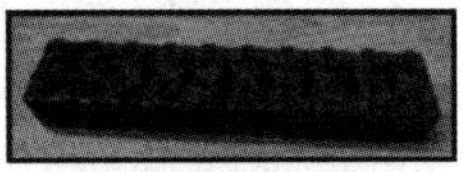	2	个	
1-3	红色 3 孔立方体	B2		2	个	
1-4	红色 4 格立方体	A2		2	个	
1-5	灰色十字杆	C1	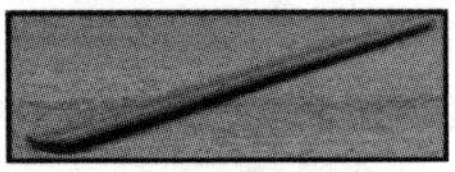	2	个	
1-6	黑色车轮	D1		4	个	
1-7	黄色轮毂	E1		4	个	
1-8	黄色 4 格立方体（薄）	A4	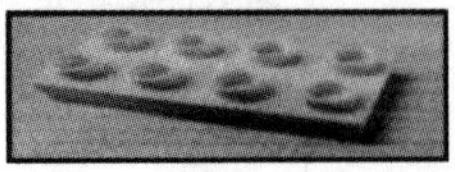	1	个	

续表 11-3

序号	零件名称	零件编号	图示	用量	单位	备注
2	驾驶室及支架	Y1		1	个	
2-1	红色 3 孔立方体	B2		3	个	
2-2	绿色 2 格立方体	A5		2	个	
2-3	红色单排 4 格立方体	A6		2	个	
2-4	蓝色 2 格斜顶模块	F1	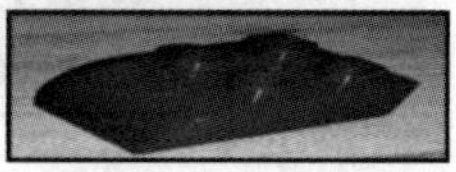	2	个	
2-5	绿色 4 格立方体	A3	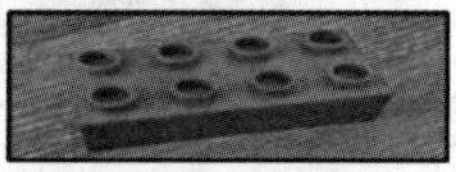	6	个	
3	雷达及包材	Z		1	个	
3-1	红色 3 孔立方体	B2		4	个	
3-2	绿色十字杆	C2		2	个	
3-3	黄色轮毂	E1		1	个	
3-4	黄色定位支架	H1	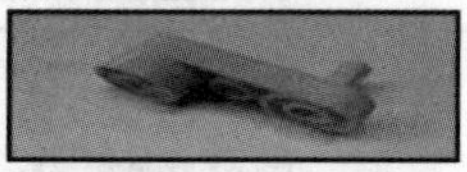	1	个	
3-5	黄色齿轮	I1	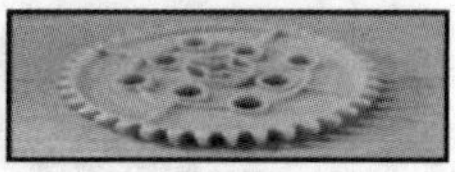	1	个	
3-6	产品包装箱	P1		1	个	长 300 mm， 宽 198 mm， 高 148 mm
3-7	外箱合格标签	P2	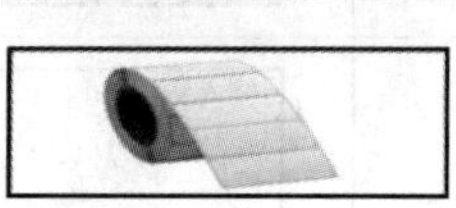	1	个	50 mm×30 mm

表 11-4 乙产品 BOM

序号	零件名称	零件编号	图示	用量	单位	备注
1	底座及驾驶室 1	X2		1	个	
1-1	红色 8 格立方体	A1		2	个	
1-2	红色 7 孔立方体	B3		2	个	
1-3	红色 3 孔立方体	B2		2	个	
1-4	红色 4 格立方体	A2		2	个	
1-5	绿色 4 格立方体	A3		1	个	
1-6	红色 3 孔立方体	B2		1	个	
1-7	红色 2 格立方体	A7		2	个	
2	驾驶室 2 及车轮	Y2		1	个	
2-1	红色单排 4 格立方体	A6		2	个	
2-2	红色 2 格斜顶模块	F2		2	个	
2-3	灰色十字杆	C1		2	个	
2-4	红色车轮	D2		4	个	
3	包材	P		1	个	
3-1	产品包装箱	P1		1	个	长 300 mm，宽 198 mm，高 148 mm
3-2	外箱合格标签	P2		1	个	50 mm×30 mm

表 11-5 甲产品作业指导书（工站 1）

<table>
<tr><td colspan="2">适用产品</td><td colspan="2">甲</td><td>工站名称</td><td colspan="2">工站 1</td></tr>
<tr><td colspan="5">物料 BOM 列表</td><td colspan="2">使用工具/治具</td></tr>
<tr><td>序号</td><td>物料名称</td><td>零件编号</td><td>用量（pcs）</td><td>备注</td><td>序号</td><td>名称</td></tr>
<tr><td>1</td><td>红色 8 格立方体</td><td>A1</td><td>2</td><td></td><td></td><td></td></tr>
<tr><td>2</td><td>红色 9 孔立方体</td><td>B1</td><td>2</td><td></td><td></td><td></td></tr>
<tr><td>3</td><td>红色 4 格立方体</td><td>A2</td><td>2</td><td></td><td></td><td></td></tr>
<tr><td>4</td><td>红色 3 孔立方体</td><td>B2</td><td>2</td><td></td><td></td><td></td></tr>
<tr><td>5</td><td>黄色 4 格立方体（薄）</td><td>A4</td><td>1</td><td></td><td></td><td></td></tr>
<tr><td>6</td><td>黑色车轮</td><td>D1</td><td>4</td><td></td><td></td><td></td></tr>
<tr><td>7</td><td>黄色轮毂</td><td>E1</td><td>4</td><td></td><td></td><td></td></tr>
<tr><td>8</td><td>灰色十字杆</td><td>C1</td><td>2</td><td></td><td></td><td></td></tr>
<tr><td>作业步骤</td><td colspan="6">作业内容</td></tr>
<tr><td>1</td><td colspan="6">双手同时各取 1 个红色 8 格立方体（A1）和红色 9 孔立方体（B1），A1 在上，B1 在下，将两者错开 2 格拼装成车辆一侧前端，将车辆一侧前端放置在身边桌子上</td></tr>
<tr><td>2</td><td colspan="6">双手同时取 1 个红色 4 格立方体（A2）和 1 个红色 3 孔立方体（B2），A2 在上，B2 在下，将两者错开 2 格拼装成车辆一侧后端，将车辆一侧后端安装在车辆一侧的前端上</td></tr>
<tr><td>3</td><td colspan="6">重复步骤 1~2，拼装车辆的另一侧，取 1 个黄色 4 格立方体（薄）（A4），在前后位置的连接处将车辆两侧连接在一起</td></tr>
<tr><td>4</td><td colspan="6">双手分别取 1 个黑色车轮（D1）和黄色轮毂（E1），将轮毂的突起位置对准车轮孔小的一端插入车轮内，使车轮大孔一侧和轮毂的平面对齐，重复本步骤，组装 4 个车轮</td></tr>
<tr><td>5</td><td colspan="6">双手分别取 1 个灰色十字杆（C1）和 1 个组装好的车轮，将十字杆固定在车轮的轮毂上，十字杆的顶端需与轮毂的外侧对齐</td></tr>
<tr><td>6</td><td colspan="6">拿起车辆底座，将连好车轮的十字杆穿过车辆底座前端的第一个孔，并在另一侧安装另一个车辆前轮</td></tr>
<tr><td>7</td><td colspan="6">参照步骤 5，组装连接车轮的十字杆，将十字杆穿过车辆底座后端红色 3 孔立方体（B2）第一个孔，并在一侧安装另一个车辆后轮，将拼装好的车辆底座放到流水线上</td></tr>
</table>

表 11-6 甲产品作业指导书（工站 2）

<table>
<tr><td colspan="2">适用产品</td><td colspan="2">甲</td><td>工站名称</td><td colspan="2">工站 2</td></tr>
<tr><td colspan="5">物料 BOM 列表</td><td colspan="2">使用工具/治具</td></tr>
<tr><td>序号</td><td>物料名称</td><td>零件编号</td><td>用量（pcs）</td><td>备注</td><td>序号</td><td>名称</td></tr>
<tr><td>1</td><td>红色 3 孔立方体</td><td>B2</td><td>3</td><td></td><td></td><td></td></tr>
<tr><td>2</td><td>绿色 2 格立方体</td><td>A5</td><td>2</td><td></td><td></td><td></td></tr>
<tr><td>3</td><td>红色单排 4 格立方体</td><td>A6</td><td>2</td><td></td><td></td><td></td></tr>
<tr><td>4</td><td>蓝色 2 格斜顶模块</td><td>F1</td><td>2</td><td></td><td></td><td></td></tr>
<tr><td>5</td><td>绿色 4 格立方体</td><td>A3</td><td>6</td><td></td><td></td><td></td></tr>
<tr><td>作业步骤</td><td colspan="6">作业内容</td></tr>
<tr><td>1</td><td colspan="6">从流水线上取车辆底座到工作位置</td></tr>
</table>

续表 11-6

作业步骤	作业内容
2	取 1 个红色 3 孔立方体（B2），在车辆前端将车辆的两侧连接在一起
3	依次取 2 个绿色 2 格立方体（A5），安装在卡车前端的 B2 上
4	双手同时取 2 个红色单排 4 格立方体（A6），上下压合好后，贴合安装在驾驶室的后端
5	依次取 2 个蓝色 2 格斜顶模块（F1），分别压合在卡车前端的车顶上
6	双手依次取 2 个绿色 4 格立方体（A3）和 1 个红色 3 孔立方体（B2），上下压合后再取 1 个绿色 4 格立方体（A3）组成雷达支架后，安装在车辆底座尾部的凹槽位置
7	重复步骤 6，将压合好的雷达支架 2 安装在车辆底座中间的凹槽位置
8	将安装好的车辆底座放到流水线上

表 11-7　甲产品作业指导书（工站 3）

适用产品		甲		工站名称	工站 3	
物料 BOM 列表					使用工具/治具	
序号	物料名称	零件编号	用量（pcs）	备注	序号	名称
1	红色 3 孔立方体	B2	4			
2	绿色十字杆	C2	2			
3	黄色轮毂	E1	1			
4	黄色定位支架	H1	1			
5	黄色齿轮	I1	1			
6	外箱合格标签	P2	1			
7	产品包装箱	P1	1			
作业步骤	作业内容					
1	从流水线上取车辆底座放到工作位置					
2	依次取 4 个红色 3 孔立方体（B2），2 个在下面，2 个在上面交叠压合在一起					
3	将雷达底座放在 2 个雷达架之间，单手取 1 个绿色十字杆（C2），将雷达支架、雷达底座底层中心孔串联在一起					
4	取 1 个绿色十字杆（C2）将其插入定位治具中，再取 1 个黄色定位支架（H1），将黄色定位支架底端安装在治具的顶端，让其在绿色十字杆中心位置					
5	取 1 个黄色齿轮（I1），将其安装在绿色十字杆上黄色定位支架的顶端位置					
6	取 1 个黄色轮毂（E1），将其安装在绿色十字杆靠近黄色齿轮一侧的顶端上，要求轮毂底端与十字杆顶端齐平					
7	将组合好雷达罩的绿色十字杆和定位支架的支架部分同时插入雷达底座中的孔洞中，左右晃动检查雷达底座是否能灵活摇动，如无法摇动，则调整绿色十字杆上的零件位置					
8	将雷达罩从雷达底座上取下，利用定位支架的支架部分固定在车底座指定的凸起中					
9	取 1 个产品包装箱（P1），在工作位置上翻转到外箱侧面贴标签处，另取 1 个外箱合格标签（P2），贴在产品包装箱的指定位置					
10	将组装好的雷达车放入包装箱后搬运到栈板区，按一层 2 个摆放 2 层的要求进行堆栈（所有包装箱的标签都朝外）					

表 11-8 乙产品作业指导书（工站 1）

适用产品		乙		工站名称	工站 1	
物料 BOM 列表					使用工具/治具	
序号	物料名称	零件编号	用量（pcs）	备注	序号	名称
1	红色 8 格立方体	A1	2			
2	红色 7 孔立方体	B3	2			
3	红色 4 格立方体	A2	1			
4	绿色 4 格立方体	A3	2			
5	红色 3 孔立方体	B2	3			
6	红色 2 格立方体	A7	2			
作业步骤	作业内容					
1	双手同时各取 1 个红色 8 格立方体（A1）和红色 7 孔立方体（B3），A1 在上，B3 在下，将两者错开 2 格拼装成卡车一侧前端					
2	取 1 个红色 4 格立方体（A2），将 A2 拼接在 B3（红色 7 孔立方体）上方剩余的位置上					
3	取 1 个红色 3 孔立方体（B2），将 B2 拼接到 A2（红色 4 格立方体）下方剩余未拼接的位置上，拼装成卡车一侧后端					
4	重复步骤 1~3，拼装卡车另一侧					
5	取 1 个绿色 4 格立方体（A3），用它在卡车的后端将卡车的两侧拼接在一起					
6	取 1 个红色 3 孔立方体（B2），在卡车前端将卡车的两侧连接在一起					
7	依次取 2 个红色 2 格立方体（A7），安装在卡车前端的 B2 上，完成后放入流水线					

表 11-9 乙产品作业指导书（工站 2）

适用产品		乙		工站名称	工站 2	
物料 BOM 列表					使用工具/治具	
序号	物料名称	零件编号	用量（pcs）	备注	序号	名称
1	红色单排 4 格立方体	A6	2			
2	红色 2 格斜顶模块	F2	2			
3	灰色十字杆	C1	2			
4	红色车轮	D2	4			
作业步骤	作业内容					
1	从流水线上取卡车底座放到工作位置					
2	双手同时取 2 个红色单排 4 格立方体（A6），上下压合好，贴合安装在客车底座的前端					
3	双手同时取 2 个红色 2 格斜顶模块（F2），分别压合在卡车前端的车顶上					
4	双手同时取 1 个灰色十字杆（C1）和 1 个红色车轮（D2），将十字杆固定在红色车轮上，顶端需与车轮外侧对齐					
5	拿起卡车底座，将连好车轮的十字杆穿过卡车底座前端的第一个孔，再取 1 个红色车轮（D2），固定在十字杆的另一侧					
6	取 1 个灰色十字杆（C1），穿过底座后端的红色 3 孔立方体的第一个孔中，同时取 2 个红色车轮（D2）依次固定在十字杆两端					
7	将组装好的卡车放入自动测试机的固定位置上，启动设备开关					

表 11-10 乙产品作业指导书（工站 3）

<table>
<tr><td colspan="2">适用产品</td><td colspan="2">乙</td><td>工站名称</td><td colspan="2">工站 3</td></tr>
<tr><td colspan="5">物料 BOM 列表</td><td colspan="2">使用工具/治具</td></tr>
<tr><td>序号</td><td>物料名称</td><td>零件编号</td><td>用量（pcs）</td><td>备注</td><td>序号</td><td>名称</td></tr>
<tr><td>1</td><td>产品包装箱</td><td>P1</td><td>1</td><td></td><td></td><td></td></tr>
<tr><td>2</td><td>外箱合格标签</td><td>P2</td><td>1</td><td></td><td></td><td></td></tr>
<tr><td>作业步骤</td><td colspan="6">作业内容</td></tr>
<tr><td>1</td><td colspan="6">取 1 个产品包装箱（P1），在工作位置上翻转到外箱侧面贴标签处，另取 1 个外箱合格标签（P2）贴在产品包装箱的指定位置</td></tr>
<tr><td>2</td><td colspan="6">待自动测试设备停止运转后，将产品从设备里取出来，检查产品表面是否清洁干净，无脏污、指印</td></tr>
<tr><td>3</td><td colspan="6">将检查好的小车放入包装箱后，搬运到栈板区，按一层 2 个摆放 2 层的要求进行堆栈（所有包装箱的标签都朝外）</td></tr>
</table>

(a) (b)

图 11-3 甲、乙产品成品

（a）甲产品；（b）乙产品

（2）模拟产线布局现状。以 W 厂 D 车间中的一条装配生产线为研究对象，W 厂模拟产线如图 11-4 所示，现有产线布局为直线型。产线的起始和结束分别设有物料暂放区和栈板区。物料暂放区用于存放来料，确保产线始终具备足够的物料供应。栈板区分为两个部分：上半部分为空箱区，用于堆放未装满的产品包装箱；下半部分为满箱区，用于存放已完成包装的产品，准备进行堆栈操作。

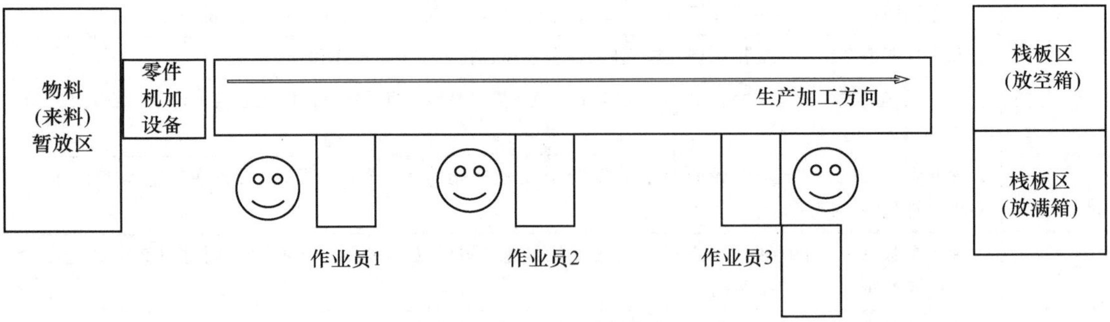

图 11-4 产线布局现状

甲、乙两种产品最小以箱为单位搬运到仓库，运送到客户端的最小交付单位是 4 个，也可以单个运送到仓库，最少需要达到单栈板的运量。产线生产的产品系列包装规格见表 11-11。

表 11-11 产线生产的产品系列包装规格

产品编号	装盒规格（个/箱）	堆栈规格（箱/栈板）
甲	1	4
乙	1	4

（3）模拟工作站布局现状。产线工作站布局，如图 11-5 和图 11-6 所示，可以发现操作台上多个物料摆放不利于动作经济原则，如工作台 1 上的 D1 距离左手存在过远的问题，按照 SOP 在拿取时不大方便且耗时较多。

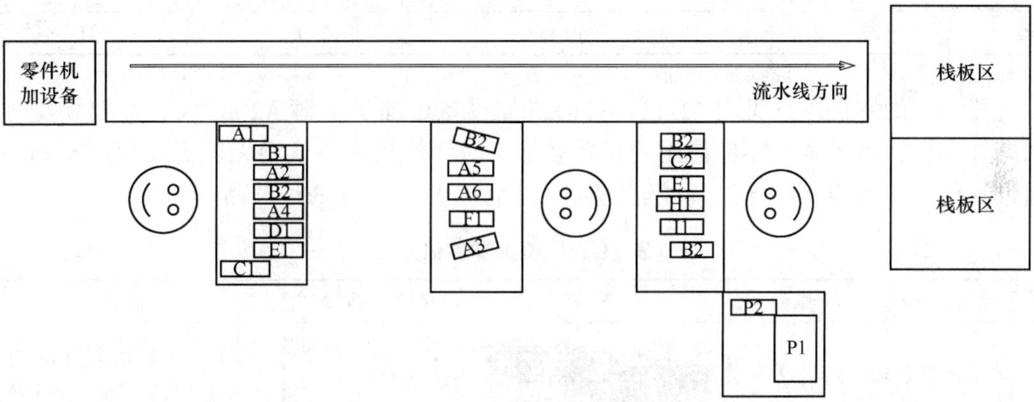

图 11-5 甲产品物料放置现状

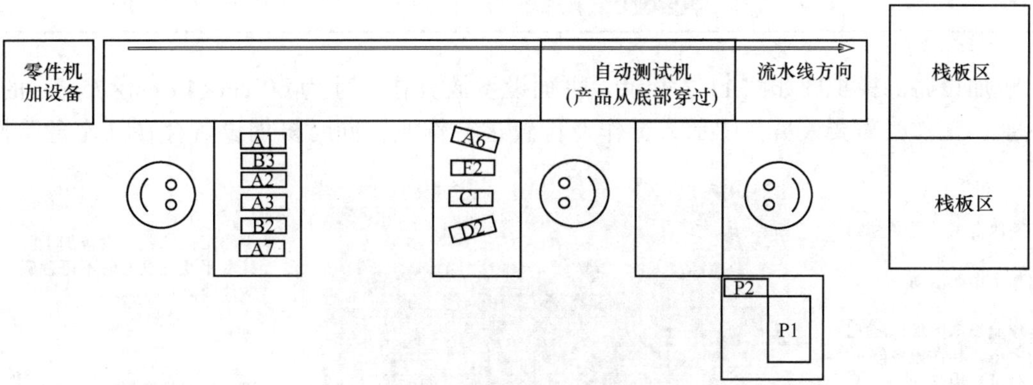

图 11-6 乙产品物料放置现状

（4）模拟产线换型现状。组装产线上所有物料（包括 A2 和 A6）都是在生产线外将物料预先分拣、分类并整齐放置准备好，再由组装人员进行分类放置到物料盒里面，每生产 75 个单位产品换型一次，每次换型时间为 5min，每班最多换型 8 次。

（5）机加设备加工信息及其换型作业现状。通过模拟机加设备加工过程，测试出实际操作时间，绘制出的机加设备人机操作分析见表 11-12，从人机操作分析表可知，目前机加设备处于线外作业时，在机器工作时人处于空闲状态，并且人员作业时机器处于空闲状态，两者的利用率都不高。

表 11-12　人机操作分析

<table>
<tr><th colspan="2">人</th><th colspan="2">机器</th><th rowspan="2">备注/说明</th></tr>
<tr><th>作业内容</th><th>状态</th><th>状态</th><th>作业内容</th></tr>
<tr><td>空闲（10 s）</td><td>空闲</td><td>加工</td><td>加工（10 s）</td><td>加工时间固定</td></tr>
<tr><td>下 4 批物料及质量自检（7 s）</td><td>工作</td><td>空闲</td><td>空闲（17 s）</td><td></td></tr>
<tr><td>上 4 批物料（10 s）</td><td>工作</td><td>空闲</td><td></td><td></td></tr>
</table>

<table>
<tr><td>统计</td><td>作业周期时间/s</td><td>工作时间/s</td><td>空闲时间/s</td><td>利用率/%</td></tr>
<tr><td>人</td><td>27</td><td>17</td><td>10</td><td>63.0</td></tr>
<tr><td>机器</td><td>27</td><td>10</td><td>17</td><td>37.0</td></tr>
</table>

机器加工的零件信息见表 11-13，目前机加设备可加工物料 A2 或 A6，需要换型才能生产另外一种，由于两个零件使用的材料和加工时间均相同，换型无须更换生产材料，因此通过制作合适的模具机加设备能够做到同时生产 A2 和 A6 两种产品。

表 11-13　机加零件信息

<table>
<tr><th>序号</th><th>零件名称</th><th>编号</th><th>图示</th><th>同时加工数量/个</th><th>备注</th></tr>
<tr><td>1</td><td>红色 4 格立方体</td><td>A2</td><td></td><td>4</td><td rowspan="2">受加工工艺限制，同时可加工的零件数量可在 2~8 个零件数进行调整；两个零件使用的材料和加工时间均相同，换型无须更换生产材料</td></tr>
<tr><td>2</td><td>红色单排 4 格立方体</td><td>A6</td><td></td><td>4</td></tr>
</table>

机加设备的模拟图如图 11-7 所示，机加设备放置在尺寸为 60 cm×40 cm×75 cm 的工作台上，工作时需要人员在图示人员作业位置进行作业，同时机加设备存在一定危险性，

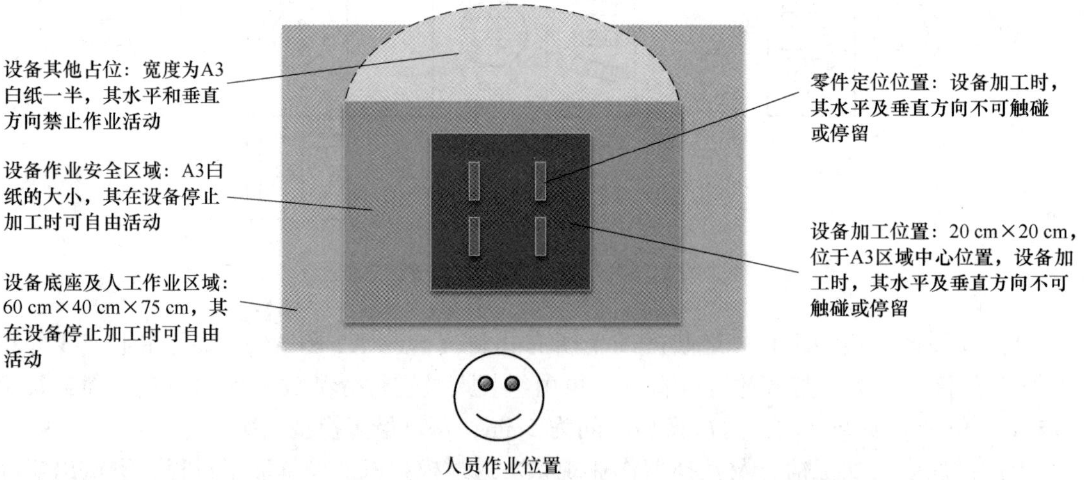

图 11-7　机加设备模拟

需要在图示绿色区域进行操作。设备加工位置即是安装可拆卸的定位工装治具位置，左右两边用螺丝固定，零件换型生产时需要整体拆卸，换型作业步骤如图 11-8 所示，机加设备换型时间见表 11-14。

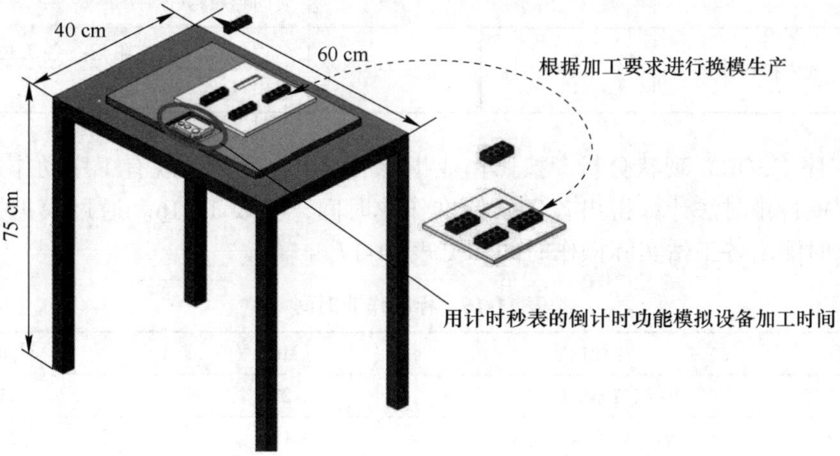

图 11-8　模拟机加设备

表 11-14　机加设备换型时间

序号	换型作业步骤	时间/min
1	设备停机后松开固定螺丝，拆卸定位工装治具	1
2	从设备上把拆卸下来的定位工装治具放入身后的移动车上	0.1
3	把需要更换的新的定位工装治具搬到设备上	0.1
4	在设备上将定位工装治具对准安装螺丝孔，并用螺丝固定	2
5	在定位工装治具上连接必要的管线	2
6	开机调试程序及等待设备达到加工条件（如温度、压力等）	6
7	试加工并进行首件检查	2

（6）生产信息现状。现生产线生产信息见表 11-15，每班生产时间为 420 min，休息时间为 20 min/班，设备保养和 5S 环境维护时间为 20 min/班，每班组会时间为 20 min，换型时间为 40 min/班。

表 11-15　生产线生产信息表

序号	内容	数量	单位	备注
1	组装作业者	3	人/班	人员坐姿作业，机加、装配、包装均有白夜班 2 班
2	日产量	600	个/班	生产节拍 TT：42 s
	甲产品日产量	400	个/班	
	乙产品日产量	200	个/班	
3	工作时间	420	min/班	其中：休息时间 20 min/班，设备保养及 5S 环境维护活动时间 20 min/班，组会时间 20 mim/班

续表 11-15

序号	内容	数量	单位	备注
4	额定总换型时间	40	min/班	经济角度换型时间占工作时间 10%左右，时间越短越好
5	线内物料补充	—	—	大包装在工位附近，各工位而人员自行取用

（7）工序（SOP）现状分析。按照作业指导书对甲、乙产品现有工序动作进行分解和分析，使用模特排时法计算得出各工站标准作业时间，见表 11-16。通过模拟操作，利用秒表进行计时测出各工站实际操作时间，见表 11-17。

表 11-16　标准作业时间

工站名称	作业内容	MOD	时间/s
甲工站 1	组装车辆底盘	273	35.2
甲工站 2	组装驾驶室及雷达支架	194	25.0
甲工站 3	组装雷达，检查，包装堆栈	283	36.5
乙工站 1	组装卡车底盘	162	20.9
乙工站 2	组装卡车车轮及驾驶室	130	16.8
乙工站 3	自动测试机	—	12
乙工站 4	目视检测并打包堆栈	144	18.6

表 11-17　实际操作时间测试　（s）

工站名称	时间					
	第 1 次	第 2 次	第 3 次	第 4 次	第 5 次	均值
甲工站 1	36.8	36.9	37.2	37.1	36.9	37.0
甲工站 2	27.9	28.3	28.0	27.4	27.8	27.9
甲工站 3	48.9	49.1	48.8	49.2	49.5	49.2
乙工站 1	25.4	25.0	26.3	26.2	25.8	25.8
乙工站 2	28.8	28.9	30.3	28.2	28.3	28.9
乙工站 3	12.0	12.0	12.0	12.0	12.0	12.0
乙工站 4	15.8	15.1	14.9	15.3	15.5	15.2

将测量数据整理得到甲、乙产品的实际工序时间，见表 11-18，由于实际生产过程存在操作不够熟练、个人的技能水平不同等因素，因此对实际工序时间加以适当宽放更加合理。

表 11-18　甲、乙产品实际工序时间　（s）

产品编号	工站 1	工站 2	工站 3	工站 4	总时间
甲	37.0	27.9	49.2	—	114.1
乙	25.8	28.9	12.0	15.2	81.9

11.1.4 产线数据收集与评价指标分析

（1）生产周期时间（Cycle Time，CT）计算。

$$产品\ CT = 生产线瓶颈工时 = \mathrm{Max}(CT_i) \tag{11-1}$$

式中 CT_i——第 i 个工序的生产周期时间。

将表 11-18 中的数据带入式（11-1）计算，分别得到生产甲、乙产品生产周期时间（生产线瓶颈工时）为：

$$甲单个产品生产周期\ CT_{甲} = 49.2\ \mathrm{s}$$

$$乙单个产品生产周期\ CT_{乙} = 28.9\ \mathrm{s}$$

$$整个生产线\ CT_{总} = \frac{49.2 \times 2 + 28.9}{3} = 42.4\ \mathrm{s}$$

（2）生产线平衡率（Line Balancing，LB）计算。生产线平衡是对生产线的全部工序进行负荷分析，LB 计算公式为：

$$LB = \frac{各工位工时之和}{瓶颈工时 \times 工位数} \tag{11-2}$$

将表 11-18 中的数据带入式（11-2）计算，得到甲、乙产品对应生产线的平衡率为：

$$LB_{甲} = \frac{各工位工时之和}{瓶颈工时 \times 工位数} = \frac{114.1}{49.2 \times 3} = 77.3\%$$

$$LB_{乙} = \frac{各工位工时之和}{瓶颈工时 \times 工位数} = \frac{81.9 - 12}{28.9 \times 3} = 80.6\%$$

说明：计算 $LB_{乙}$ 时由于乙产品自动测试机测试时间小于工站 4 的 CT 时间。计算平衡率时不考虑机器时间，只计算人工时间即可。

（3）人均小时产能 UPPH 计算。每小时单位产量（Units Per Hour，UPH）是衡量生产效率的关键指标之一，它表示在一小时内生产线或某个生产环节能够完成的产品数量。人均小时产能（Unit Per Person Hour，UPPH）表示人均每小时产出的良品数，该指标是企业衡量员工工作绩效的重要指标之一，计算公式分别为：

$$UPH = \frac{当班实际产量}{当班工作时数} \tag{11-3}$$

$$UPPH = \frac{UPH}{作业人数} \tag{11-4}$$

以模拟产线信息为例，去除最大换型时间的工作时间为 380 min；不考虑换型时间，实际工作时间为 420 min。以工作时间 420 min 计算最大产量、每小时产量及人均小时产能计算。

甲产品 UPPH 计算：

$$当班生产甲工作量 = \frac{420 \times 60}{49.2} = 512\ 个$$

$$UPH_{甲} = \frac{512}{\frac{420}{60}} = 73.2\ 个/\mathrm{h}$$

$$\text{UPPH}_{\text{甲}} = \frac{73.2}{3} = 24.4\ \text{个}\cdot\text{人}/\text{h}$$

乙产品 UPPH 计算：

$$\text{当班生产乙工作量} = \frac{420\times 60}{28.9} = 871\ \text{个}$$

$$\text{UPH}_{\text{乙}} = \frac{871}{\frac{420}{60}} = 124.6\ \text{个}/\text{h}$$

$$\text{UPPH}_{\text{乙}} = \frac{154.5}{3} = 41.5\ \text{个}\cdot\text{人}/\text{h}$$

（4）生产线能力评估及投入分析。结合前面甲、乙产品 UPH 及表 11-15 中的信息，对现有生产线的生产能力进行计算评价，即一个班组在达到额定总换型时间的同时能够完成 400 个甲产品及 200 个乙产品的生产任务，CT 应小于或等于生产节拍 TT（42 s），而生产线实际生产周期时间为 42.4 s。模拟产线对应指标见表 11-19。

表 11-19 模拟产线指标汇总

产品	加工总时间/s	瓶颈工序	平衡率/%	UPH/人 · h^{-1}	UPPH/个 · 人 · h^{-1}
甲	114.1	工站 3	77.3	73.2	24.4
乙	81.9	工站 2	80.6	124.6	41.5

11.1.5 改造优化限制条件

生产线方案、作业人员姿势、改造费用等方面的限制如下。

（1）生产线的各个工站可根据优化设计的方案使用协作机器人、自动设备、工治具等进行工作，设计方案中明确说明设备硬件部件构成和控制程序，人员使用其工作的作业方式等，确保能完成所有的工作内容。

（2）改善后的方案中，仅能使用可升降工作桌，工站之间不能使用皮带线传递物料或半成品。

（3）改善后的方案中，可以自行规定作业人员是作业姿势（站姿或坐姿）并需要说明与之配合的工作台高度，同时根据新工站的工作安排及物料使用情况自行设计物料架、物料盛装方式（包括但不限于物料盒），物料不能混放（即不能将多种物料放置在同一个物料盒里）。

（4）尽可能挖掘生产线各项浪费设计改善方案，评估改善方案可行性，并给出具体可实施的改善方案。

（5）生产线改造的一次性投入费用应不超过 50 万元，满足生产需求的前提下，成本应尽量低。投资经济可行性评估时，参照企业管理要求：1）5 万元（含）以上的固定资产回收期 2 年；2）5 万元以下的固定资产回收期 1 年。

（6）零件机加设备改善前后，仅有 1 台且不能增加，相应模具制作费用 3 万元/个，协作机器人成本为 20 万元/台，自动测试设备成本为 3 万元/台，升降工作台成本为 2000 元/张（仅基础部分，不含其他增设的物料架、电子设备等），现场设备的水电费、维护费、技术人员工资分摊等费用可以忽略不计。如设计方案需要增加其他设备及工装治具，费用按实际发生计算。

（7）生产线现有员工 3 人，人工综合成本为每个月 8000 元/人，生产线每天工作 8 h，两班倒，每年员工综合成本上升 5%。

（8）投入新自动设备/协作机器人后，生产线内各工站人员的作业内容必须要进行优化，改造后的生产线若有多名作业员时，不能安排 2 人以上人员做相同的作业（逐兔式生产作业方式），仅能安排 1 人作业（屋台式生产作业方式）或 2 人作业（分割式生产作业方式）。

（9）两种产品要安排在一个生产线上进行生产，不能搭 2 条（含）以上的生产线用于换线生产。

（10）假定各产品无成品库存，原料仓库内的物料充足，品质合格率为 100%，无缺料、不良品等问题；仅需考虑物流搬运、单次搬运量、搬运周期等问题（仓库的位置、搬运距离忽略不计）。

（11）品质防呆的需求。为保障产品品质，保护工作人员安全，方案中须考虑防呆设计。

11.1.6 改造交付目标

产线布局、产线效率、物料管理、防呆设计等方面的改造交付目标如下。

（1）生产线布局优化。生产线升级改造后，机加设备需要和组装包装生产线布置在同一区域，就近生产或连线生产，不再安排专人操作机加设备进行生产，需要组装包装线上的人员兼任加工。

（2）生产线效率优化。生产线班组人员至少减少 1 人/班，降低人力成本。生产线效率需提升 20%以上（不含辅助人力），通过流程优化、设备升级及人员多技能培训来实现。

（3）标准作业文件。制定生产、换型及物流的标准作业文件，确保每项作业均有明确的操作指令和步骤。实施标准化作业，确保作业的一致性和效率，优化生产节拍。

（4）物料补充及“三定管理”。优化生产线内部的物料补充方式，全面推行定点、定容、定量“三定管理”方式。物料的放置位置、盛装容器及每个容器内的装载数量都要固定，避免过量储存，并通过可视化手段确保物料管理的透明性和效率。

（5）防呆设计。设计防呆方案，确保防错、防漏的运作机制，避免因操作失误造成的质量问题。

（6）灵活交付与生产排程。新生产线必须能够适应不同产品的快速切换，提升订单的响应速度。方案中需明确生产排程和交付方式，并对组织生产和交付时间进行充分评估与说明。此外，鼓励通过均衡分配生产任务排产，提高产能利用率，确保生产线稳定运行。

11.2 优化改善方案要求

11.2.1 优化改善方案形式要求

优化改善方案应包含现状概括及数据信息、设备布局图、工作区域划分、工作流程图、主要软硬件配置清单、改善前后的生产线数据信息等关键内容。其中设备布局图应为俯视图，并标注各个设备的名称，外形和相对位置尺寸。工作流程图应包含各主要工艺动作和设备控制逻辑信息。为更好地表达设计方案，可对方案进行简单的三维建模，截图并配合文字说明，也可配合相应的其他资料加以展示。

11.2.2 优化改善方案指标要求

对工具运用、效率提升、成本管控等方面的改善指标如下。

(1) 设备工具运用要求。改造方案总体能够满足提出的功能要求；设计方案思路清晰，内容充实完整，分析、选型、设计及技术路线等各方面内容合理，具有很强的可行性；性能指标清晰，技术实现正确，验证方法严谨，并具备较强的创新性和实用性。

(2) 效率提升要求。方案需通过优化布局、流程和人机协作等方式，显著提升生产线整体效率，包括减少人力成本，提高设备利用率，提升生产节拍和产出率等目标；同时，应通过量化分析验证效率指标的达成情况，确保设计方案能够满足预期的效率提升目标。

(3) 灵活交付要求。新设计的生产线应具备快速切换和灵活交付的能力，以适应多样化产品生产和班次转换需求；优化后的生产线需在订单响应速度和产品切换效率上表现出色，具备较高的柔性生产能力，确保能够有效满足客户的动态需求。

(4) 成本管控要求。成本控制是优化方案的重要目标，通过数据分析对设备和人工的成本进行评估，将设备总成本与纯人工方案进行对比分析，最终得出经济可行性结论；方案需在提升效率的同时，尽量降低设备和生产的整体成本，确保投入产出比最大化。

(5) 作业规范及标准化要求。优化改善方案需制定详细的标准作业文件，涵盖生产、换型、物流等环节，确保每个工序都有明确的操作步骤和指令。通过标准化作业流程的实施，提高作业一致性和生产效率，减少人为操作差异造成的误差和效率损失。

(6) 品质和安全要求。优化改善方案需关注产品质量和生产安全，在人工装配环节设计清晰的操作指导，运用防呆设计防止人为操作失误；同时，应建立品质检验体系，包括自检、互检机制，确保产品的高质量输出。在安全方面，需对人机协作的工作环境进行评估，设计必要的安全保护措施，确保人员和设备的安全性。

11.2.3 优化改善方案报告提交要求

优化改善方案设计报告应全面概括当前生产线的现状、存在的问题及其原因分析，明确改进目标，并设计详细的优化方案，包括设备选型、布局优化、人机协作设计等方面；报告需提供生产效率提升、灵活交付能力、成本控制等量化指标的验证和分析，并包括经济可行性评估；报告还应制定标准作业文件，体现作业规范和品质管理；此外，需充分考虑防呆措施和安全设计，以确保方案的实用性、创新性和可行性。优化改善方案报告提纲参考表 11-20。

表 11-20 优化改善方案总体设计报告参考目录

一级目录	二级目录	参考内容要点描述
1. 现状分析	1.1 现状数据与问题归纳	通过现状数据分析当前生产线存在的瓶颈，总结主要问题及其对生产效率、品质、安全等方面的影响
	1.2 问题原因分析	对现状问题进行原因分解，结合生产数据进行详细分析；使用工具（如鱼骨图、5 Why 分析）找出问题的根本原因

续表 11-20

一级目录	二级目录	参考内容要点描述
2. 方案设计	2.1 方案设计思路	概括优化方案的整体思路和设计原则，说明改造中所采用的主要技术手段和工具
	2.2 设备选型与布局设计	详细说明设备的选型标准及配置，包括自动化设备和协作机器人等；提供优化后的设备布局图，标注设备的名称、外形、相对位置和尺寸
	2.3 工作流程与人机协作方案	描述新的工作流程图，展示主要工艺步骤和设备控制逻辑；设计人机协作模式，明确人和机器的任务分工和交互机制
	2.4 标准作业规范	制定标准作业指导书，明确各环节的操作步骤及标准，包括生产、换型、物流等环节的标准化作业文件
3. 效率提升分析	3.1 改善前后效率对比	提供改造前后的效率对比数据（如生产节拍、平衡率、UPPH 等），分析效率提升的关键因素，并量化具体的效率提升幅度
	3.2 效率指标分析	对效率提升后的各项指标进行细致分析，验证是否达成设定的 KPI；提供数据分析和相关图表，以便直观展示改进效果
4. 灵活交付与快速换型	4.1 产品切换策略	设计快速切换机制，明确产品切换指令和人员切换操作步骤；分析实现不同产品和班次转换的软硬件配置
	4.2 生产排程与交付能力	规划生产排程，确保生产线能够快速响应订单变化；设计灵活的交付模式，提高生产的柔性和订单响应速度
5. 成本控制分析	5.1 改造成本评估	计算改造项目的整体成本，包括设备、人工、物流等方面的费用。比较人机协作方案和纯人工方案的成本，评估经济可行性
	5.2 经济可行性分析	通过投资回报率（ROI）、投资回收期等经济指标，分析改造方案的性价比；提供详细的成本数据和计算过程，支持结论的可靠性
6. 品质管理与安全设计	6.1 防呆措施	描述防呆设计的具体措施，确保人为操作误差最小化；提供防呆机制的设计原理和运作说明
	6.2 品质检测方案	设计清晰的品质检验流程，包括自检、互检机制；确保生产过程中能够及时发现和纠正质量问题
	6.3 安全保护措施	针对人机协作场景，评估潜在的安全风险；列出安全防护措施，如安全防护栏、紧急停止装置等
7. 总结与未来展望	7.1 方案成果总结	总结本次改造的核心成果和优化效果；强调方案在生产效率、灵活交付、成本控制等方面的优势
	7.2 可持续改进建议	提出进一步优化的可能性，给出可持续发展的建议；讨论未来改造的潜在方向和持续改进的策略

11.2.4 优化改善方案整体质量评价

优化改善方案总体能够满足提出的功能要求；设计方案思路清晰，内容充实完整，分析、选型、设计及技术路线等各方面内容合理，具有很强的可行性；性能指标清晰，技术实现正确，验证方法严谨，并具备很强的创新性和实用性。具体量化评价指标见表 11-21。

表 11-21 改善方案整体质量评价

评价项目	评分细项	分数	评价参考要点
设备和工具的运用（30%）	协作机器人流程图应用	10	程序流程图是否整洁，逻辑清晰；各主要动作指令是否正确，动作完整，是否可以实现预定功能效果
	协作机器人方案应用	10	是否充分合理地利用了协作机器人的功能（如视觉、AI 等）。
	自动设备或工治具使用完成作业内容的价值度	10	设计的改善方案是否能准确判定协作机器人主要完成价值作业（VA 作业）
效率提升（20%）	生产线布局配置	5	生产线是否是 L 形或 U 形等布局
	工作桌物料布局	5	是否合理设计物料架/料盒等，物料的拿取、补充和更换要求是否均能满足
	作业效率评价指标	10	作业效率指标（如平衡率、UPPH 等）是否计算正确，改善前后提升改善是否大于 20%
灵活交付（15%）	产品切换	10	产品切换指令是否明确，是否有明确的人员切换作业步骤，切换时间是否减少 30%以上
	交付能力	5	有明确的组织生产方式，交付时间的计算方式正确
成本管控（10%）	改造费用	5	是否充分考虑了综合成本因素，计算是否正确
	经济可行性分析	5	是否进行了全面的经济可行性分析，性价比是否优越
作业规范及标准化（5%）	标准作业	5	是否制定了详细的标准作业文件，是否具备有效的防呆设计，操作是否简便、错误率是否大幅降低
品质和安全（5%）	品质、安全防呆及品质检测方法	5	是否充分运用了防呆方法的新设计，如：工装、治具、作业方法等。在方案设计中是否有必要的品质检测方案
方案撰写（15%）	方案整体质量	15	设计思路是否清晰，内容是否充实完整、逻辑性强、各模块间协调合理

11.3 协作机器人及技术资料

11.3.1 协作机器人简介

协作机器人是一种设计用于与人类在共享工作空间中安全互动并协同工作的自动化设备，它们通过内置的安全机制如力矩限制和传感器来保障操作人员的安全，具备易于编程、灵活部署的特点，并且能够处理重复性或体力密集型任务，从而让人类可以专注于更复杂和创造性的作业。协作机器人在生产线中的应用非常广泛，它们被设计用于与人类工作者在同一空间内安全地协同作业，从而提高生产效率和灵活性。以下是协作机器人在生产线中的一些常见应用。

（1）装配作业。协作机器人可以完成精确的装配任务，例如在电子设备制造过程中安装小型部件，或者在汽车制造中进行模块化装配。

(2) 物料搬运。在物流密集的生产环节，协作机器人可以负责物料的运输，从一个工作站到另一个工作站，减轻人工搬运的压力。

(3) 质量检测。协作机器人可以通过视觉系统或其他传感器进行产品质量的自动检测，识别缺陷并剔除不合格的产品。

(4) 上下料。在机床、注塑机等设备前，协作机器人可以自动完成上下料的任务，减少等待时间和人工操作的风险。

(5) 焊接。在需要精密控制和一致性的焊接过程中，协作机器人可以提供稳定的焊接质量，尤其是在复杂的结构件焊接上。

(6) 喷涂。对于需要均匀涂层的应用，协作机器人可以提供精确的喷涂服务，减少涂料浪费并保持涂布一致性。

(7) 包装与打包。在包装环节，协作机器人可以帮助完成产品的封装、贴标签、装箱等操作。

(8) 码垛。协作机器人可以用于将产品堆叠成托盘，便于存储或运输。

(9) 重物托举。在需要举起重物的场景下，协作机器人可以协助工人进行重物的搬运，减轻体力劳动强度。

(10) 个性化生产。随着消费者需求变得更加多样化，协作机器人因其高灵活性而被用于支持小批量、多品种的生产模式。

随着人工智能、物联网、大数据分析等技术的进步，协作机器人的功能越来越强大，智能化程度不断提高。未来，协作机器人将更加智能和更加自主，并且与人类的合作将更加紧密，成为智能制造和智慧工厂不可或缺的一部分。常见的协作机器人产品有达明机器人、优傲机器人、YuMi 机器人、iiwa 机器人、CRX 机器人、Motoman 机器人和 Panda 机器人等众多系列。

11.3.2　达明协作机器人资料

11.3.2.1　达明协作机器人简介

达明机器人（Techman Robot）是一家专注于研发、制造协作型机器人与提供工业自动化解决方案的世界级厂商，达明机器人的产品和服务在多个领域得到了广泛应用，尤其是在制造业中，它已经成为全球市场占有率排名靠前的协作机器人品牌。达明机器人拥有多种负载能力的机械臂产品，如 TM5-700、TM5-900、TM12/TM14、TM20、TM30S 及 TM25S 等众多系列，达明协作机器人典型结构，如图 11-9 所示。达明机器人以其独特的技术特色在市场上独树一帜，尤其是其自带智能视觉系统（TMvision 和 TM AI）和智能工厂管理软件（TMFlow）。这些功能使得用户能够快速完成生产线的设置，节约整合时间成本，并实现弹性换线及辅助产品料件定位，从而提升产品产能和品质。

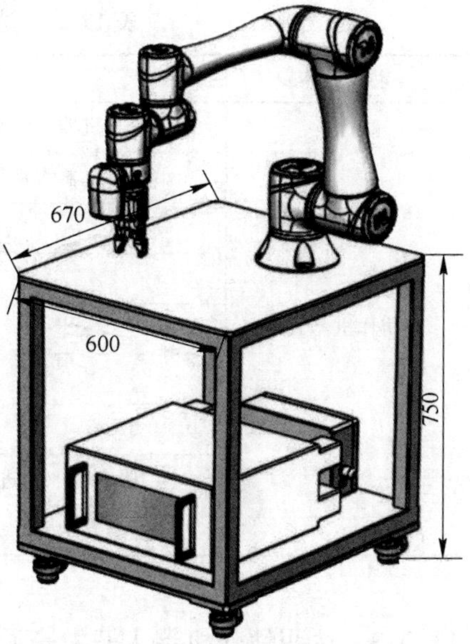

图 11-9　达明协作机器人结构（单位：mm）

11.3.2.2 达明协作机器人编程环境

达明协作机器人的编程环境旨在简化用户的使用体验，使其易于编程和维护，达明协作机器人编程环境，如图 11-10 所示。

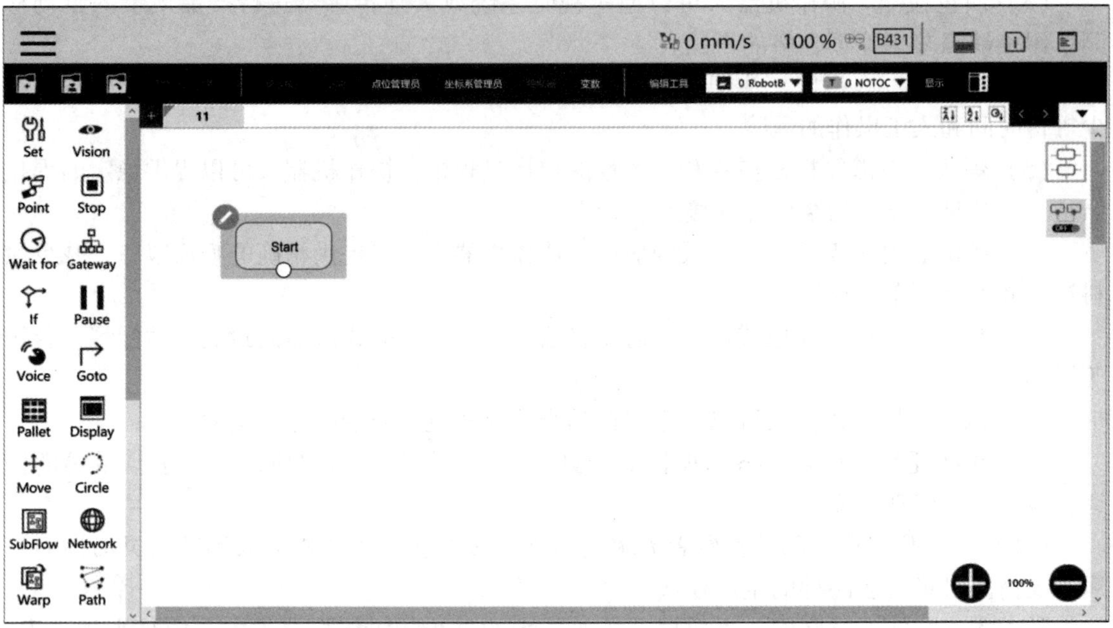

图 11-10 达明协作机器人软件编程界面

11.3.2.3 达明协作机器人相关指令执行时间列表

达明协作机器人相关指令执行时间列表见表 11-22。

表 11-22 达明协作机器人相关指令执行时间列表

动作主体	动作	时间/s
协作机器人	机器人水平方向由 A 点运动到 B 点（距离 $d<30$ cm）	1
	机器人水平方向由 A 点运动到 B 点（距离 $d>30$ cm）	2
	机器人竖直方向由 A 点运动到 B 点	1
	机器人关节选装 180°	1
	夹爪夹取/松开	0.5
	真空吸盘吸取/放下	0.5
	I/O 通信/其他通信	0.5/次
	吸盘吸取后进行真空检测，确认吸取成功（包含通信时间）	0.5
	拍照并进行视觉识别	2

11.3.3 达明协作机器人开发资源

（1）开发文档与教程。达明机器人官网提供了详细的开发文档和技术手册，涵盖机器人配置、操作指南、API 文档等内容。机器人操作、功能设置、编程入门和应用案例等视频教程见 CIMC 智能制造挑战赛 B 站。

（2）开发社区支持。达明机器人也提供了在线社区平台，供用户交流技术问题和分享经验。您可以在官网的支持页面查找具体的社区入口，或者通过联系技术支持人员加入到开发者群组和论坛。

11.4　优化改善方案设计报告示例

11.4.1　生产线现状问题分析

生产线现在每班生产时间为 420 min，休息时间为 20 min/班，设备保养和 5S 环境维护为 20 min/班，班组组会时间为 20 min/班，换型时间为 40 min/班。按照现有生产方式进行生产，结合相关材料分析，会存在以下几个方面的问题。

（1）生产能力不足。生产线实际生产周期时间为 42.4 s，生产节拍 TT 要求为 42 s，生产能力无法满足生产任务要求。

（2）空间利用不充分。生产线采用直线布局，空间利用不充分，前后工序之间的距离较远，物料搬运路线长，员工移动频繁导致物流员工作量较大。

（3）换型时间过长。换型时间为 40 min/班，导致工作时间的大量浪费和产品切换次数的减少，难以满足灵活生产的需求。

（4）生产不平衡。各工位之间生产不平衡，甲产品工位 3 和乙产品工位 2 存在明显的瓶颈工序，各工序之间协调不够，生产切换频繁且耗时，生产线平衡率较低。

（5）标准作业指导书（SOP）不合理。部分操作动作设置不合理，存在如单手空闲、动作过大、左右手互换、弯腰动作、重复动作等浪费情况。

（6）物料摆放不合理。部分需要双手同时拿取的物料摆放位置不合理，导致员工需要伸直臂展才能取到物料，双手动作不平衡。

（7）自动化水平低。生产线自动化水平低，过度依赖人工操作，影响生产效率和质量的一致性。

（8）缺乏安全防护措施。生产线缺乏必要的安全防护措施，存在潜在的安全隐患，员工工作过程中可能面临安全风险。

（9）防呆措施不足。生产线防呆措施不足，容易导致操作错误和生产失误，影响产品质量和生产效率。

基于人员、机器、原料、方法、环境等因素的分析，导致生产线目前问题的根本原因分析，如图 11-11 所示。

11.4.2　优化改善方案设计

11.4.2.1　总体方案布局

生产线方案可以采用 U 形或 L 形，以 3 工站 U 形布局改善方案设计为例，使用一台协作机器人，其工站顺序保持不变，生产线由“一字形”改成“U 形”布局。由于工位 3 上人员要进行打包、堆栈和搬运等操作，存在人员劳动强度大、消耗工时多等问题，利用

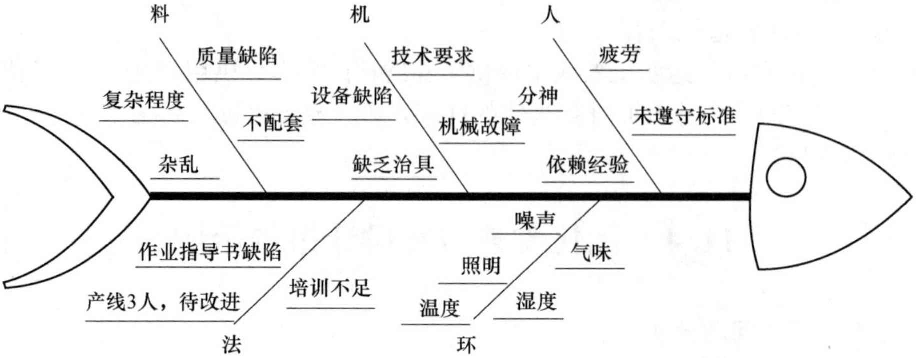

图 11-11　生产线问题分析鱼骨图

协作机器人来代替工位 3 人员的工作。详细生产布局，如图 11-12 所示，三维布局效果，如图 11-13 所示。其生产线占地面积为 290 cm×225 cm = 65250 cm^2。

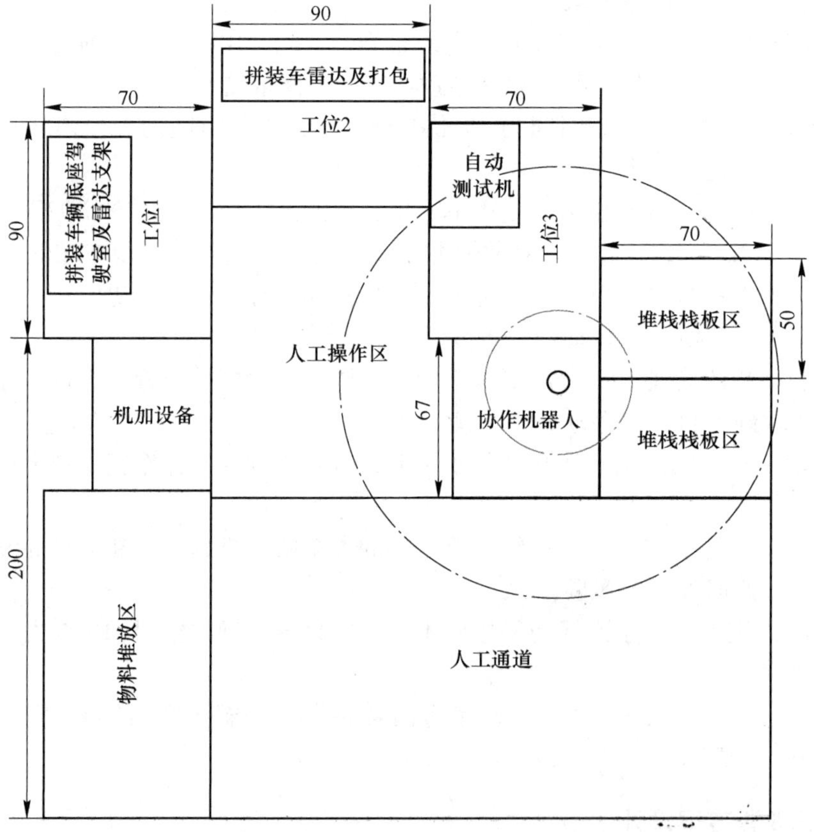

图 11-12　3 工站 U 形生产线整体布局（单位：cm）

——·—— R = 30 cm，机械臂移动时间为 1 s；——·—— R = 90 cm，机械臂移动时间为 2 s

11.4.2.2　产品加工工序流程设计

将机加设备加工工序内容转入线内生产时，产品加工工序流程如图 11-14 所示，甲、

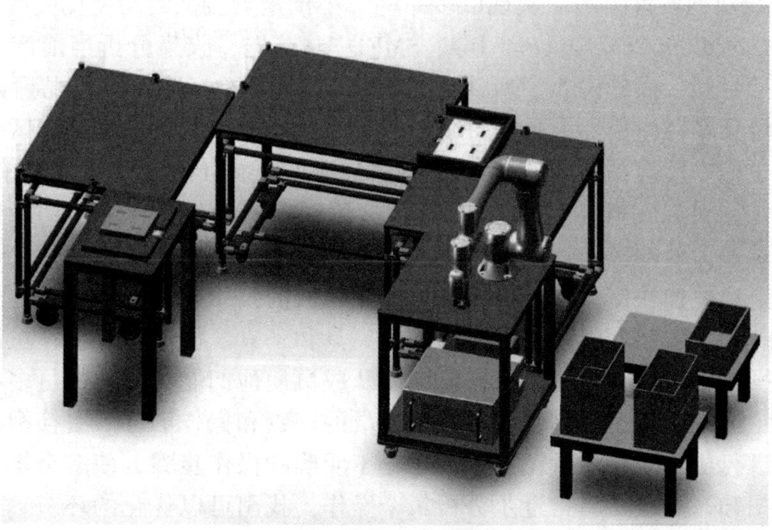

图 11-13 3 工站 U 形生产线布局三维效果

乙产品生产时都需要作业员进行机加设备加工出拼接所需物料（A2、A6）。为使得物料运输距离最短，从机加设备取下的物料 A2 和 A6 直接拿去拼接。

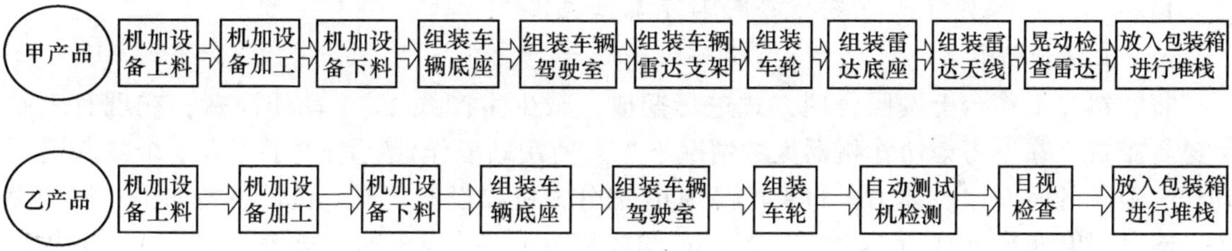

图 11-14 产品加工工序流程

11.4.2.3 站姿/坐姿工作台高度设计

在生产线上工作台应具备良好的拓展性和足够的空间。由于积木质量较轻，物料摆放紧凑，拼装作业一般不会超过工作台 15 cm。采用坐姿作业，工作台高度设计为相同高度，使协同操作更加顺畅和高效。采用身体比例法确定工作台高度，将身高乘以 0.6~0.7 的系数得到合适的工作台高度。对于平均身高 175 cm 的人员，计算出的工作台高度范围为 105~122.5 cm。结合工作台高度调节范围在 80~120 cm，协作机器人底座高度为 75 cm，将工作台高度设置为 105 cm。

从人体工程学角度来看，站姿作业更为合适，尤其在包装堆栈时，避免弯腰等易劳累动作，减轻员工负担。基于人体工程学原理，工作台高度应与工作者肘部高度相匹配。适当的工作台高度通常在 70~90 cm，以保证舒适的工作姿势，减少疲劳和不适感。

11.4.2.4 换型设计

（1）机加设备模具及换型设计。由于机加设备加工 A2 和 A6 的加工条件相同，可通过设计模具同时生产 2 个 A2 和 2 个 A6，在生产线生产过程当中，机加设备同时满足了 A2 和 A6 的要求；此外，机加设备在转入线内生产时不需要换型。

(2) 生产线换型设计。为了实现以多品种、小批量为特征的均衡化生产，可以采用快速换模法（Single Minute Exchange of Die，SMED）。首先，收集分析当前产品生产的换型过程数据，包括时间、操作内容、所需工具和资源使用等信息，通过视频记录和模拟验证，发现更换模具和调整机器设置是时间最长的瓶颈步骤。其次，进一步区分内部和外部操作，将换型过程中所有的操作进行分类，区分哪些是内部操作（必须在停机时进行），哪些是外部操作（可以在机器运行时准备）。然后，转换内部操作为外部操作，分析哪些内部操作可以转换为外部操作，通过设计改进和工具优化来实现这一目标。引入快速连接系统，使模具更换更加快捷。将准备新模具的操作提前到生产过程进行，通过设计标准化模具接口，实现快速安装。使用可快速调整的夹具和工具，使调整过程在机器运行时部分完成。并行化操作也是一个关键步骤，培训团队成员使他们能够同时进行多项操作和提高协作效率。制定详细的换型计划，明确每个成员的职责和操作顺序。更换模具的同时，由另一名操作员进行机器设置的预调整。通过分工明确的操作步骤，使多个操作能够并行进行。使用流程图和时间线工具，逐步分析每个操作，找出可以优化的环节。通过消除不必要的动作和等待时间，实现流程的精简。最后，实施改进和持续监控。实施改进后的换型方案，在生产线上进行测试。设定监控指标，定期评估换型时间和效率，持续进行优化。实施改进后，产品 A 的换型时间减少到 2.5 min，产品 B 减少到 2.5 min，减少幅度达 37.5%。

11.4.2.5 人员作业方式与协同工作流程优化

A 工序流程优化

将物料在工作台上按照合理方式进行摆放，减少生产线 12 个动作浪费；在现有工站上进行布置，在不考虑协作机器人的情况下工人使用站姿作业，减少了工人 3 个站起蹲下动作，浪费的时间以及体力；将甲产品 SOP 细分为机加设备上料、机加设备加工、机加设备下料、拼装车辆底座（驾驶室 A2、A6 构成部分）、拼装车辆驾驶室（部分）、拼装车轮、拼装雷达支架、拼装雷达底座、拼装雷达天线、贴标签、装箱、堆栈（改为协作机器人完成）等几个步骤，甲产品优化改善后的标准作业时间见表 11-23，产品甲优化改善后的生产流程，如图 11-15 所示。

表 11-23 甲产品优化改善后的标准作业时间

作业	工作内容	模块化预定时间标准/MOD	理论时间/s	宽放/%					标准时间/s	必须提前的作业
				技能水平	疲劳程度	复杂程度	特殊情况	合计宽放		
A	机加设备上料	57	7.4	5	6	3	5	17	8.6	—
B	机加设备加工	—	10.0	—	—	—	—	—	—	A
C	机加设备下料	33	4.3	4	4	2	4	14	6.0	B
D	拼装车辆底座	72.0	10.8	5	9	6	0	20	11.1	A、B、C
E	拼装驾驶室	36	4.6	3	7	2	0	12	5.2	A、B、C、D
F	拼装车轮	89.0	11.5	4	10	6	0	20	13.8	A、B、C、D
G	拼装雷达支架	52.0	6.7	4	7	4	0	15	7.7	A、B、C、D

续表 11-23

作业	工作内容	模块化预定时间标准/MOD	理论时间/s	宽放/%					标准时间/s	必须提前的作业
				技能水平	疲劳程度	复杂程度	特殊情况	合计宽放		
H	拼装雷达底座	27.0	3.5	3	6	2	6	18	4.1	A、B、C、D、E、F、G
I	拼装雷达天线	64.0	8.2	5	5	2	6	19	9.8	A、B、C、D、E、F、G、H
J	贴标签	23.0	3.0	5	5	3	0	13	3.4	—
K	装箱	22.0	2.8	4	5	2	0	11	3.2	A、B、C、D、E、F、G、H、I、J
L	堆栈	—	28.0	—	—	—	—	—	28.0	A、B、C、D、E、F、G、H、I、J、K
合计									100.9	

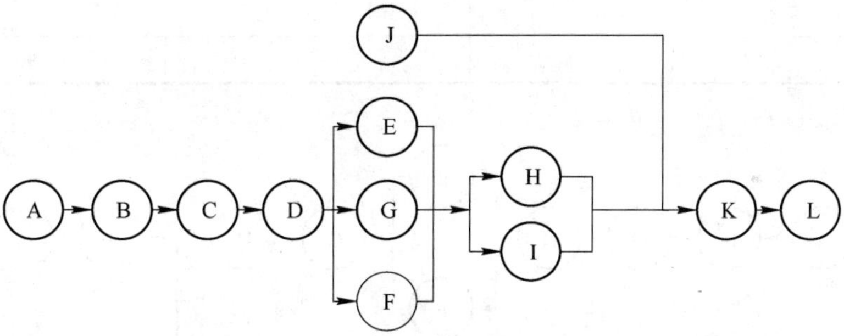

图 11-15　甲产品优化改善后的生产流程

同样，对乙产品 SOP 进行细分，分为机加设备上下料、拼装车辆底座（驾驶室 A2 和 A6 构成部分）、拼装车辆驾驶室（部分）、拼装车轮、贴标签、装箱、堆栈（改为协作机器人完成）等步骤，乙产品优化改善后的标准作业时间见表 11-24，乙产品优化改善后的生产流程，如图 11-16 所示。

表 11-24　乙产品优化改善后的标准作业时间

作业	工作内容	模块化预定时间标准/MOD	理论时间/s	宽放/%					标准时间/s	必须提前的作业
				技能水平	疲劳程度	复杂程度	特殊情况	合计宽放		
A	机加设备上料	57	7.4	5	6	3	5	17	8.6	
B	机加设备加工	—	10.0	—	—	—	—	—	—	A
C	机加设备下料	33	4.3	4	4	2	4	14	6.0	B

续表 11-24

作业	工作内容	模块化预定时间标准/MOD	理论时间/s	宽放/%					标准时间/s	必须提前的作业
				技能水平	疲劳程度	复杂程度	特殊情况	合计宽放		
D	拼装车辆底座	72.0	10.8	5	9	6	0	20	11.1	A、B、C
E	拼装驾驶室	36.0	4.6	3	7	2	0	12	5.2	A、B、C、D
F	拼装车轮	54.0	7.0	5	10	2	0	17	7.7	A、B、C、D
G	自动检测机	—	12	—	—	—	—	—	12.0	A、B、C、D、E、F
H	目视检测	—	—	—	—	—	—	—	5	A、B、C、D、E、F、G
I	贴标签	23.0	3.0	5	5	3	0	13	3.4	
J	打包	22.0	2.8	4	5	2	0	11	3.2	A、B、C、D、E、F、G、H、I
K	堆栈	—	28	—	—	—	—	—	28	A、B、C、D、E、F、G、H、I、J
合计									90.2	

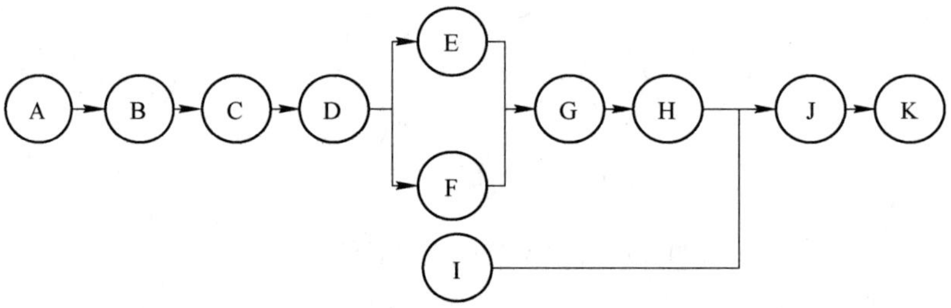

图 11-16 乙产品优化改善后的生产流程

B 计算最少工站

工站承担着产品生产过程中至少一个或多个无法分解的作业元素对应的加工任务，流水线生产工站分工的合理性体现在用最少的工站数来完成制品的生产过程。生产节拍确定后，最少工站数计算方式如下：

$$S_{\min} = \left[\frac{W}{r}\right] \tag{11-5}$$

式中 $S_{\min}$——最少工站数；

[ ]——大于或等于括号内数值的最小整数；

W——制造单位制品所需全部作业元素加工时间的总和；

r——生产节拍。

生产甲产品和乙产品的生产线最少工站数为：

$$S_{\min 甲} = \left[\frac{100.9}{42}\right] = 3$$

$$S_{\min 乙} = \left[\frac{90.2}{42}\right] = 3$$

C　确定人机数量安排（改造费用分析）

采用1台以上协作机器人，生产线保留2名以上员工可以按生产节拍完成对应任务，未来2年投入费用主要为人工费、机器费用、升降工作台（生产线使用3台）费用和机加模具制作费用，不同方案费用对比见表11-25。基于成本对比分析，优先采用“1机器人+2工人”的改造方案。

表11-25　改造方案费用分析　（元）

方案	机器人费用	工人费用	工作台费用	模具费用	自动测试机费用	生产线总费用
原方案	—	1180800	—	—	30000	1210800
1机器人+3工人	200000	1180800	6000	30000	30000	1446800
1机器人+2工人	200000	787200	6000	30000	30000	1053200
2机器人+2工人	400000	787200	6000	30000	30000	1253200

D　分配工序任务

进行工作站作业分配时，可以采用后继作业数量最多和作业操作时间最长等优先规则。按后继作业数量最多优先规则来平衡装配生产线，各项作业的后续数量见表11-26和表11-27。在先分配后续较多的作业遇到问题时，采用首先分配操作时间最长的作业，直至所有作业安排完毕，表11-28和表11-29为实际的工序安排。

表11-26　甲产品各项作业的后继作业数量

作业元素	后继作业元素数量/个	作业元素	后继作业元素数量/个
A	10	E、F、G	4
B	9	H、I、J	2
C	8	K	1
D	7	L	0

表11-27　乙产品各项作业的后继作业数量

作业元素	后继作业元素数量/个	作业元素	后继作业元素数量/个
A	9	G	3
B	8	H、I	2
C	7	J	1
D	6	K	0
E、F	4		

表 11-28 甲产品基于后续作业最多规则平衡生产线

工站	作业	作业时间/s	剩余时间/s	可安排的紧后作业	紧后最多的作业	工站总时间/s
1	A	8.6	33.4	—	—	38.6
	C	6.0	27.4	D	—	
	D	11.1	16.3	E	—	
	E	5.2	11.1	G	—	
	G	7.7	3.4	—	—	
2	F	13.8	28.2	G	—	34.3
	H	4.1	24.1	H、I	H、I	
	I	9.8	14.3	—	—	
	J	3.4	10.9	—	—	
	K	3.2	7.7	—	—	
3	L	28	—	—	—	28.0

表 11-29 乙产品基于后续作业最多规则平衡生产线

工站	作业	作业时间/s	剩余时间/s	可安排的紧后作业	紧后最多的作业	工站总时间/s
1	A	8.6	33.4	—	—	31.9
	C	6.0	27.4	D	—	
	D	11.1	16.3	E	—	
	E	5.2	10.1	—	—	
2	F	7.7	34.3	G	—	31.3
	G	12.0	22.3	—	—	
	H	5.0	17.3	—	—	
	I	3.4	13.9	—	—	
	J	3.2	10.7	—	—	
3	K	28.0	—	—	—	28.0

各工站负荷率计算见表 11-30 和表 11-31。

表 11-30 甲产品各工站负荷率

工站	工站元素	工站时间/s	客户要求节拍/s	各工站负荷率/%
1	A、C、D、E、G	38.6	42	91.9
2	F、H、I、J、K	34.3	42	81.7
3	L	28	42	66.7

表 11-31 乙产品各工站负荷率

工站	工站元素	工站时间/s	客户要求节拍/s	各工站负荷率/%
1	A、C、D、E	31.9	42	76.0
2	F、G、H、I、J	31.3	42	74.
3	K	28	42	66.7

11.4.2.6　物料分析与工作站桌面物料布局设计

拆除皮带流水线，增加一个协作机器人工位，按照工艺顺序重新摆放左右手对应的物料，使其从左到右有序排列在最适合操作的区域附近，提高生产效率。工站物料布置改善优化方案，如图 11-17~图 11-19 所示。

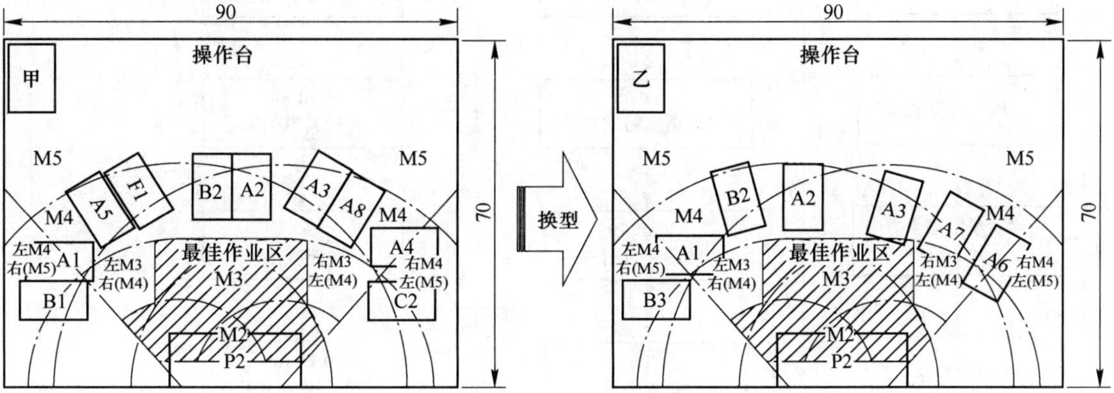

图 11-17　工站 1 物料布置改善优化方案

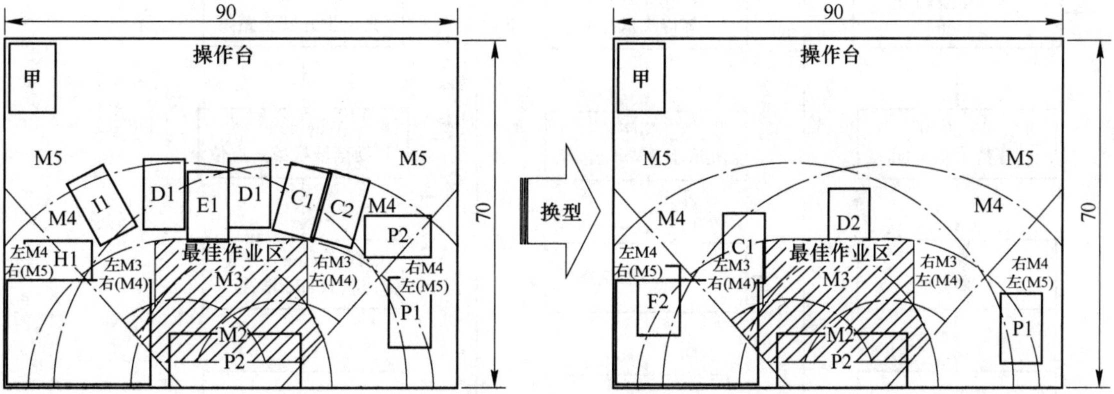

图 11-18　工站 2 物料布置改善优化方案

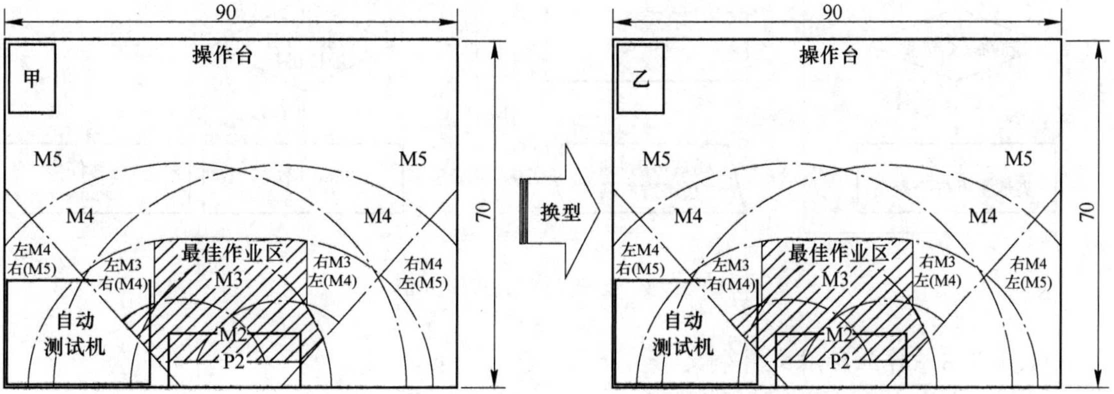

图 11-19　工站 3 物料布置改善优化方案

11.4.2.7 机器人程序设计

协作机器人程序逻辑设计，如图 11-20 所示，主程序截图，如图 11-21 所示。

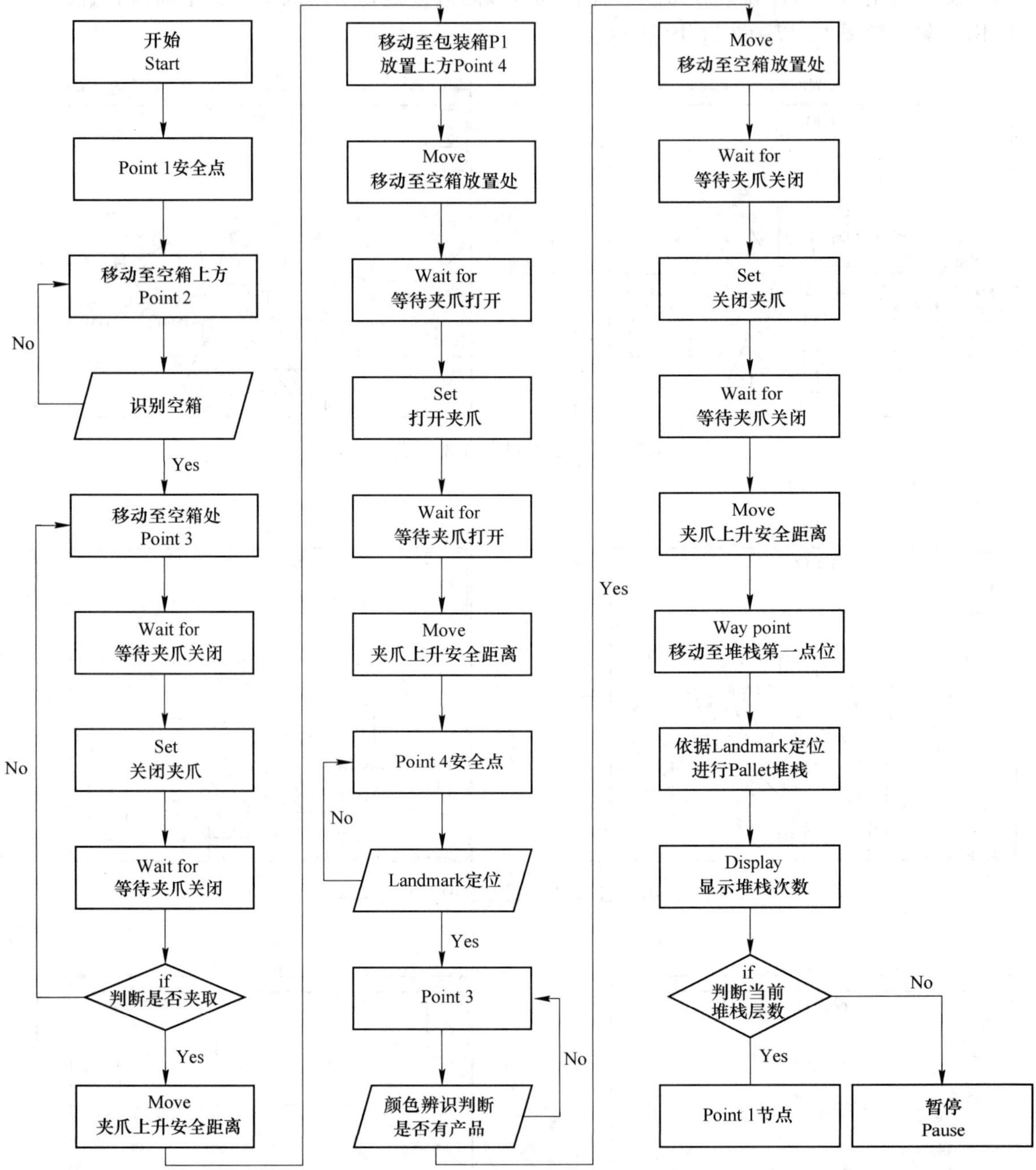

图 11-20 协作机器人程序逻辑

11.4.2.8 作业标准文件制定

生产线优化改善后对应的甲产品和乙产品标准作业指导书见表 11-32～表 11-35。

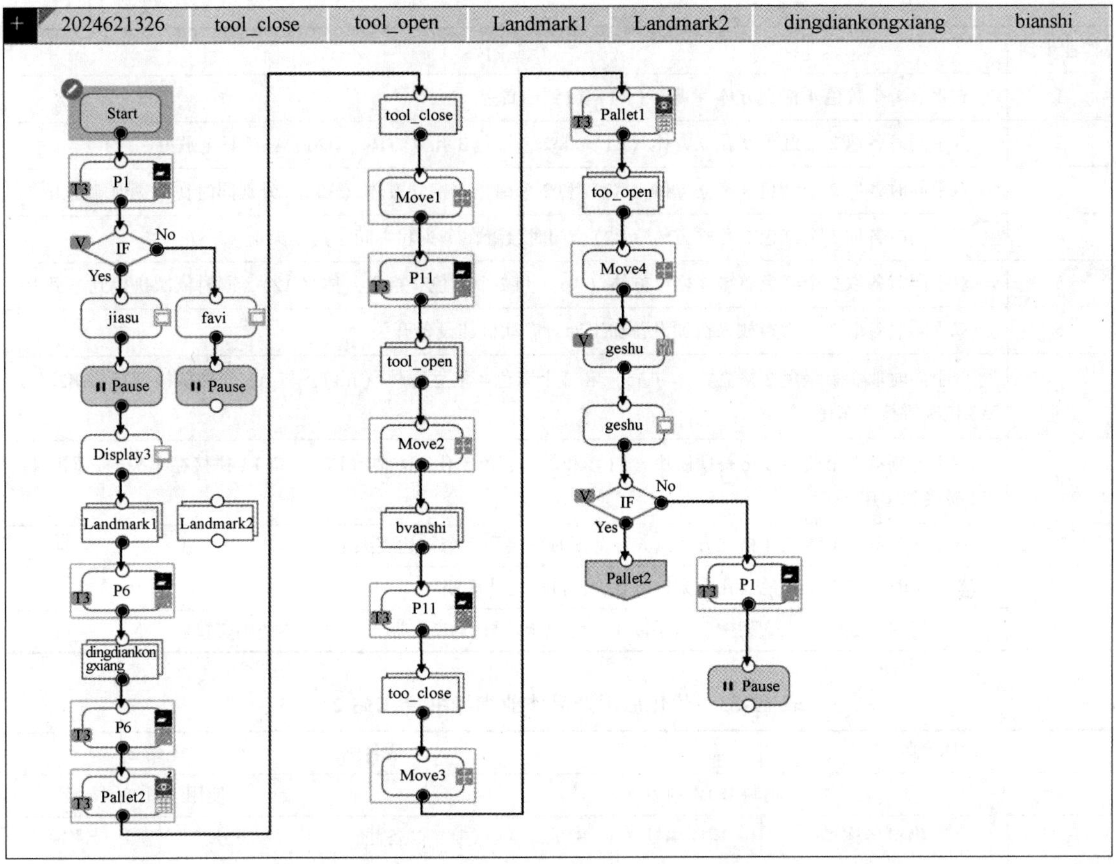

图 11-21 协作机器人主程序截图

表 11-32 优化后甲产品作业指导书（工站 1）

适用产品		甲		工站名称	工站 1	
物料 BOM 列表					使用工具/治具	
序号	物料名称	零件编号	用量（pcs）	备注	序号	名称
1	红色 8 格立方体	A1	2			
2	红色 9 孔立方体	B1	2			
3	红色 4 格立方体	A2	2			
4	绿色 4 格立方体	A3	6			
5	红色 3 孔立方体	B2	9			
6	黄色 4 格立方体（薄）	A4	1			
7	绿色 2 格立方体	A5	2			
8	红色单排 4 格立方体	A6	2			
9	蓝色 2 格斜顶模块	F1	2			
10	绿色十字杆	C2	1			

续表 11-32

作业步骤	作业内容
1	右手取 1 个黄色 4 格立方体（薄）（A4）放到治具上
2	双手同时各取 2 个红色 9 孔立方体（B1）和 2 个红色 3 孔立方体（B2），在治具上放好
3	双手同时各取 2 个红色 8 格立方体（A1）和 2 个绿色 4 格立方体（A3），分别同时在车辆前端拼好
4	双手同时各取 1 个红色 3 孔立方体（B2），同时放置在车头和中间雷达支架上
5	双手同时各取 2 个红色单排 4 格立方体（A6）和 2 个红色 4 格立方体（A2），同时依次拼接到车辆上
6	双手同时各取 2 个物料放入机加设备加工处，启动机加设备开关
7	双手同时取 2 个绿色 2 格立方体（A5）和 2 个绿色 4 格立方体（A3），将 A5 分别拼接到车头 B2 上，A3 依次拼接在车尾
8	双手分别取 2 个蓝色 2 格斜顶模块（F1）和 1 个红色 3 孔立方体（B2），将 F1 拼接在车头上，同时将 B2 拼接到车尾
9	双手同时取 2 个绿色 4 格立方体（A3），同时拼接到 2 个雷达支架上
10	双手同时各取 2 个红色 3 孔立方体（B2），拼成雷达底座
11	左手将雷达底座放入支架中，右手取 1 个绿色十字杆（C2）插入，将车体送到交接区

表 11-33 优化后甲产品作业指导书（工站 2）

适用产品		甲		工站名称	工站 2	
物料 BOM 列表					使用工具/治具	
序号	物料名称	零件编号	用量（pcs）	备注	序号	名称
1	灰色十字杆	C1	2			
2	绿色十字杆	C2	1			
3	黑色车轮	D1	5			
4	黄色轮毂	E1	4			
5	黄色齿轮	I1	1			
6	黄色定位支架	H1	1			
7	产品包装箱	P1	1			
8	外箱合格标签	P2	1			
作业步骤	作业内容					
1	左手从交接区取车辆主体放在桌上，同时右手取 2 个灰色十字杆（C1），将 2 个 C1 分别对准孔位插好，而后双手同时各取 2 个黄色轮毂 E1，分别同时对准 C1 两端插入拼接好					
2	双手同时各取 2 个黑色车轮（D1），双手分别同时对准同一 C1 上的 E1 拼接好					
3	双手同时取 1 个绿色十字杆（C2）和 1 个黄色定位支架（H1），依次将 C2、H1 插入治具					
4	双手同时取 1 个黄色齿轮（I1）和 1 个黄色轮毂（E1），分别将 I1 和 E1 插入治具上的 C2 上组成雷达天线					
5	一只手翻转车辆，而后另外一只手利用定位支架的支架部分固定在雷达车底座指定的凸起处，将 E1 放置到雷达天线顶端					
6	取 1 个外箱合格标签（P2），挡住传感器，贴在产品包装箱（P1）的指定位置					
7	挡住传感器，将组装好的雷达车放入包装箱（P1）后，等待协作机器人进行堆栈					

表 11-34 优化后乙产品作业指导书（工站 1）

适用产品		乙		工站名称	工站 1	
物料 BOM 列表					使用工具/治具	
序号	物料名称	零件编号	用量（pcs）	备注	序号	名称
1	红色 8 格立方体	A1	2			
2	红色 7 孔立方体	B3	2			
3	红色 4 格立方体	A2	2			
4	绿色 4 格立方体	A3	1			
5	红色 3 孔立方体	B2	3			
6	红色 2 格斜顶模块	F2	2			
7	红色单排 4 格立方体	A6	2			
8	红色 2 格立方体	A7	2			

作业步骤	作业内容
1	双手同时各取 2 个红色 7 孔立方体（B3）和 2 个红色 3 孔立方体（B2），依次同时在治具上放好
2	双手同时各取 1 个红色 8 格立方体（A1），同时拼接到车辆前端
3	双手同时各取 1 个红色 3 孔立方体（B2）和 1 个绿色 4 格立方体（A3），分别同时在车辆前端和后端拼好
4	双手同时各取机加设备上 2 个红色单排 4 格立方体（A6）和 2 个红色 4 格立方体（A2），同时依次拼接到车辆上
5	双手同时各取 2 个物料放入机加设备加工处，启动机加设备开关
6	双手同时各取 2 个红色 2 格立方体（A7）和 2 个红色 2 格斜顶模块（F2），将 A7 拼接到车头后，再将 F2 拼接到车头
7	将车体从治具拿出送到交接区

表 11-35 优化后乙产品作业指导书（工站 2）

适用产品		乙		工站名称	工站 2	
物料 BOM 列表					使用工具/治具	
序号	物料名称	零件编号	用量（pcs）	备注	序号	名称
1	灰色十字杠	C1	2			
2	红色车轮	D2	4			
3	产品包装箱	P1	1			
4	外箱合格标签	P2	1			

作业步骤	作业内容
1	一只手从交接区取车辆主体放置在治具上，同时另外一只手取 2 个 C1
2	将 2 个 C1 依次穿过车辆前端第一个孔和车辆后端的红色 3 孔立方体的第一个孔
3	双手同时各取 2 个红色车轮（D2），双手依次同时将 D2 拼接到 C1 上
4	将组装好的卡车放入自动测试机的固定位置上，启动设备开关
5	取 1 个外箱合格标签（P2）贴在产品包装箱（P1）的指定位置，协作机器人取空箱自动放置 P1 在工作台上
6	待自动测试设备停止运行后，取出产品并检查产品表面是否清洁干净、无脏污指印等
7	检查小车后放入包装箱，等待协作机器人夹取堆栈指令

以日产量1200个为例，其中甲产品800个、乙产品400个，每日的物料消耗见表11-36。

表11-36 物料消耗表 （个）

物料名称	代码	甲产品单位用量	甲产品总用量	乙产品单位用量	乙产品总用量	总用量合计
红色8格立方体	A1	2	1600	2	800	2400
红色4格立方体	A2	2	1600	2	800	2400
绿色4格立方体	A3	6	4800	1	400	5200
黄色4格立方体（薄）	A4	1	800	—	—	800
绿色2格立方体	A5	2	1600	—	—	1600
红色单排4格立方体	A6	2	1600	2	800	2400
红色2格立方体	A7	—	—	2	800	800
红色9孔立方体	B1	2	1600	—	—	1600
红色3孔立方体	B2	9	7200	3	1200	8400
红色7孔立方体	B3	2	1600	2	800	2400
灰色十字杆	C1	2	1600	2	800	2400
绿色十字杆	C2	2	1600	—	—	1600
黑色车轮	D1	4	3200	—	—	3200
红色车轮	D2	—	—	4	1600	1600
黄色轮毂	E1	5	4000	—	—	4000
蓝色2格斜顶模块	F1	2	1600	—	—	1600
红色2格斜顶模块	F2	—	—	2	800	800
黄色定位支架	H1	1	800	—	—	800
黄色齿轮	I1	1	800	—	—	800
产品包装箱	P1	1	800	1	400	1200
外箱合格标签	P2	1	800	1	400	1200

11.4.2.9 品质安全与交付计划

（1）防呆设计。防呆设计是一种通过防止操作错误以确保产品质量和生产效率的方法。结合案例中生产线组装实际情况，可通过非对称定位销与定位孔防止模具错误安装、颜色编码系统快速匹配模具与设备位置、协作机器人提示语防止设置错误、标准化工具流程确保操作规范等多个方面减少生产错误，提升产品质量和生产效率。

（2）品质检测设计。选择信誉好的供应商和简化原材料检测，规范进货流程；实时监控生产过程中的关键工艺参数，确保工艺稳定；结合抽检与全检手段，快速检测成品外观、功能及尺寸；利用质量数据记录与分析识别问题并加以改进；通过简化培训和经验分享提升操作员的检测能力，确保产品质量和生产效率。

（3）安全设计。使用传感器和继电器构建人员安全系统，当检测到人员进入协作机器人工作区域时，系统能够进行警报和停机响应，确保人员安全。

（4）交付计划。采用生产任务均衡排产策略（即生产顺序为：甲产品、甲产品、乙产品、甲产品、甲产品、乙产品，……），将甲产品和乙产品均匀地穿插在生产计划中以减少生产切换和波动。甲产品和乙产品的数量比例为 2∶1，改善后平均生产节拍约 36.4s/个，每班最大产量为 692 个，达到每日生产交付目标。

11.4.3 优化改善效果对比

优化改善前后的各项指标对比数据见表 11-37。

表 11-37 优化改善前后的各项指标对比数据

指标	产品或生产线	优化改善前数据	优化改善后数据
生产节拍/s	甲	49.2	38.6
	乙	28.9	31.9
总生产节拍/s	生产线	42.4	36.4
每班总产能/个	生产线	594	692
每班产能/个	甲	512	652
	乙	871	789
UPH/个·h^{-1}	甲	73.2	93.1
	乙	124.6	112.7
UPPH/个·人·h^{-1}	甲	24.2	46.6
	乙	41.5	56.4
平衡率/%	甲	77.3	94.4
	乙	80.6	99.2
两年内投入成本/元	生产线	1210800	1053200
换型时间/min	生产线	4	2.5
换型次数/次	生产线	10	16
机加设备换型时间/min	生产线	13.8	0

11.4.4 优化改善总结

针对 W 厂应对外部市场需求变化时存在的工作能力不均衡和瓶颈工序问题，基于工作测定方法引入协作机器人，并综合应用工业工程（Industrial Engineering，IE）技术对生产线进行重新设计；通过动作分析、模拟测试和数据计算分析，识别出瓶颈工序；基于人员、机器、原料、方法、环境等因素的全面分析，找到导致生产线问题的根本原因，并针对性地提出改善方案；通过工序重排、工艺分析优化和工序任务分配优化，采用 U 形生产线布局并引入协作机器人来辅助生产，达到了改造交付目标，有效地提高了生产线的效率。

11.5 优化改善案例主题讨论

11.5.1 生产线浪费主题讨论

（1）在生产线上通常存在哪些类型的浪费，针对案例内容给出对应浪费形式和表现。

（2）如何识别生产线上的浪费？

（3）过度生产是如何发生的，它为什么被视为最大的浪费？

（4）如何通过减少不必要的动作来消除浪费？

（5）库存过剩为什么是一种浪费，如何管理库存以减少这种浪费？

（6）在生产线上造成等待时间的原因有哪些，如何避免等待时间的浪费？

（7）为什么说缺陷和返工是巨大的浪费，如何防止它们的发生？

（8）如何利用精益工具（如 5S、TPM、SMED）来减少生产线上的浪费？

（9）分析员工培训和意识提升对于识别和减少浪费的重要性？

（10）数字化技术（如物联网、大数据分析）如何帮助识别和减少生产线上的浪费？

11.5.2 生产线平衡率主题讨论

（1）什么是生产线平衡率，如何计算生产线平衡率？

（2）生产线不平衡会带来哪些问题，生产线平衡率是否越高越好？

（3）多品种小批量生产环境下如何维持生产线平衡，生产线平衡率如何与精益生产相结合？

（4）员工培训和多技能工人对提高生产线平衡率有何帮助，如何通过任务重新分配来改善生产线平衡？

（5）使用现代技术（如物联网、大数据分析）如何帮助改善生产线平衡？

（6）如何衡量生产线平衡率改进的效果？

（7）在实施生产线平衡改善计划时可能遇到哪些障碍，如何克服这些障碍？

11.5.3 协作机器人生产线应用主题讨论

（1）协作机器人的定义及其优势是什么，协作机器人在生产线上的主要应用场景有哪些？

（2）协作机器人如何与人类共事，协作机器人会完全替代工人吗？

（3）引入协作机器人对生产线有哪些潜在好处，需要考虑哪些安全因素？

（4）如何评估协作机器人投资的成本效益？

（5）协作机器人技术的发展趋势是什么？

（6）协作机器人对员工技能要求的影响是什么？

（7）协作机器人如何帮助企业应对劳动力短缺的问题？

11.5.4 产品切换与交付能力主题讨论

（1）产品切换的含义是什么，在产品切换过程中面临的挑战有哪些？

（2）如何缩短产品切换时间？

（3）产品切换对生产线平衡有何影响？

（4）如何在产品切换中保证质量的一致性？

（5）探讨在产品切换期间如何避免库存过剩或库存短缺，以及如何优化库存管理？

（6）在多品种小批量生产模式下，如何优化产品切换？

（7）产品切换频率高时，如何维持高水平的交付能力？

(8) 产品切换时，如何确保员工的培训和适应性？
(9) 如何在产品切换过程中保持客户满意度？
(10) 在产品切换过程中，如何利用数字化技术提高效率？

11.5.5　成本管控主题讨论

(1) 在进行改造项目前，如何评估项目的经济可行性？
(2) 在经济可行性分析中，如何进行成本效益分析？
(3) 如何利用财务指标来评估改造项目的可行性？

11.5.6　品质与安全主题讨论

(1) 防呆法的基本概念是什么？
(2) 防呆法的十大原理分别是什么？
(3) 如何在生产线上应用防呆法？
(4) 如何评估防呆措施的有效性？
(5) 防呆法的实施步骤有哪些？

11.5.7　作业计划主题讨论

(1) 作业计划中常用的排序规则有哪些？
(2) 如何制定有效的生产作业计划？
(3) 如何处理作业计划中的突发情况？
(4) 如何利用新技术（如 AI、大数据）来改进作业计划？

习　题

11-1　什么是生产能力？
11-2　如何通过改进生产线布局来提高生产能力？
11-3　自动化技术如何影响企业的生产能力？
11-4　在评估一家工厂的生产能力时，应该考虑哪些关键指标？
11-5　请解释“瓶颈效应”在生产过程中的含义及如何识别生产流程中的瓶颈。
11-6　什么是生产线平衡，生产线不平衡会导致哪些问题？
11-7　如何计算生产线的平衡率？
11-8　在多品种小批量生产的环境下，如何有效地管理生产线平衡？
11-9　解释“节拍时间”（takt time）的概念及其在生产线平衡中的作用。
11-10　人机协作相比传统的人工或全自动化生产线有哪些优势？
11-11　在设计人机协同工作站时，需要考虑哪些关键因素？
11-12　如何确保在人机协同环境中工作的安全性？
11-13　解释“协作机器人”（cobots）的概念以及它们在生产线平衡中的作用。
11-14　列举至少三种常见的生产线布局类型及其特点。
11-15　分析个性化定制生产趋势对生产线布局的要求。

11-16　什么是快速换模（SMED），快速换模的目标是什么？
11-17　列出至少三个可以优化换模过程的方法。
11-18　*UPPH* 与 *OEE*（Overall Equipment Effectiveness）有什么关系？
11-19　在计算 *UPPH* 时需要考虑哪些因素？

参考文献

[1] 程控，革扬．MRPII/ERP 原理与应用［M］．北京：清华大学出版社，2008.
[2] 王丽莉．生产计划与控制［M］．北京：机械工业出版社，2006.
[3] 王巍，姜雪松．生产计划与控制［M］．哈尔滨：东北林业大学出版社，2016.
[4] 邓华．生产计划与控制［M］．北京：中国纺织出版社，2017.
[5] 李怀祖．生产计划与控制［M］．北京：中国科学技术出版社，2005.
[6] 孙树栋，杨宏安．生产运作与管理［M］．北京：科学出版社，2010.
[7] 张英奎，姚水洪．生产运作与管理［M］．北京：高等教育出版社，2017.
[8] 冯根尧．生产运作与管理［M］．重庆：重庆大学出版社，2009.
[9] 谷祥盛．生产运作与管理［M］．广州：广东经济出版社，2013.
[10] 贺铭．物料管理［M］．广州：广东经济出版社，2005.
[11] 陈启申．ERP：从内部集成起步［M］．北京：电子工业出版社，2005.
[12] 赵雪松．ERP 基础［M］．北京：清华大学出版社，2014.
[13] 潘尔顺．生产计划与控制［M］．3 版．上海：上海交通大学出版社，2024.
[14] 杨维忠，陈胜可．SPSS 统计分析从入门到精通［M］．北京：清华大学出版社，2018.
[15] 李波，孙宪丽，关颖．PowerDesigner16 系统分析与建模实战［M］．北京：清华大学出版社，2014.
[16] 马士华，林勇．供应链管理［M］．北京：机械工业出版社，2016.
[17] 陈荣秋，马士华．生产运作与管理［M］．北京：高等教育出版社，2017.
[18] 汤铃，余乐安，李建平，等．复杂时间序列预测技术研究［M］．北京：科学出版社，2017.
[19] 王立柱．时间序列模型及预测［M］．北京：科学出版社，2019.
[20] Larry G Miner. The Operation and Management of a Software Company［M］. Charlton，South Carolina，USA：Booksurge Publishing，2009.
[21] Adham Ali. Hybrid Model for Production Plan［M］. Saarland，Germany：Lap Lambert Academic Publishing，2014.
[22] Bowon Kim. Supply Chain Management［M］. Cambridgeshire，England：Cambridge University Press，2018.
[23] 吴爱华，赵馨智．生产计划与控制［M］．北京：机械工业出版社，2023.
[24] 陈志祥．生产与运作管理［M］．4 版．北京：机械工业出版社，2020.
[25] 王丽亚，陈友玲，马汉武．生产计划与控制［M］．北京：清华大学出版社，2007.
[26] 张魏巍．面向供应链的 JT 公司集约生产计划优化研究［D］．赣州：江西理工大学，2019.
[27] 梁迪，单麟婷．生产计划与控制［M］．北京：清华大学出版社，2022.
[28] 胡耀光．生产计划与控制［M］．北京：机械工业出版社，2023.
[29] 王丽亚．生产计划与控制［M］．北京：机械工业出版社，2023.
[30] 刘兰芬．多产品多目标集约生产计划问题及算法研究［D］．兰州：兰州交通大学，2021.
[31] 王成．离散制造企业多目标主生产计划研究［D］．大连：大连理工大学，2019.
[32] 徐红梅．J 公司模具生产管理信息系统的规划与实施［D］．南京：南京理工大学，2024.
[33] 陈历民．基于 MES 的设备管理系统研究［D］．西安：西安工业大学，2024.
[34] 金璐．基于数字孪生的设备故障生产线重调度问题研究［D］．西安：西安理工大学，2024.
[35] 陈安志．基于机器学习的产品物料需求智能预测：在 A 公司的应用研究［D］．成都：电子科技大学，2024.